国家社会科学基金青年项目资助成果

国际资本流动"突然停止"与应急储备安排优化

陈奉先　著

中国金融出版社

责任编辑：肖丽敏
责任校对：孙　蕊
责任印制：陈晓川

图书在版编目（CIP）数据

国际资本流动"突然停止"与应急储备安排优化/陈奉先著.
—北京：中国金融出版社，2021.3
ISBN 978 - 7 - 5220 - 0073 - 2

Ⅰ.①国…　Ⅱ.①陈…　Ⅲ.①国际资本—资本流动—研究
Ⅳ.①F831.7

中国版本图书馆 CIP 数据核字（2021）第 032347 号

国际资本流动"突然停止"与应急储备安排优化
GUOJI ZIBEN LIUDONG "TURAN TINGZHI" YU YINGJI CHUBEI ANPAI YOUHUA
出版
发行　　**中国金融出版社**

社址　北京市丰台区益泽路 2 号
市场开发部　（010）66024766，63805472，63439533（传真）
网 上 书 店　www. cfph. cn
　　　　　　　（010）66024766，63372837（传真）
读者服务部　（010）66070833，62568380
邮编　100071
经销　新华书店
印刷　北京七彩京通数码快印有限公司
尺寸　169 毫米×239 毫米
印张　14.25
字数　211 千
版次　2021 年 3 月第 1 版
印次　2021 年 3 月第 1 次印刷
定价　55.00 元
ISBN 978 - 7 - 5220 - 0073 - 2
如出现印装错误本社负责调换　联系电话（010）63263947

前　言

　　金砖国家追求的目标是通过建立新型合作伙伴关系，与发达经济体一起完善当前的国际经济体系，共同面对来自全球各领域的经济挑战和风险。因此，金砖国家所追求的利益是兼容性的，其合作战略的宗旨是在各个新兴国家之间、新兴国家与发达国家之间确立包容性的合作关系，实现合作的共赢。自2011年金砖国家领导人第三次会晤首次提出加强金融领域合作以来，金砖国家在金融领域的合作均取得了显著成效，其标志性的成果就是在2014年7月举行的第六次金砖国家领导人峰会上，金砖国家领导人签署了初始资金规模为1000亿美元的应急外汇储备安排协议。

　　成立应急储备安排是金砖国家基于多边货币互换的货币合作，这一举措的实施具有重要的现实意义。第一，能够有效帮助金砖国家成员国面对未来短期的国际收支压力，为其他新兴市场国家的短期融资提供资金支持。第二，有助于金砖国家防范全球经济的尾部风险，增强金砖国家抵抗金融冲击的能力，吸引更多投资者投资金砖国家金融市场。第三，打破了当前的国际货币金融体系，加快金融机构的变革进程，有助于提高金砖国家在国际事务中的话语权。第四，有利于构建新型全球经济治理体系，维护金融稳定，为全球金融安全设立一道保护屏障（详见第1章、第2章）。

　　在国际资本"突然停止"（Sudden Stops）压力下，中国的外汇储备从2014年的3.99万亿美元的峰值降至2015年的3.3万亿美元，继而在2016年迫近3万亿美元。俄罗斯的外汇储备在2014

年后半年从 4700 亿美元降至 3300 亿美元,汇率骤跌 50% 以上。尽管印度、巴西、南非并未遭遇大规模的国际资本"突然停止"压力,但其外汇储备上升势头明显下降,且本币兑美元、欧元的贬值压力不断积聚,由此而引发国际社会对"金砖成色"的质疑,甚至认为"金砖已褪色"。面对经济发展的困境,金砖国家是否有能力"突围"?这在某种程度上取决于金砖国家应对国际资本流动"突然停止"冲击、稳定国内经济成长的能力。通常外汇储备是一国抵御国际资本冲击的首选工具,那么金砖国家的外汇储备是否足以应对国际资本"突然停止"冲击?在测算金砖国家的最优外汇储备量时,我们必须注意到银行部门的特征和作用。考虑到这一实际,本书在引入内生的危机发生概率和多期资本流动"突然停止"冲击的基础上构建了包含消费者个体、商业银行和货币当局的三部门模型,通过推导获得最优外汇储备的表达式,进而通过迭代的方法获得最优储备的解析解,同时通过对最优外汇储备量的敏感性分析获得政策启示。研究表明:(1)在金砖国家中,中国静态最优外汇储备约占 GDP 的 24.15%,巴西、俄罗斯、印度、南非的该比率分别为 12.63%、14.25%、12.21%、16.01%。从整体上看,近年来金砖国家实际外汇储备与最优外汇储备的缺口不断缩减,这与美联储加息导致资本外流以及金砖国家经济发展乏力密不可分。金砖各国外汇储备缺口锐降凸显金砖国家外汇储备合作的必要性和紧迫性。(2)从敏感性分析的角度来看,"突然停止"持续期、产出损失、私人部门短期外债、公共部门短期外债、危机时的居民储蓄置换率对最优外汇储备存在较大的影响,管理好上述参数对控制最优外汇储备规模意义明显。而居民储蓄率、汇率变化率、存款利率、存款准备金率对最优外汇储备的影响居中。至于经济增长率、无风险利率、国际风险溢价、风险厌恶程度对最优外汇储备的影响较为微弱。（3）长期来看，控制公私短期外债规模对于最优外汇储备数量管理的贡献更大。由此可见，控制私人部门短期外债规模对于防范债务风险、最优外汇储备的意义更为重要（详见第3章、第4章）。

　　截至2019年12月，金砖国家外汇储备总量达到4.65万亿美元，占全球总量的33.11%，占新兴市场经济体的60.75%。既然金砖国家自身拥有如此高额外汇储备，为何还热衷于应急储备安排（CRA）呢？应急储备安排未来改革重点及面临的困难又在哪里？在此过程中中国的角色和定位又应当作何调整？本书运用"保险指数"（Coverage Ratio）测算了金砖五国参与应急储备安排的"收益"。从收益变动来看，2008—2019年，巴西、中国从储备库中获得的收益增长率较高，印度次之，俄罗斯较少，南非收益甚至为负。由此，金砖国家应急储备安排存在两个亟待解决的问题：其一是如何吸引非受益国参与其中？其二是如何使受惠国达成一致的参与程度？这需要"较大受惠国"对"较少受惠国"进行补偿。另外，CRA也在以下三个方面存在困境：（1）在贷款条件上存在政策困境。为了防止受援国道德风险，在CRA框架下受援国能无条件动用的资金仅为最高借款额的30%，余下资金的启用须得到援助国中央银行的批准并与国际货币基金组织（IMF）贷款挂钩，这直接导致CRA两难境地：一方面，作为新设机构的CRA试图通过自身的努力打破IMF的垄断地位，尤其是克服IMF贷款条件的苛刻性；另一方面，由于缺少健全的贷款风险评估和管理能力，出于资金安全考虑，而不得不将大部分贷款的发放与IMF贷款挂钩，进而使自身沦为IMF的附庸，这意味着当救助额度超过一定的限额后，就需要得到IMF的监督管理。（2）参与动力困境。通过计算CRA参与国保险指数进而收益可知，CRA的创设存在明显的"危机驱动型"特征。金融危机爆发会推动金砖国家外汇储备安排的进程，在危机后的平静期内各国的参与动力减弱。中国、巴西从100%的储备安排建设中获得最高收益，印度从10%的储备安排建设中获得最高收益，俄罗斯仅从5%的储备安排建设中获得最高收益。这就摆在金砖国家面前两个现实的问题：第一，如何有效地补偿南非，使其参与到储备安排建设中来？第二，如何激励五国之间达成一致的参与程度？从已公布的信息来看，对南非的补偿可能来自其最高的贷款系数。当然，对前两者的补偿还可以通过NDB的投资部署来实现。就第二个问题，从各国在CRA中出资额占各自外汇储备总量来看，中国的占比仅为1.02%，俄罗斯、巴西、印度分别为4.15%、4.85%、6.02%，南非则高达11.44%。由此可见，金砖国家在外汇储备安排上并未达成一致的参与度。（3）治理结构困境。中国在CRA中出资最多，理应由中国主导应急储备安排，但CRA的制度设计又消除了中国主导的可能性。按照条约规定，当以投票作出决策时，5%的总投票权将在各方平均分配，余下部分将按各方承诺出资额相对规模分配，这样中国最终拥有的投票权为39.95%，印度、俄罗斯、巴西分别为18.1%，南非为5.75%。在简单多数的原则下，任何一个金砖国家都不具有否决权。这种制度设计使中国的"大股东"权力无法充分展现。在监管机制方面，应急外汇安排应存在一个通过设定严格的条款判断求援国流动性困难成因的机制，明确不同情形下的处置方案（包括是否予以贷款、贷款条件）的监管机构。由此CRA尚缺少一个稳健的监管机构以摆脱对IMF的依赖，解决其两难困境（详见第5章）。

建设区域外汇储备库既是发展中经济体尝试构建外部金融安全网、打破既有不合理金融秩序的一种尝试，也体现出各国对

"国际公共产品"的迫切需求。然而，一直困扰实务界的问题是这种区域外汇储备库的作用如何？是否如其"提振市场信心、联合应对外部冲击、促进金融稳定"的设计初衷？基于此，本书以金砖国家外汇储备库为研究对象，采用面板向量自回归模型（PVAR），从动态的角度具体考察外汇储备库对经济体间风险分担的影响，为金砖国家更好地防范金融风险、深入合作提供依据。研究发现：（1）金砖国家间的风险分担程度较低，有86.20%左右的风险通过各渠道实现分担，其中资本市场渠道所能实现的风险分担程度最大（6.46%），其次是信贷市场渠道（3.38%），再次是外汇储备库渠道（1.98%），而政府转移支付渠道没有风险分担的作用。（2）金砖国家应急储备安排对资本市场渠道风险分担作用的发挥具有促进效应，对于政府转移支付渠道则具有替代效应。尽管区域外汇储备库的作用在于"防患于未然"，然而外汇储备库长期束之高阁这一事实，也从背后说明外汇储备库的治理结构、资金额度、启动条件方面仍需不断完善，这也是外汇储备库风险分担程度较低的原因之一。金砖国家要重点加强外汇储备库与资本市场渠道的建设，不断推进金砖国家多层次、高质量的资本市场合作，尝试通过以债券发行为支点建立资本市场区域一体化机制等（详见第6章）。

在测度完CRA的风险分担效果之后，本书继续考察CRA为各成员国带来的福利情况。为了衡量风险分担所带来的福利收益，本书在Wincoop（1994）模型基础上，通过测算封闭金融市场（无风险分担情况）、部分开放金融市场（存在基于储备库的风险分担情况）和完备金融市场（完全风险分担的情况）情形下各经济体的居民消费效用水平之差，来刻画各经济体完全风险分担后的福利收益。研究发现：（1）金砖国家的风险分担程度总体偏低，而且在当前规模外汇储备库情形下风险分担程度的提高并不明显。但用各国的超额外汇储备模拟构建一个外汇储备库，就会发现金砖国家的风险分担程度显著提升，同时金砖国家的风险分担渠道也得到拓展。（2）由于在当前规模外汇储备库情形下金砖国家的风险分担程度并未明显改善，因此金砖国家在引入外汇储备库因素后已实现的福利收益很小，但是实现完全风险分担后所能获得的潜在福利收益很大，特别是相较于经济合作与发展组织（OECD）以及发达国家而言。为了更好地发挥外汇储备库的作用，促进金砖国家之间的合作发展，笔者认为，第一，应适时扩大金砖国家外汇储备库规模，以便更好地发挥外汇储备库实现风险分担的作用。从当前的外汇储备库规模来看，中国最大的借款额仅占全国 GDP 的 0.185%，印度也仅占 0.86%，但是，一旦发生经济危机，当前规模下外汇储备库的作用仅仅是杯水车薪。第二，深入加强金砖国家间信贷市场（储蓄渠道）建设。金融风险分担的实证结果表明，金砖国家间大部分的金融风险主要通过储蓄渠道实现分担。完备的信贷市场能够让金砖国家间的金融冲击得到更好的平滑，因此金砖国家应该完善各国银行体系建设，加强银行体系管理，推动五国信贷融资业务创新，最大限度地发挥信贷市场的主导作用；同时积极推动金砖国家新开发银行建设，逐步扩大新开发银行的投资范围，简化金砖国家货币互换与借款业务，辅助信贷市场发展（详见第 7 章）。

金砖国家应急储备安排在治理机制、决策机制、运行机制方面存在下列缺陷：人员选举及任期、常设机构缺失、缺乏监督机构、决策效率不足、自我管理式承诺制模式的不确定性及时滞性。鉴于这些问题，建议：（1）尝试将运行模式由"承诺制"改为"嵌入制"，赋予新开发银行金融稳定的职能，使其成为兼具经济发展与金融稳定职能的机构，或者当发展职能与稳定职能两者在资金来源、运用和管理上的矛盾达到不可调和程度且造成运营成本不降反升的局面时，改为"实体式"，直接成立专门的实体机构。（2）建立动态的资金实缴和增长机制。CRA的资金构成应逐步实现由承诺制向实缴制过渡，可以借鉴IMF的做法，按照各个成员国的经济发展指标（GDP、国际贸易程度、外汇储备等）和对应急救助的需求程度，计算各个国家的实缴份额，保障各国在面对外部冲击和国际收支压力时能够快速获得足额的应急救助，保障CRA发挥"最后贷款人"的作用。（3）拓宽资金的筹集渠道。首先，允许与金砖国家有着密切联系的新成员国加入，这不仅有助于加强该区域金融安全网的影响力，还可以扩充资金规模，或者对旧成员国增资扩股；其次，借鉴IMF的做法，在国际金融市场上以发行债券的方式进行融资，为该应急储备安排的目标实现与职能发挥提供资金保证；再次，CRA可建立与IMF相类似的借款总安排或新借款安排，设立普遍认缴金额以外的"备用信贷额度"；最后，通过成员国借款筹集资金。（4）适当修改借款条件与借款额度。目前可行的过渡方案为，将借款条件中与IMF贷款安排直接挂钩的规定替换为与IMF的FCL/PLL标准挂钩，保证资金的顺利偿还的同时，为危机国提供足够的流动性支持；此外，在应急储备安排建立、发展与完善的过程中，通过对发展路径的探索与自身实践经验的积累，CRA可减少对IMF的依赖，摸索形成具有"金砖特色""史无前例"且严中有宽的贷款条件。（5）采取隐含价格或适当浮动的贷款利率。贷款利率可采取"隐含价格"的方式，即限制和约束危机国的行为，如对危机国缩减财政赤字的方式方法进行指导，危机国救助资金的使用情况须接受金砖国家应急储备安排监督机构的追踪和审查，对事后如何偿还贷款做出明确承诺，一旦违反义务，严重者将受到取消其在 CRA 的投票权甚至退出该安排等制裁。（6）改进最高决策机构及决策制度。首先，应对理事会相关人员的选举及任期进行详细规定；其次，理事会采用"共识"的方式进行重大事项决策。（7）执行机构及制度的改进。明确规定董事、副董事的任命与任期及相关事宜。可借鉴 IMF 的做法并结合金砖国家的实际情况，CRA 常务委员会成员的任期安排可与理事会成员的任期一致，均由任命国自定，任职到有新的任命为止。此外，应设立理事长、董事长以及秘书处。（8）增设监督机构及其运行机制。CRA 只设立了理事会和常务委员会，未建立专门的监督小组。设立评估监督机构，建立完善的评估监督制度，事前对成员国金融发展状况进行监测与评估，定期发布季度或年度报告进行信息披露，既可以提高危机识别与预警能力，防范金融危机的发生，还可以对跨境资本流动进行实时监测，避免无序的资本流动加大国际收支压力，防范资本流动冲击（详见第 8 章）。

在该项目的研究过程中，博士生薛伟、贾丽丹、李娜，硕士生王晨、郭玲玉、丁美琳提供了优秀科研助理工作。我们围绕着国际资本流动"突然停止"与金砖应急储备安排的研究成果陆续发表在学术期刊上，在此一并感谢他们的辛苦付出！当然，我们所做的工作尚有不完善之处，还请各界专家批评指正。

目　　录

第 1 章　金砖国家合作：
背景、进展、前景与困难

1.1　金砖国家合作机制的形成与发展

1.1.1　金砖国家合作机制的产生

"金砖"一词最早由英国经济学家 Jim O'Neill（吉姆·奥尼尔）于 2001 年提出，他将巴西（Brazil）、俄罗斯（Russia）、印度（India）以及中国（China）四个新兴经济体的英文单词首字母进行拼音重组后，发现其发音"BRIC"与"brick"（砖）这一单词极为相似，"金砖"一词的概念由此而来。随后，作为全球新兴经济体的"领头羊"，金砖四国的发展逐渐受到国际社会的密切关注，投资界对新兴市场国家的兴趣也不断增加。关于金砖国家合作机制的形成，主要有以下三个方面的原因。

第一，发展中国家被边缘化。尽管冷战之后世界格局得到了重新构建，多层次的国际金融体系在逐渐兴起，但发展中国家在此进程中并未得到有效的发挥空间，其在国际社会的地位和作用常常被忽视。在关于全球贸易体制、气候变化、国际恐怖主义等问题的治理上，发展中国家的参与度和话语权均受到了很大程度的限制。以美国为代表的西方大国在国际政治和全球经济治理中占据着主导地位，而发展中国家的作用前景则不甚明朗。然而，随着新兴经济体的崛起，世界经济格局逐渐发生了变化。为了改变发展中国家在当前国际格局逐渐被边缘化的现状，并向现有的国际秩序发起挑战，新兴大国之间的合作应运而生。

第二，非中性的国际制度。国际制度体现的是国际主体的利益博弈和诉求结果，尽管它表面上对各主体是公正平等的，但实际上，在同一制度框架下它对不同行为体利益的分配是非公平的。由于非中性的国际制度的存在，当前全球治理体系也呈现出非中性的特征。在当今世界，国际经济格局是由西方大国（或集团）主导并建立的。因此，这些西方大国享受着全球治理机制下最主要的利益分配，它们是现行国际格局的既得利益者。相比较而言，发展中国家在当前的全球经济格局下处于不利的地位。因此，作为国际社会的新兴力量，金砖国家的综合实力在不断提高，其试图改变非中性的国际规则的意愿也更加强烈。

第三，国际格局的催化。随着新兴市场国家的不断发展，世界经济格局发生了根本性变化。作为新兴大国的代表，金砖国家认为对目前的国际经济制度进行变革，提高发展中国家和新兴市场国家的话语权势在必行。进一步地，自 2008 年国际金融危机以来，新兴经济体对当前的国际经济秩序产生了质疑。尽管以美国为代表的发达国家仍旧占据国际经济秩序的主导地位，但世界经济中心已开始出现向新兴经济体偏移的迹象。出于对发达国家可能会依托其世界主导地位来压制发展中国家这一问题的担忧，新兴市场国家要求稳定合理的国际规则的呼声逐渐升高，由此促进了金砖四国合作机制的形成。

1.1.2　金砖国家合作机制的发展脉络

金砖国家合作机制的发展脉络可以分为以下三个阶段：启动和扩员阶段、探索转型阶段以及深化升级阶段。

金砖国家合作机制的第一个发展阶段是正式启动和扩充成员阶段，时间范围是 2009—2011 年，在此期间金砖国家共举办了三次领导人峰会，均具有十分重要的意义。

尽管在合作前期，金砖四国外交部长和领导人进行了多次会谈，但此期间的会谈均是在联合国、G20 峰会等会议期间进行的，彼时金砖国家并未形成正式的会晤机制。直至 2009 年 6 月，金砖四国领导人在俄罗斯叶卡捷琳堡举行了首次领导人峰会。这次峰会以国际金融危机的爆发为背景，正值全球经济受到剧烈冲击，新兴市场国家和发展中国家的经济发展也受到了金融危机的牵制。在会议上，金砖四国就未来发展面临的重大问题进行了深入交流，对国际金融体系改革、能源安全等议题进行了初步规划。此次会议标志着金砖四国合作机制初步形成，不仅为金砖国家的合作方向定下了基调，同时也是金砖国家由资本市场投资级概念向国际平台转变的重要转折。

2010 年 4 月，南非总统受邀前往巴西利亚参加了金砖四国的第二次峰会，金砖四国就吸纳南非一事达成了一致。同时，此次会议正式确定了金砖四国领导人会晤机制，自此金砖国家合作机制初步形成。

伴随着新成员国南非的加入，2011 年 4 月，金砖五国领导人在中国三亚进行了第三次峰会，这是南非作为金砖新成员国的首次亮相。此次峰会对金砖国家未来合作的主要方向进行详细规划，确立了金砖合作的新起点，提出了务实合作的重要方针。自此，金砖国家实现了首次扩容，进入了金砖五国时代，金砖国家的合作机制逐渐在不断完善。

金砖国家合作机制发展的第二个阶段是探索转型阶段，时间范围是2012—2014 年。在此期间金砖国家领导人举行了三次首脑会议，对于推动全球治理问题的方案落实取得了实质进展。

2012 年 3 月在新德里举办的第四次金砖国家峰会上，印度首次提出建立新开发银行的设想，这是金砖国家在推进全球治理体系改革进程中所迈出的实质性一步，标志着金砖国家合作机制开始侧重于全球经济治理、由虚向实的重要转变。

随后，在 2013 年 3 月南非德班进行的第五次金砖国家领导人峰会上，五个金砖国家就成立新开发银行和建立应急储备安排事项达成了一致。此次峰会金砖国家还设立了工商理事会以及智库理事会，同时形成了部长级对话机制。这次峰会是金砖国家脱虚务实的重要转折点，其成果具有里程碑式的意义。

2014 年 7 月，金砖国家领导人在巴西进行了第六次首脑峰会，此次会晤正式提出了成立金砖国家开发银行和建立应急储备安排的可行方案，巩固了金砖国家在经济领域的合作成果。这次峰会标志着金砖国家的合作将步入新的起点，金砖五国的合作关系将更加紧密牢固。自此，金砖国家的合作逐步走向实体层面，金砖合作迈上了新的台阶。

金砖国家合作机制发展的第三个阶段是议题延伸和巩固升级阶段，时间范围是 2015 年至今。在此期间金砖国家共举行了五次首脑峰会，其合作机制的第一个"金色十年"完美落幕。

2015 年 7 月，金砖国家领导人在乌法进行了第七次首脑会议并发表了《乌法宣言》，宣言就维护全球政治安全问题进行了重要声明，金砖国家的合作重点逐渐向经济、政治两方面协同并进。2016 年 10 月，金砖国家在印度帕纳吉举行了第八次峰会，会议中金砖国家明确表示要积极开展务实合作，以提升其在全球舞台的影响力。具体表现为进一步加强各成员国之间保险市场的合作、推进税收体系改革等。2017 年 9 月，金砖国家在中国厦门举行了第九次首脑会议。其重要成果除了建立正式外交部长会晤机制外，经过一致协商，金砖国家还提出建立常驻联合国代表定期磋商机制。同时，峰会上金砖国家还创造性地提出了"金砖 +"这一合作方案，推动金砖合作由原来的经济、政治"双轨并行"模式向经济、政治、人文"三轮驱动"模式转变，进一步提升了金砖国家合作机制的影响力。

2018 年 7 月，金砖国家领导人在南非约翰内斯堡举行了第十次峰会。这次峰会提出进一步提高金砖国家在国际事务上的话语权，确立其在新兴市场国家中的主导地位。五个金砖国家历经 10 年的深度合作与交流，已然成为国际社会中重要的新生力量。2019 年 11 月，金砖国家领导人在巴西利亚举行了第十一次峰会。会议强调应顺应全球经济格局的演变趋势，深化金砖国家新工业革命的同盟关系。

现今，金砖国家的合作已逐步走向不断完善和深化升级的阶段，达到了较高的发展水平。金砖国家正逐渐成为新形势下国际金融体系改革的引领者，在全球经济治理体系变革中发挥着越来越重要的作用。

1.2 金砖国家合作机制的特点、现状与潜力

1.2.1 金砖国家合作机制的特点

1. 合作理念的开放性。金砖国家合作机制具有包容开放的特点，这主

要体现在其合作宗旨的非排他性以及合作成员国的多元化方面。作为新兴经济体的代表大国，金砖国家始终对新兴市场国家秉承开放包容的宗旨。2010 年南非的加入是金砖国家首次扩充成员国，但在未来金砖五国仍有可能获得进一步扩充，这充分体现了金砖国家合作宗旨的开放性。

金砖国家是一个跨区域的国际组织，目前金砖国家包含巴西（美洲）、俄罗斯（欧洲）、印度（亚洲）、中国（亚洲）以及南非（非洲）五个新兴市场国家，这五个成员国来自全球不同地域。这五个国家的综合国力均处于其所在地区的领先地位，具有一定的话语权和影响力，因此在一定程度上，金砖五国代表了在各自地域中其他经济体的利益。金砖国家由来自全球不同区域的国家构成，故无论是经济发展模式还是国家司法体制，甚至连文化习俗方面，各成员国之间都存在差异。从这一角度来看，金砖国家在吸纳成员方面，充分体现了参与主体多元化的特点。

2. 合作方式的多样性。金砖国家合作方式的多样性主要体现在其合作范围的全面性和合作模式的多层次性方面。金砖国家自成立以来，始终秉持着落实务实合作的基本原则。随着金砖国家合作的深入与磨合，其合作范围基本涵盖了政治、经济、文化等各个领域，并取得了一定发展成果。例如，在国际贸易方面，处于对贸易保护主义的反对，金砖国家协同推进全球贸易自由化的发展。同时为了打破不合宜的投资壁垒，金砖国家共同推进投资便利化的进程。在金融科技等领域，金砖国家也进行了深入的合作交流。此外，金砖国家还就反腐败问题、国有企业合作等尚未涉及的领域进行了初步构想，由此可见金砖国家合作领域的全面性与综合性。

在合作模式上，为了促进成员国之间的密切联系，金砖国家建立了多层次的合作形式。目前，金砖国家初步形成了以领导人峰会为主，部长级会议为辅，同时结合专家组会议和民间论坛的全方位合作模式。在这样四位一体的合作架构下，金砖国家将政府机构、学界学者、商界人士以及民间人员快速有效地联系到了一起，强化了金砖国家间的合作关系。

3. 合作战线的统一性。金砖国家合作战线的统一性主要体现在合作目标的原则性以及合作利益的非排他性两方面。随着经济全球化的发展，作为发展中国家的一支新生力量，尽管金砖国家希望通过合作发展来谋求当前的国际政治和经济格局的改变，但金砖国家在合作决策上并不会违背当前国际秩序以实现其改变全球利益分配的目标。相反，金砖国家力图在适应现有国际体系的基础上，与发达国家统一战线，共同应对当前的全球治理危机，让新兴市场国家也能亮相世界舞台，同时使国际体系更加具有公平性、合理性。

更进一步地说，金砖国家追求的目标是通过建立新型合作伙伴关系，与发达经济体一起完善当前的国际经济体系，共同面对当前来自全球各领域的挑战。因此，金砖国家所追求的利益是兼容性的，其合作战略的宗旨是在各个新兴市场国家之间、新兴市场国家与发达国家之间确立包容性的合作关系，实现合作共赢。

1.2.2　金砖国家合作的现状

1. 金融合作现状。金砖国家自成立以来，始终保持着国际经济领域的密切合作，致力于推动国际金融体系的变革。自 2011 年金砖国家领导人第三次会晤首次提出加强金融领域合作以来，金砖国家先后提出了一体化大市场、金融大流通、交易所联盟、新开发银行等合作方案。在全球经济逐渐复苏的背景下，金砖国家的经济也在飞速发展。目前，金砖国家在金融领域的合作均取得了显著成效，其合作成果主要体现在贸易投资领域、资本市场领域、可持续金融领域三个方面。

首先，自金砖国家合作机制逐步由务虚向虚实结合转型以来，贸易投资方面的合作就逐渐成为金砖国家合作的重要领域，尤其是随着以美国为首的发达国家掀起贸易保护主义的浪潮开始，国际贸易形势日趋严峻。为了应对日益复杂的全球贸易环境，金砖国家在贸易投资领域的合作刻不容缓。

2018 年 7 月，金砖国家领导人在南非举行了第十次会晤，会议明确表示了金砖五国对于多变贸易的包容性态度。此后，金砖国家协同发展，共同建立开放经济体系。一方面，金砖国家坚定一致地对抗单边主义和贸易保护主义势力；另一方面，金砖国家大力支持贸易自由化，积极推进投资便利化进程，追求国际贸易的开放性和包容性。其中，金砖国家在贸易领域最主要的合作就是自由贸易区战略的实施。

　　在世界范围内自由贸易区数量的不断增加，金砖国家意识到建立开放性区域经济、强化成员国之间的贸易联系是当前全球化趋势下的必然选择。因此，金砖国家针对自身的综合国力与经济实力，制定了符合其发展条件的自由贸易区战略，并在全球范围内积极推进自由贸易区建设的进程。

　　在建设自由贸易区方面，金砖国家拥有广泛的共同利益。例如，被誉为"世界原料基地"的巴西不仅拥有铁矿、谷物等丰富的战略资源，还具备先进的清洁技术；俄罗斯在能源方面具有优势，因此被称为"世界加油站"；印度由于其发达的软件技术等第三产业，素有"世界办公室"之称；中国以其在制造业领域的优势被誉为"世界工厂"；被称为"非洲的门户和桥头堡"的南非拥有领先全球的深井采矿技术和丰富的钻石资源。因此，金砖国家彼此之间存在较强的经济互补性，可以充分推动其自由贸易区的建设，深化贸易合作联系。

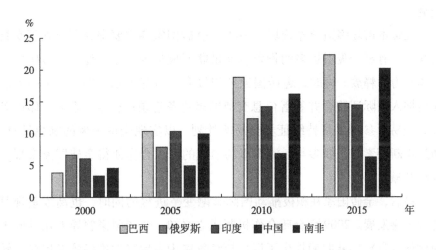

图 1 - 1　2000—2015 年各成员国对其他成员的贸易额占总贸易额比重

(数据来源：IMF 官网)

　　金砖国家在贸易投资领域的举措，极大地促进了金砖五国的经济发展。图 1 - 1 显示了 2000—2015 年金砖国家内部贸易比重的变动情况。由图 1 - 1 可知，随着金砖国家在贸易投资领域的合作日趋密切，各成员国对其他金砖成员国家的贸易额占本国总贸易额的比重也在逐渐上升。可见，金砖国家的合作机制推动了其内部贸易的便利化进程，成员国之间的贸易联系更加紧密，金砖合作机制也日趋完善。

其次，自 2009 年以来，金砖国家在资本市场领域的合作也取得了实质进展。在资本市场双边合作领域，一方面，金砖国家进行了企业层面的合作。例如，通过跨境上市合作，使得俄罗斯铝业正股得以在中国香港上市；通过跨国并购合作，使得中国银行业机构在收购南非和巴西银行股权后，成功地转变为其外资银行的控股股东；通过交易所合作，使得中国上海证券交易所和俄罗斯莫斯科交易所成功举办资本市场论坛，双方就市场投资等问题展开了密切合作。另一方面，金砖国家进行了一系列政府层面的合作。例如，在双边监管合作方面，中国证监会与其他成员国成功签署了证券监管合作备忘录，成员国双方就执法问题和市场监督等领域的政策方针达成了一致。在政府高层磋商方面，中俄双方在 2015 年的定期会晤中一致同意组建金融市场合作工作小组，以加强两国在资本市场领域的合作交流。

在资本市场多边合作领域，2011 年金砖国家各主要交易所成立了交易所联盟，有利于吸引更多的投资者涉足联盟成员国市场，促进了金砖国家集体潜力的释放。同时，金砖国家还积极参与全球论坛，例如，金砖五国先后加入国际证监会并签署信息交流的多边备忘录；巴西、南非、印度等证券交易所参与了可持续证券交易所计划，以实现全球金融的绿色转型。通过不断探索与积极参与，资本市场领域的深入合作使得金砖国家实现了互利共赢。

最后，金砖国家在积极推动国际金融变革进程的同时，也高度重视可持续金融发展。2009 年金砖合作机制成立之初，金砖国家领导人在《叶卡捷琳堡宣言》中就明确提出了以可持续发展为宗旨来助推经济发展模式转型。随后，2014 年金砖国家领导人在第六次会晤中提出了以包容性增长来促进可持续发展。2017 年，金砖国家领导人在《厦门宣言》中强调要扩大绿色融资以应对当前环境和气候问题。更进一步地，2018 年金砖国家领导人第十次会晤中着重阐述了发展绿色金融以实现可持续发展目标的重要性。

十年来，可持续金融发展的合作迅速成为金砖国家合作机制的重点领域。其中，金砖国家在银行和证券方面的可持续金融合作取得了显著成效。例如，2012 年，在巴西和南非证券交易所的提议下，印度、中国各主要证券交易所相继成为联合国可持续证券交易所的倡议伙伴，加强了各成员国在可持续金融领域的合作，同时推动了其实体经济的可持续发展。随着2013 年金砖国家第五次峰会的顺利召开，金砖五国的进出口银行和开发银行联合签署了有关可持续发展以及联合融资的多边协议，以满足各成员国对于基础设施资金层面的需求。此外，2016 年新开发银行在中国债券市场发行了首只绿色债券，大力推动了金砖国家的可持续发展进程。

总之，随着全球经济化进程的不断加快，金砖国家在经济领域取得了飞速发展。图 1 - 2 显示了 2000—2018 年金砖国家 GDP 占世界比重的趋势。由图 1 - 2 可知，截至 2018 年，中国 GDP 占世界比重达到了 15.84%。金砖国家 GDP 在世界占比由 2008 年的 14.84% 上升到 2018 年的 23.55%。图 1 - 3 显示了 2018 年各成员国 GDP 在金砖国家的占比，由图 1 - 3 可知，中国对金砖国家 GDP 的贡献率最高，达到了 67.24%。金砖国家的含金量在不断攀长，正逐步成为全球经济的重要组成部分。

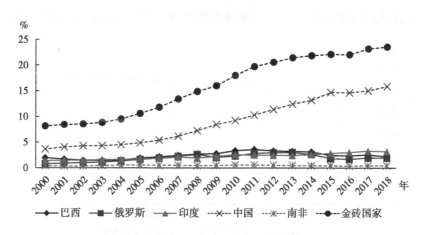

图 1 - 2　2000—2018 年金砖国家 GDP 占世界比重

（数据来源：WDI 官网）

2. 能源合作现状。进入 21 世纪以来，能源安全问题正逐渐受到国际社会的广泛关注，各主要经济体对能源的争夺现象也日益加剧。随着金砖国家经济的高速发展，其在能源方面的需求也逐渐提升。

图 1 - 4 显示了自 2009 年金砖国家成立以来其一次性能源生产总量与能源消费总量情况。由图 1 - 4 可知，无论是能源生产还是能源消耗，金砖国

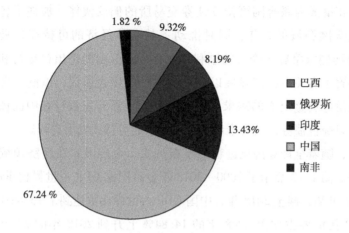

图1-3 2018年各成员国GDP占金砖国家比重

(数据来源:WDI官网)

家在能源供给和需求两方面都已占据了比较重要的地位。因此,金砖国家在能源问题方面的合作,对于全球能源秩序维系也具有越来越重要的作用。

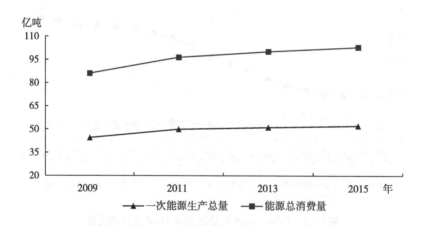

图1-4 2009—2015年金砖国家能源生产与消耗情况

(数据来源:国家统计局 http://www.stats.gov.cn)

图1-5显示了2016年金砖五国在石油、天然气、煤炭等能源方面的消费结构。由图1-5可知,中国、印度、南非和俄罗斯是煤炭消费大国,巴西以石油和水能作为主要的能源消耗类型,俄罗斯则以天然气为主。在金砖五国各自的能源供给方面,俄罗斯和巴西的油气资源丰富,是全球主要

的油气能源生产大国，中国、印度和南非拥有丰富的煤炭储备。因此，金砖国家各成员充分借助了对方的能源储备优势，实现了能源供求的互补，并在双边能源合作、多边能源合作方面逐渐完善和深化。

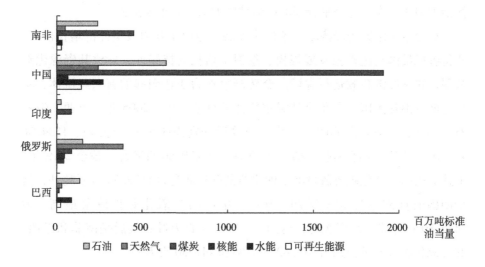

图 1-5　2018 年金砖国家能源消费结构

（数据来源：EPS 数据库）

　　目前，金砖国家在能源方面的合作成果十分显著。例如，中国和俄罗斯相继签署了关于石油领域和天然气领域的相关协议，中国和巴西双方达成了用贷款换取石油的协议实现了双赢，印度和俄罗斯相继签署民用核能协议以及油气合作协议等，中国、俄罗斯和南非也积极展开了一系列能源合作，金砖五国之间的能源合作越来越密切。此外，随着全球气候、环境恶化等问题的日益严峻，金砖国家正逐渐向新能源投资领域迈进。

　　3. 气候合作现状。近年来，气候变化问题已逐渐成为各国重点关注的全球性治理问题之一。一方面，为了推进国际格局的变革进程，金砖国家必须加快转型以保持其发展的可持续性；另一方面，为了积极参与日趋严峻的全球问题的治理，金砖国家需要进一步提升话语权来维护其自身的发展权利。由于积极参与气候治理是金砖国家转变其发展方式并实现可持续发展的重要机遇之一，因此金砖成员国参加气候治理的意愿也在不断提高。

　　自 1994 年《联合国气候变化框架公约》正式生效以来，尽管全球绝大多数国家都加入了此公约，但关于气候的谈判进程始终难以进行，尤其是伴随着美国和欧盟在关于减排政策上"抓大联小"策略的实施，使得国际气候秩序的公平性更加难以维系。在此背景下，金砖国家积极参与全球气候治理问题，在构建公平合理的国际秩序方面具有重要意义。

尽管金砖国家的经济取得了快速发展，但由于其粗放型经济增长模式，使得各成员国高速扩张发展规模、忽视了增长的持续性，导致其资源优势减弱，缺乏经济高效运行保障。金砖国家作为快速崛起的新兴经济体，不仅是能源消耗大国，更是全球温室气体的排放大国。2006 年，巴西、俄罗斯、印度、中国和南非的二氧化碳排放量分别为 335.42 百万吨、1534.36 百万吨、1253.70 百万吨、6677.29 百万吨和 430.86 百万吨。截至 2019 年，上述五国的二氧化碳排放量除了俄罗斯稍有降低变为 1532.56 百万吨外，其余四国的排放量均有所增加。其中，中国的二氧化碳排放量最高，为 9825.80 百万吨；印度次之，达到了 2480.35 百万吨；最后是南非和巴西，其二氧化碳排放量分别为 478.82 百万吨和 441.30 百万吨。

图 1-6 显示了 2006—2019 年金砖国家二氧化碳排放量占全球的比重。金砖国家二氧化碳总排放量在全球占比由 2006 年的 35.19% 上升至 2019 年的 43.19%。面对高排放与高污染的环境瓶颈，为了促进经济发展模式的转型以减少二氧化碳排放量，金砖国家在气候问题的治理上普遍采取了一系列积极政策。

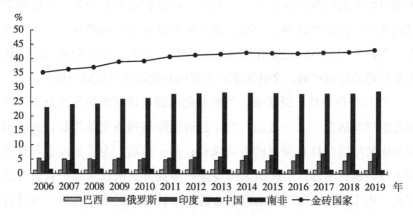

图 1-6 2006—2019 年金砖国家二氧化碳排放量占全球比重

（数据来源：BP 能源统计 https://www.bp.com）

在节能减排方面，南非积极探索新能源，大力推进将生物质能作为主要能源的进程。随后巴西对大型汽车高排放施以限制，在减少车辆污染计划方面取得了显著成效。俄罗斯作为温室气体排放大国，高度重视节能排放政策的实施。一方面，俄罗斯积极推广混合动力汽车，大力发展节能型住房的建设等项目；另一方面，俄罗斯发布关于气候问题的政策指南，并着力于改进能效法案。印度在减少煤炭资源的使用时，积极开发太阳能等新能源，同时印度大力投入资金用于植树造林以及智慧城市的建设。中国为金砖国家二氧化碳排放量最高的国家，高度重视气候变化的治理问题。2014 年中国在《中美气候变化联合声明》中表示，截至 2030 年中国的二氧化碳排放量计划达到峰值，同时非石化能源的消耗在一次能源消耗的比重提高 20%。在清洁能源领域，中国建立了一套智能电网系统。中国始终在全力发挥大国作用，为全球气候治理问题提供"中国方案"。南非在应对气候变化的进程中秉承责任原则和预警原则，并实施了污染者付费制度，在水资源、工业和农业等领域均取得了一定成果。

4. 网络治理合作现状。随着科技的发展，目前全球已经进入了互联网时代。根据国际电信联盟的相关统计，图 1 – 7 显示了 2001—2018 年全球互联网用户数量和网络用户比例情况。由图 1 – 7 可知，截至 2018 年，

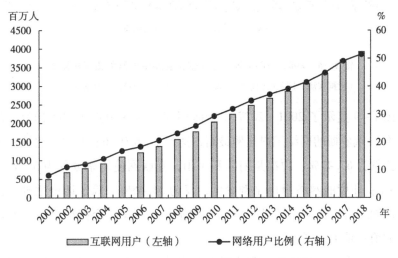

图 1 – 7   2001—2018 年全球互联网用户比例

（数据来源：国际电信联盟 https：//www. itu. int/en/ITU – D/Statistics）

全球互联网用户的数量已经超过了 39 亿，网络用户在全球所占比重达到 51.4%。

近年来，由于互联网在全球普及率的不断提升，网络空间的数据正逐渐成为新形势下的战略资源，它代表着一种新的权利要素的产生。图 1-8 显示了 2001—2018 年发达国家和发展中国家网络用户群体的比例趋势。截至 2018 年，发达国家网络用户比例已经由 2001 年的 29.4% 上升至 84.9%，增加了 1.9 倍，而发展中国家网络用户比例由 2001 年的 2.80% 上升至 2018 年的 44.7%，增加了 14.8 倍。从网络用户数量上来看，全球网络空间的发展，正在逐渐由发达国家向发展中国家转移。

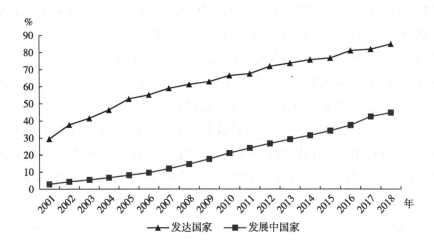

图 1-8 2001—2018 年发达国家和发展中国家网络用户比例
（数据来源：国际电信联盟 https://www.itu.int/en/ITU-D/Statistics）

图 1-9 显示了 2001—2017 年金砖国家互联网用户比例的趋势。截至 2017 年，俄罗斯的网络用户比例最高，达到了 76.01%；其次是巴西，网络用户比例为 67.47%；再次是南非和中国，互联网使用率分别为 56.17% 和 54.30%；印度的网络用户比例最低，仅为 34.45%。除了印度之外，其他成员国网络用户比例均超过了世界平均水平。可见，金砖国家在互联网发展上的前景是十分可观的。

目前，由于全球网络治理秩序的不完善，世界主要国家和国际组织均在争夺其在网络空间治理的主导权，全球网络空间逐步成为世界各国争夺

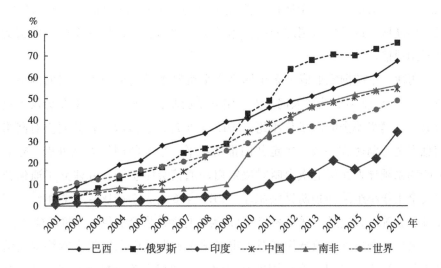

图 1 – 9　2001—2017 年金砖国家网络用户比例

（数据来源：国际电信联盟 https://www. itu. int/en/ITU – D/Statistics）

主导权的新角斗场。因此，作为新兴经济体的代表力量，金砖国家推动网络安全合作，提升新兴市场国家在全球网络空间治理中的话语权和影响力方面具有重要的现实意义。

金砖国家始终致力于全球网络安全和网络空间治理领域的合作，2013年金砖国家在领导人宣言中第一次正式列入了网络安全议题。自此，金砖国家在网络治理方面的合作迈入了实质性进程阶段。目前，金砖国家在全球网络安全治理领域的合作已经在以下方面取得显著成果。

首先，金砖国家就应对全球网络安全威胁以及治理措施方面达成了一致。2010 年，金砖国家就应对网络犯罪问题进行了重要说明，强调在预防网络安全威胁时应充分考虑到金砖国家以及发展中国家的利益。2014 年，金砖国家在外交部部长联合声明中表示，应在国际法框架内应对其面临的网络安全威胁问题。随后在 2016 年的安全事务高级顾问大会上，金砖国家就打击网络犯罪等问题进行了深入交流，明确了加强网络安全合作的措施。

其次，金砖国家共同投资了光缆项目以强化信息通信建设。2013 年，金砖国家领导人在第五次峰会上正式宣布实行"金砖国家光缆计划"，用于维护金砖国家成员国之间的网络安全，同时使金砖国家逐渐摆脱对发达国家通信领域的依赖性。金砖国家光缆项目的建设将节约 40% 的通信成本，极大程度地促进了成员国之间的技术共享与贸易合作，推动发展中国家的互联网通信。

再次，金砖国家形成了多个网络安全机制来推动成员国之间的网络合作。2013 年 12 月，为了及时应对网络安全威胁，金砖国家在南非会议上宣布成立了网络安全问题工作小组。2015 年 5 月，金砖国家就共同应对网络信息安全问题达成一致，决定共同推动和平、平等的网络安全进程。随后金砖国家领导人在第七次会晤时决定启动通信会晤机制，并建立了通信技术安全工作小组从而预防网络犯罪。2017 年 6 月，金砖国家政党组织、智库理事会等一致通过了《福州倡议》，为强化网络安全提供了宝贵的建议。

最后，金砖国家积极代表新兴市场国家和发展中国家发表网络空间治理主张。2013 年 5 月，金砖国家首次向联合国提出关于打击网络犯罪、维护网络安全的联合倡议。2014 年 3 月，金砖国家举行了外交部部长会议，会议指出各国应在国内法以及国际法框架下应对网络安全威胁。2016 年 10 月，金砖国家领导人在第八次峰会上发表了《果阿宣言》，明确提出了将建设公开且安全的互联网的倡议。

总之，金砖国家作为新兴大国的代表力量，其在网络空间治理领域的国际影响力正在逐渐提升，各成员国在网络安全方面的合作，对网络空间秩序的改革正发挥着越来越重要的作用。

5. 农业合作现状。金砖五国均是全球重要的农业生产大国，其耕地面积达到了世界的 36%，在世界农业发展方面起着重要作用。再加上各成员国的农业发展各具特色，可以实现充分的优势互补，因此金砖国家农业合作领域具有良好的发展前景。2010 年，金砖国家召开了首届农业部长会议，会上金砖国家就农业技术、农业贸易等领域展开了深入交流。此后，金砖国家多次举行农业部长会议，加大成员国之间在农业领域的合作，在粮食安全、技术创新等方面达成了共识。

中国农业部部长韩长赋表示，截至 2016 年，金砖国家农业领域的生产总值达到了 2.3 万亿美元，占全球农业生产总值比重的 57%。金砖国家粮食产量在全球的占比达到了 40%，已然成为世界粮食安全最坚固的屏障。此外，各成员国之间农产品方面的贸易额也实现了快速增长。2010—2017

年，中国对其他成员国的农产品进口额增加了 50%，出口额增加了 23%，超出了世界农产品进出口贸易的平均水平。金砖国家农业合作机制不断完善，并取得了显著成效，不仅促进了各成员国农业的发展，也提升了其全球粮农论坛的话语权。

6. 科技合作现状。科研技术是衡量一个经济体综合国力的重要指标。当今世界，随着数字技术、人工智能等新一轮技术变革的深入发展，金砖国家的合作范畴已经逐步由最初的经济合作向科技创新迈进。在 2015 年的部长级会议上，金砖国家联合签署了科技创新合作备忘录，对 19 个科技项目的合作进行了规划。2016 年，金砖国家进一步成立了科技创新资助方工作小组，促进了成员国在科技领域的多边合作。在 2019 年的第十一次领导人峰会，金砖国家着重强调了加强科技创新合作这一重要议题。以中巴合作为例，中巴双方在地球资源卫星领域的合作已经取得了实质性进展，被誉为高科技领域的典范。近年来，金砖国家在科技创新领域的交流与合作正逐渐迈上正轨，其双边合作项目比较多，而多边合作还有较大发展空间。

1.2.3　金砖国家合作的潜力

1. 金砖国家的发展概况及前景。金砖五国分布于世界不同区域，是全球第一个跨区域的多边合作机制。作为新兴经济体的代表力量，金砖国家的人口数量和国土面积在全球都具有比较重要的地位。

图 1 – 10 和图 1 – 11 分别显示了 2017 年金砖国家人口和国土面积占世界总量的比重。由图 1 – 10、图 1 – 11 可知，截至 2017 年，金砖国家的国土面积占世界总领土面积将近 30%，人口数量占世界人口总数量超过了 60%。数据表明，金砖五国在领土面积和人口规模方面均在世界占有相当重要的比例份额，从侧面说明了金砖国家在未来拥有巨大的发展前景。

对于金砖五国自身而言，各成员国也具有各自的发展优势。巴西作为拉美地区面积最大的国家以及最大的经济体，不仅国土面积和人口规模十分庞大，其经济发展也取得了显著成效。如图 1 – 12 所示，2002 年巴西的 GDP 仅为 0.5 万亿美元，到 2017 年其 GDP 超过了 2 万亿美元，15 年的时间

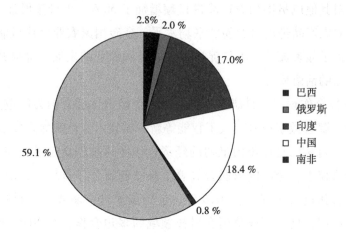

图 1 - 10　2017 年金砖国家人口占世界人口比重

（数据来源：国家统计局 http://www.stats.gov.cn）

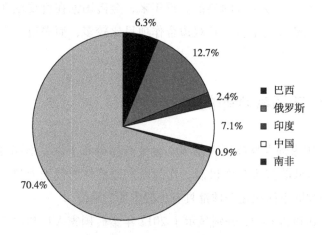

图 1 - 11　2017 年金砖国家国土面积占世界的比重

（数据来源：国家统计局 http://www.stats.gov.cn）

里增长了 3 倍。尽管 2015—2016 年巴西的经济出现了下行趋势，但其仍然跻身全球十大经济体之列。再加上巴西丰富的自然资源和不断提升的综合国力，其在金砖国家合作进程中也发挥着越来越重要的作用。

俄罗斯作为曾经的超级大国，尽管在经济领域不处于优势地位，但俄罗斯在很多其他方面都具有其他成员国所不具备的优势。第一，俄罗斯在军事领域拥有绝对优势，其在战略武器配给方面甚至与美国旗鼓相当。第

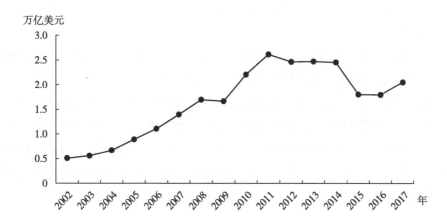

图 1 - 12　2002—2017 年巴西 GDP

（数据来源：WDI 官网）

二，俄罗斯还是安理会常任理事国之一，在国际事务上具有一定的话语权和影响力。第三，俄罗斯的能源与自然资源十分丰富，能与其他成员国实现能源和资源的互补。图 1 - 13 显示了 2018 年俄罗斯各种能源储量占世界总储量的比重。截至 2018 年，俄罗斯的石油探明储量达到了 146 亿吨，占世界比重的 5.98%；煤炭探明总储量高达 1603 亿吨，占世界比重的 15.20%；天然气探明储量达到了 38935.6 立方千米，其储量将近占世界总储量的 1/5，是全球天然气产量最高的国家。因此，由于自身实力以及天然

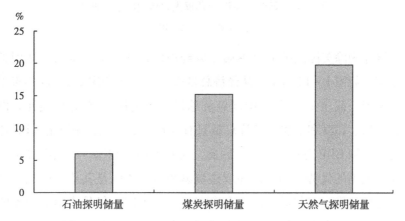

图 1 - 13　2018 年俄罗斯能源储量占世界总储量的比重

（数据来源：EPS 数据库）

的资源禀赋等优势，俄罗斯极大地推动了金砖国家在能源和资源等领域合作的进程。

印度作为金砖国家之一，尽管其经济实力在当前并不突出，但基于印度自身的人口规模和自然条件，其经济具有非常广阔的发展前景。图1-14为印度2000—2017年的人口数量和国内生产总值趋势。作为世界第二的人口大国，印度的经济总量在不断提升。截至2017年，印度的GDP总额超过了2.5万亿美元。印度的经济发展潜力巨大，在国际大国关系中也处于较为有利的态势，再加上其追求大国情结的雄心，近年来印度正逐渐受到国际社会的普遍关注。

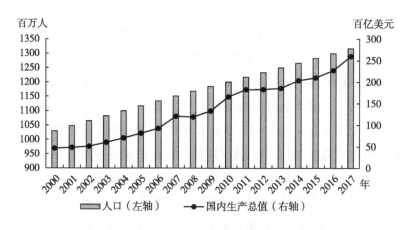

图1-14　2000—2017年印度人口和国内生产总值

（数据来源：EPS数据库）

中国作为除美国之外的世界第二大经济体，其经济总量已经达到了惊人的规模。如图1-15所示，从经济总量来看，中国GDP在近20年来得到了飞速发展。截至2018年，中国经济总量已经高达13.6万亿美元，而巴西、俄罗斯、印度和南非的经济总量只有6.6万亿美元，中国的GDP达到了其他成员国GDP总额的两倍。因此，与其他四国相比，中国在经济层面具有十分突出的优势。同时，在双边贸易领域，中国是其他金砖成员国最大的贸易伙伴国，尤其对于巴西和南非而言，中国不仅是这两个国家的最大出口国，也是它们的最大进口来源国，在维系金砖国家贸易合作方面发挥着重要的枢纽作用。

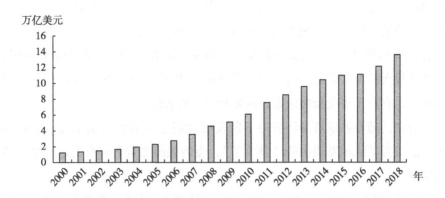

图 1-15　2000—2018 年中国 GDP

（数据来源：WDI 官网）

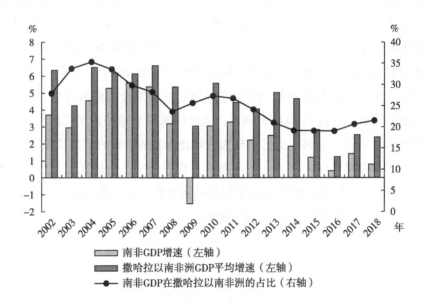

□ 南非GDP增速（左轴）
■ 撒哈拉以南非洲GDP平均增速（左轴）
—●— 南非GDP在撒哈拉以南非洲的占比（右轴）

图 1-16　2002—2018 年南非 GDP 增速及其 GDP 在撒哈拉以南非洲的占比

（数据来源：WDI 官网）

南非作为最新加入金砖国家的成员国，其经济实力并不如其他金砖四国。图 1-16 显示了 2002—2018 年南非的经济增速及南非 GDP 在撒哈拉以南非洲所占的比重。由图 1-16 可知，南非的经济增速远低于撒哈拉以南非洲的平均增速，甚至受到 2008 年国际金融危机的影响，其 2009 年的经济呈现出倒退现象，然而，南非又具有其独特的重要性。从 GDP 规模在撒哈拉以南非洲的占比来说，南非长期处于撒哈拉以南非洲第一或第二经济体的位置，其 GDP 占比基本保持在 20% ~ 35%，是非洲最发达的国家。同时，南非在很大程度上代表的是非洲国家整体。因此，南非在非洲的地缘政治影响力，有利于提高金砖国家在国际社会的代表性。

总之，随着各成员国经济的不断发展和国家实力的日益增强，金砖国家已然成为其区域发展中的"领头羊"，金砖五国在世界舞台的地位也在不断攀升。

2. 金砖国家应对金融危机的潜力。受 2008 年国际金融危机的影响，2009 年巴西、俄罗斯和南非的经济增速均出现了下滑。为了应对金融危机带来的挑战和威胁，金砖国家在这 10 年来一直致力于加强金融领域的合作。随着全球经济的缓慢复苏，金砖国家作为新兴市场国家的"领头羊"，其经济发展取得了卓越成效。如图 1 - 17 所示，截至 2018 年，印度和中国的 GDP 年度增长率分别为 6.81% 和 6.57%，均远远高于世界平均水平 3.06%，经济增速领跑全球。据 2017 年国际货币基金组织发布的《世界经济展望》报告，在过去 10 年时间里，金砖国家对全球经济增长的贡献度达到了 50%。可见，金砖国家已然成为全球经济发展重要的"增长极"，在经济领域的发展拥有巨大潜力。在未来的合作发展中，金砖国家可以充分利用其优势，最大限度地推进彼此之间的经济合作，建立统一的经济大市场，提升金砖国家在国际经济领域的影响力。

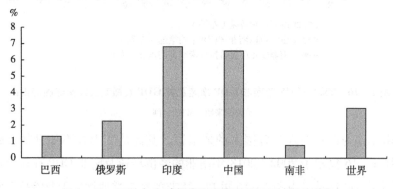

图 1 - 17 2018 年金砖国家和世界平均水平 GDP 增速

（数据来源：WDI 官网）

　　3. 金砖国家在全球治理中的潜力。首先，在为新兴经济体服务方面，由于发达国家在国际政治和全球治理体系中占据主导地位，所以新兴市场国家的利益往往很难获得保障，同时在国际社会中的发言权也难以体现。金砖国家合作机制的建立，不仅能够有效地维护发展中国家和新兴市场国家的利益，同时还可以提高新兴经济体在全球经济治理领域的话语权。其次，在跨区域治理方面，由于金砖国家各成员国分布于世界五大洲，因此通过合作可以将五个国家所在的区域紧密联系起来。例如，金砖国家目前正致力于搭建和非洲国家以及拉美国家之间的合作桥梁。通过将世界各大洲联系在一起，可以充分发掘这些区域的潜力，极大地推进了金砖国家的合作进程。最后，在与发达国家共同应对全球治理方面，由于金砖国家的合作机制的理念是开放性、包容性，因此金砖国家的合作不仅有助于加强与其他发展中国家的联系，还有利于促进其同发达国家的沟通与协作。金砖国家通过与发达国家之间的沟通协调，可以更好地推动全球经济治理体系的变革。

1.3　金砖国家的主要合作成果

　　自 2009 年金砖经济体概念确立以来，金砖国家在这 10 年间的合作取得了丰硕成果，其中最重要的成就在于建立应急储备安排、设立金砖国家新开发银行、推进国际金融体系份额和投票权改革以及加快世界贸易组织（WTO）多边谈判进程。这些举措不仅极大地推进了金砖国家合作从务虚到务实层面的转型，更重要的是推动了新型国际关系体制的变革。

1.3.1　建立应急储备安排

　　进入 21 世纪以来，随着新兴市场国家的崛起，金砖国家在国际经济体系中的影响力日益提升，在全球政治经济的地位也逐渐由边缘向中心靠拢。2008 年源自西方大国的金融危机将全球金融治理体系的弊端充分暴露了出来，尤其是国际货币基金组织在应对金融危机的救援机制方面存在许多问题，没有及时发挥其融通资金的作用。

传统的国际金融体系逐渐难以满足当今全球经济发展的需求，为了共同防范国际金融危机，2012年6月金砖国家在小型会议上首次提出了设立应急外汇储备库的可能性。在2014年7月举行的金砖国家领导人第六次会晤中，金砖国家领导人签署了设立初始资金规模为1000亿美元的应急外汇储备安排协议。

当金砖成员国面临国际收支困境时，其他成员国可以通过多边货币互换的方式向其提供资金支持，助其纾困。金砖国家的应急储备安排是双层治理决策机制，在操作性问题上由委员会达成共识或者投票结果决定。图1-18显示了金砖国家应急储备安排投票权的权重，该权重由各成员国的承诺出资额比例决定。由图1-18可知，中国的投票权最高，为39.95%，巴西、俄罗斯和印度次之，均为18.10%，南非投票权权重最少，为5.75%。

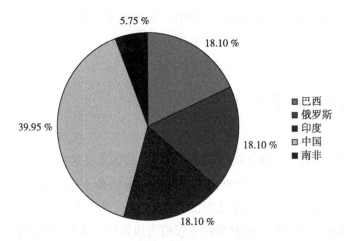

图1-18　各成员国应急储备安排投票权占比

（数据来源：中国外交部 http://treaty. mfa. gov. cn/Treaty/web/list. jsp）

成立应急储备安排是金砖国家基于多边货币互换的货币合作，实施这一举措具有重要的现实意义。第一，能够有效地帮助金砖成员国面对未来短期的国际收支压力，为其他新兴市场国家的短期融资提供资金支持。第二，有助于金砖国家防范全球经济的尾部风险，增强金砖国家抵抗金融冲击的能力，吸引更多投资者投资金砖国家金融市场。第三，打破了当前的国际货币金融体系，加快了金融机构的变革进程，有助于提高金砖国家在国际事务中的话语权。第四，有利于构建新型全球经济治理体系，维护金融稳定，为全球金融安全设立一道保护屏障。

1.3.2　成立金砖国家新开发银行

在当今的国际经济社会下，全球治理体系的决策很大程度上依赖各种形式的加权表决机制。这种投票表决原则往往对西方大国有利，而发展中国家很难享受到分配决策机制下的便利条件。长期以来，全球治理体系的公平性、合理性逐渐变质，发达国家与发展中国家之间的主权平等原则也在逐步失衡。

图1-19是2015年金砖国家与其他单一国家在多边开发机构投票权的对比。由图1-19可知，与美国和日本相比，金砖国家在各多边开发机构的投票权均十分有限。例如，在亚洲开发银行投票权占比中，金砖国家的投票权只有12.2%，而日本一个国家的投票权就达到了14.5%。在泛美开发银行的投票权占比中，金砖国家的投票权仅为10.8%，远远低于投票权为30%的美国。同样，对于非洲开发银行，金砖国家的投票权仍旧低于美国一国的投票权。

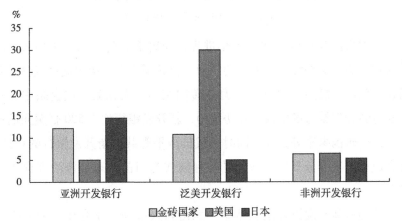

图1-19　2015年金砖国家、美国及日本投票权对比①

（数据来源：IMF官网、WDI官网）

---

① 徐秀军，等．金砖国家研究：理论与议题［M］．北京：中国社会科学出版社，2016.

图1-20是2017年金砖国家和欧盟两个国际组织在IMF和世界银行投票权的比重对比。如图1-20所示，金砖国家在国际货币基金组织和世界银行的投票权比重分别为14.2%和12.9%，而欧盟在两个组织的投票权则分别为29.6%和26.9%，达到了金砖国家投票权的两倍。可见，尽管金砖国家的经济实力在不断提升，但其在国际经济体系中的话语权并未充分体现出来。

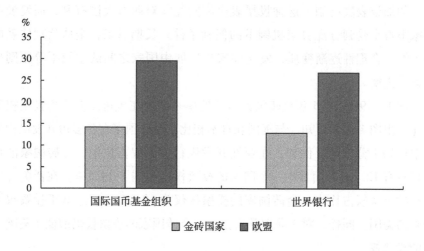

图1-20 2017年金砖国家和欧盟投票权对比

（数据来源：IMF官网、WDI官网）

为了促进国际事务中的民主化进程，开启平等公正的决策模式，2013年3月在金砖国家领导人第五次会晤中，金砖国家正式提出同意成立新开发银行这一倡议。随后，2014年7月金砖国家领导人在第六次会晤中正式签署了建设新开发银行的协议。在协议中，新开发银行注入500亿美元的初始资本，由金砖国家平等分摊，同时各成员国平等共享新开发银行的投票权。这种各成员国平等分享决策权力的治理模式为当前全球经济治理提供了新的借鉴。

金砖国家新开发银行是全球第一家由新兴市场国家合作共创的跨区域多边开发银行，其核心业务是向金砖国家和其他发展中国家提供发展融资。新开发银行的设立是弥补资金缺口的重要举措，具有里程碑式的意义。第一，有助于加强金砖国家各成员国之间的贸易投资联系，加深各成员国对彼此经商环境的了解，从而增加贸易来往，推进金砖国家贸易投资领域的合作。第二，新开发银行的建立为金砖国家提供了一个独立的平台，能够为其他新兴市场国家的基础设施建设和发展提供资金支持，扩大其在新兴市场国家和发展中国家的影响力。第三，有助于加强新兴市场国家之间的贸易合作，同时能够更加有效地利用全球金融资源。第四，新开发银行的成立，标志着金砖国际合作机制化建设自此进入了实质性阶段，提高了新兴市场国家和发展中国家在全球治理体系变革中的地位。

1.3.3　推动国际组织份额和投票权改革

金砖四国在成立之初，就开始积极加入全球金融治理的进程。为了进一步提高新兴市场国家在国际经济中的影响力和话语权，金砖国家大力推进 2010 年新兴市场国家和发展中国家在国际货币基金组织和世界银行的份额及股权改革方案。最终实现了国际货币基金组织向发展中国家转移 7% 的份额，世界银行向发展中国家转移 6% 的份额。

在关于国际货币基金组织投票权改革的进程中，金砖国家分别于 2008 年和 2010 年提出了改革方案，其中，2010 年的改革方案直到 2016 年才得以顺利通过。自此，国际货币基金组织资金规模扩大了一倍，金砖国家和其他国家在国际货币基金组织的份额占比也发生了相应变动。表 1 - 1 显示了在落实国际货币基金组织份额改革后，份额排名位居前 10 名的国家。如表 1 - 1 所示，中国在国际货币基金组织中的份额占比由原来的 3.994% 上升至 6.39%，其排名由第 6 位提升至第 3 位，超越了英国、法国和德国。印度、俄罗斯和巴西在国际货币基金组织中的份额占比也分别增加至 2.749%、2.705% 和 2.315%，其份额排名均跻身全球前 10 名。

图 1 - 21 显示了金砖国家在世界银行投票权的变动及排名情况。在推动投票权改革进程中，中国在世界银行的投票权由原来的 2.77% 上升至 4.42%，仅次于美国和日本，成为投票权排名第 3 位的国家。印度投票权由改革前的 2.77% 提升至 2.91%，跃居为投票权排名第 7 位的国家。俄罗斯的投票权仍旧维持原来的 2.77%，世界排名第 8 位。截至 2010 年，在世界银行投票权排名前 10 位的国家中，金砖国家就占了 3 个，极大地提升了其在世界舞台的话语权。

表1-1 IMF 份额改革后排名前十名国家

国家	改革前份额（%）	改革前排名	改革后份额（%）	改革后排名
美国	17.661	1	17.398	1
日本	6.553	2	6.461	2
中国	3.994	6	6.39	3
德国	6.107	3	5.583	4
法国	4.502	4	4.225	5
英国	4.502	5	4.225	6
意大利	3.305	7	3.159	7
印度	2.441	11	2.749	8
俄罗斯	2.493	10	2.705	9
巴西	1.782	14	2.315	10

资料来源：IMF 官网。

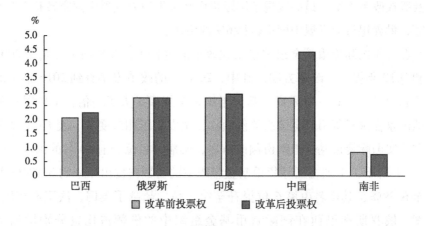

图1-21 金砖国家在世界银行投票权变动及排名

（数据来源：WDI 官网）

图1-22 为发达国家和发展中国家改革前后在世界银行投票权的变动情况。在世界银行投票权改革中，发达国家向发展中国家转移了 3.13% 的投票权，使得发展中国家的投票权由原来的 44.06% 增加至 47.19%。这场投票权改革，是世界银行首次以提升发展中国家国际影响力为主要目的而展开的一场结构治理改革，有利于促进全球金融治理框架的公平与合理。

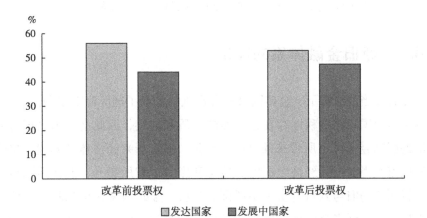

图 1 – 22　发达国家和发展中国家在世界银行投票权的变动

（数据来源：WDI 官网）

1.4　金砖国家合作中的难点

尽管金砖国家在推动国际金融体系格局变革、参与全球经济治理方面的进程取得了实质性进展，但总体而言金砖国家的合作机制仍处于初级阶段，各成员国在未来的合作中仍面临着一系列挑战与难点。

1.4.1　国际环境复杂多变

虽然金砖国家在全球金融治理方面取得了一定进展，但复杂多变的国际发展环境还是为金砖国家的合作带来了一定的冲击与挑战。国际贸易战升级、大宗商品和能源价格大幅波动、地缘政治风险等，都会对金砖国家的经济和政治发展产生负面影响。再加上金砖国家处于世界产业链和价值链的中低端，内生动力不足，无法形成独立自主的贸易体系。虽然金砖国家在近 10 年的经济发展中取得了显著成效，但其经济增长在很大程度上是依赖出口和外需的。因此，国际环境的复杂性和不确定性很容易导致金砖国家的贸易回路失衡，使其经济结构更加不平衡。金砖国家在全球金融治理中的弱势逐渐体现了出来，抑制了金砖国家的经济发展。

1.4.2　新旧金融体系的冲击

　　尽管在当前形势下，金砖国家的合作机制推动了国际经济格局的变革，但由于新旧国际经济秩序存在各方面的矛盾和冲突，因此金砖国家还需应对旧的国际金融体系所带来的挑战。首先，随着新兴经济体的崛起，尽管金砖国家在当前国际经济组织中的地位和影响力有所提升，但在国际组织中的投票权仍旧与其自身实力不匹配。其次，金砖国家在国际政治经济中的发展经常受到来自旧格局既得利益国家的打压。例如，在某些关于全球巩固产品的特定议题上，金砖国家常常被发达国家指摘有"搭便车"的行为。最后，现阶段国际政治经济的重要决策仍然是由西方大国所主导，金砖国家在国际金融组织中的话语权分量相对不足，难以成功遴选某些国际组织的高层职位，尚未形成能够影响全球治理格局的主导力量。

1.4.3　金砖国家经济发展面临的困境

　　1. 跨境资本流动缺乏有效监管。经验表明，大幅的跨境资本流动和有效监管的缺乏往往是导致金融危机的重要原因。在当前形势下，发达经济体之间的跨境资本流动在减少，而新兴经济体的跨境资本流动呈现出逐渐增加的趋势。一方面，当跨境资本大幅流入时，该成员国就会面临通货膨胀恶化、进而本币被动升值的问题，最终可能导致该国出现资产价格泡沫，加剧该国金融市场的脆弱性；另一方面，当跨境资本大幅流出时，又会刺破该成员国的经济泡沫，导致该国的经济进入衰退阶段。目前，金砖国家还处于发展阶段，跨境资本流动监管机制还不成熟，再加上其金融资源的配置效率不高，因此非常有必要完善金砖国家对跨境资本流动的监管机制，以保障其经济体系的合理运行。

　　2. 金融市场功能尚未完善。尽管近年来金砖国家的经济状况取得了快速发展，但现阶段金砖国家的金融市场功能还存在一些弊端。与发达国家相比，金砖国家缺乏具有高度影响力的全球金融中心。

表 1－2 显示了 2015 年金砖国家城市在全球金融中心指数的排名情况。由表 1－2 可知，金砖国家各成员国经济发展存在显著差异。首先，从金融中心提供的服务类别看，截至 2015 年，只有中国和巴西拥有排名相对靠前的国际金融中心，并提供广泛深化的金融服务。而其他成员国城市在全球金融中心指数的排名则相对落后，只能提供比较深化的金融服务。另外，从金融中心的数量来看，中国拥有的较高影响力的金融中心最多，其次是巴西和俄罗斯，印度和南非在全球范围内拥有的国际金融中心城市最少，还具有较大的金融发展空间。

表 1－2　　2015 年金砖国家城市在全球金融中心指数的分类及排名

类型	广泛深化的金融服务	比较深化的金融服务	新兴金融中心
全球型	中国香港（3）	中国北京（29） 印度孟买（59）	俄罗斯莫斯科（78）
跨国型	中国上海（21）	中国深圳（23）	
本地型	巴西圣保罗（31）	巴西里约热内卢（35） 南非约翰内斯堡（33） 中国台北（26）	俄罗斯圣彼得堡（81） 中国大连（41）

资料来源：全球金融中心指数 http://www.zyen.com/research/gfci.html。

表 1－3 显示了部分发达国家城市在全球金融中心指数的排名，可见，发达国家的国际金融中心在全球范围内具有较强的辐射能力。由于基础设施、金融产品和服务相对落后，金砖国家对发达国家主导的金融市场和组织机构还具有一定依赖性，还不具备大宗商品的定价权。金砖国家的合作机制还处于发展阶段，因此这一问题将在未来长期存在，制约着金砖国家推进国家治理体系的进程，并非一朝一夕可以解决的。

表 1－3　　2015 年发达国家城市在全球金融中心指数的排名

全球型	跨国型	本地型
英国伦敦（1） 美国纽约（2） 新加坡（4） 德国法兰克福（14） 荷兰阿姆斯特丹（36） 法国巴黎（37） 德国慕尼黑（40） 爱尔兰都柏林（46）	日本东京（5） 美国华盛顿特区（10） 美国波士顿（12）	美国旧金山（9）

资料来源：全球金融中心指数 http://www.zyen.com/research/gfci.html。

1.4.4　金砖国家内部的矛盾与竞争

金砖国家彼此之间的矛盾和竞争的存在，使得各成员国在合作中很难达成共识、形成共同利益。首先，各成员国之间存在相互遏制的战略倾向。作为全球新兴经济体的"领头羊"，金砖国家均存在强烈的大国情结。随着经济的快速发展和国际影响力的不断提升，各成员国追求大国地位的步伐也更加急迫。为了实现自身的大国战略，各成员国在政治、经济等领域的合作过程中，也难以避免地存在相互提防遏制的意图。

在政治领域，作为一个跨区域的新兴国家群体，金砖国家之间的政治观念存在很大差异。各成员国来自全球各大洲，其社会制度、价值观念以及政权组织形式等都存在较大分歧。而且，中国与印度、中国与俄罗斯之间不仅仅是地缘政治存在差异，其在历史上的矛盾和纠纷也尚未完全解决。以中国和印度的竞争态势为例，中国于2013年提出"一带一路"倡议，印度始终保持暧昧的态度，同时，印度还对"中巴经济走廊"加以抵制，甚至在2020年出现边境摩擦。这些冲突的存在，极大地影响着各成员国彼此之间的合作进程。

在经济领域中，由于金砖国家均高度重视贸易出口，且出口的商品具有较高的同质性，这就导致各成员国之间在出口领域出现了严重的碰头现象。为了遏制中国在服饰、纺织等领域的出口规模，俄罗斯曾以整治国内市场秩序为借口对中国的出口商品进行调查，印度、巴西和南非也对中国频繁施以反倾销调查战略，其中，巴西则是对中国进行反倾销调查次数最多的国家之一。如图1-23所示，2012年巴西对中国的汽车轮胎、矿物油、土豆、瓷砖等多种出口产品实行了提升关税的政策，抑制了中国出口贸易的发展。

此外，随着金砖国家在近年来的不断发展，各成员国的经济发展和国际影响力也获得了不同程度的提升，这就导致金砖五国在未来的合作和发展战略目标的进一步分化。金砖国家在利益诉求上的分歧以及战略目标定位的差异，会使各成员国之间的合作纽带脆弱化，进而抑制金砖国家合作机制进程的步伐。

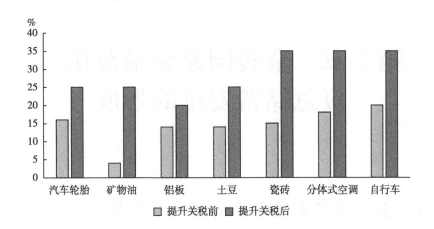

图1-23　2012年巴西对中国出口商品的关税调整

（数据来源：中国新闻网 http://www.chinanews.com）

　　总体而言，尽管金砖国家的合作机制在全球经济治理方面获得了丰硕成果，但金砖五国仍面临着来自外部环境以及内部发展的一系列挑战与难点，金砖国家的合作机制仍然有待于不断完善与巩固升级。

第 2 章　金砖国家金融合作与应急储备安排的形成

2.1　金砖国家金融合作的形成与发展

2.1.1　金砖国家金融合作的形成

金砖国家由全球最大的四个发展中国家组成，是一个经济合作组织，巴西、印度、俄罗斯和中国是其成员国。由于这四个国家的首字母刚好组成字母"BRICs"，且"BRICs"之所以被称为金砖四国，是因为这四个国家的首字母组合在一起，刚好是英文"砖"的意思。在 21 世纪初，高盛证券公司首席经济学家奥尼尔发表文章《全球需要更好的经济之砖》（*The World Needs Better Economic* BRICs）。在这篇文章中，奥尼尔首次提出"金砖四国"的概念。他对新兴经济体的发展进行了研究和分析，认为新兴经济体的发展速度将在不久的将来超过欧美等发达国家。

在 2007 年，美国爆发次贷危机，这给全球经济带来了很大的负面影响，尤其是欧盟国家受其影响较大。政府背负着巨额的债务，使欧美发达国家的经济难以保持较好的增长速度。以金砖四国为代表的新兴市场经济发展保持了较高增速。2009 年 6 月，为了维护在国际事务中的共同利益，俄罗斯举办了首次金砖四国经济合作论坛。此后，南非也被邀请加入这一经济合作组织，金砖四国更名为"金砖五国"。截至 2019 年 11 月 13 日，金砖国家共举行了 11 次会晤。2020 年的金砖国家第十二次峰会计划由俄罗斯举办，举办时间为 2020 年 7 月，举办地点为圣彼得堡。

国际金融合作是指各国通过各自的金融政策和对金融风险不同的防范机制相互合作进而促使全球金融发展稳定且持续的一种合作方式。第二次世界大战后，国际金融合作主要分为布雷顿森林体系、后布雷顿森林体系以及后危机时代三个阶段。如今，新兴经济体为了提高自身在国际金融合作中的发言权，努力推进实施新兴经济体之间的合作组织，其中最引人注目的就是金砖国家之间的金融合作。

金砖国家金融合作主要是发展中国家经济体之间的合作。在经济合作中，关于金融风险的控制以及交流成为主要话题。近年来，金砖五国在贷款、货币互换和货币市场（包括资本市场）等方面也取得了巨大成功。①

2.1.2　金砖国家金融合作发展

1. 初步合作意愿。2009 年 6 月 16 日，中国、巴西、俄罗斯和印度"金砖四国"，在此次会议上，不仅四国首脑进行了会晤，而且在会议上达成经济合作交流的重要共识，草拟了相关的联合声明。四国首脑通过交流，认为应该顺应世界经济形势，促进国际金融改革，优化国际贸易与投资环境。会议强调，"金砖四国"应提升新兴经济体和发展中国家在国际金融机构中的地位和作用。鉴于当前国际金融的复杂局势，有必要构建一个金融合作机构，并且，机构的成员选用必须公开透明，建立一个稳定、可预测和多样化的国际货币体系。在会议上，"金砖四国"提出国际金融经济体系改革计划。改革后的体系主要包含以下原则：第一，国际金融机构的决策过程应该实现民主化和透明化；第二，有一个坚实的法律基础；第三，不同国家监督机构、国际标准制定机构并不冲突；第四，加强风险管理和监管。②随着这次金砖国家会议的成功举办，为后来的一系列经济合作峰会的举办提供了经验。

2. 2010 年 4 月 15 日，在巴西举办了金砖国家经济合作第二次峰会。通过交流达成了重要共识，并发表了《联合声明》。通过《联合声明》，

---

① 朱杰进. 金砖国家合作机制的转型 [J]. 国际观察，2014 (3).

② 资料来源：《"金砖四国"领导人俄罗斯叶卡捷琳堡会晤联合声明》。

"金砖四国"进一步对国际金融体系改革理念进行阐述。鉴于当时全球经济形势不容乐观，金融风险控制存在很多问题，四国首脑一致认为，国际金融体系的构建和完善已经刻不容缓。通过经济领域的合作交流，形成具有可行性的有效管控机制。各国认为应尽快改革布雷顿森林体系，解决国际货币基金组织和世界银行等国际金融机构存在的不合理问题。治理改革的主要目标是从根本上将投票权转移到新兴市场国家和发展中国家，使其在全球经济中的决策能力和权重保持一致。"金砖四国"呼吁，到2010年春季，国际金融机构应该要履行投票权改革承诺，并且，在2010年11月G20峰会举行之前，国际金融机构应该全面完成国际货币基金组织份额改革。会议上，"金砖四国"一致认为，国际货币基金组织和世界银行行政职位的选择应基于公开和择优的原则，而不应考虑候选人的国籍。为了更好地反映机构人员的多元化，国际货币基金组织和世界银行的人员组成需要增加发展中国家的参与度。目前，金砖国家政府间金融合作机制已初步形成。

3. 2011年4月14日，中国作为金砖国家的重要成员，在三亚举办了第三次金砖国家首脑会谈，并达成了重要共识，认为国际经济合作机制必须进一步得到完善，各国经济间的合作需要得到进一步发展。金砖国家认为，当前的国际货币和金融体系存在不合理性，国际金融危机的爆发能够充分体现这种不合理性。《三亚宣言》提出，为稳定当前的经济局势，避免出现较大的金融风险，有必要构建一个稳定的货币机制，保证国际金融储备符合实际需求，能够为全球经济发展提供保障。金砖国家作为世界经济的重要组成部分，对维护世界经济稳定与繁荣有巨大的推动力，理应获得特别提款权。会议讨论了新兴市场经济体面临的跨境资本流入和流出风险，此外，随着全球经济不断融合，一体化发展趋势愈加明显，因此，应当加强国家之间的金融风险控制合作，这对全球经济发展局势的稳定有十分重要的作用。会议强调要多与国际金融机构进行交流合作，内容包括：第一，不断扩大本币结算，促进金砖国家间贸易便利化；第二，加强金砖国家在资源、低碳排放等重要领域的投资金融合作；第三，共同参与资本市场的开发与维护，推进股市繁荣稳定发展；第四，构建一个金融信息共享机制，推进五国经贸合作，推进人民币国际化。

2012 年，在印度举办了第三次金砖国家的领导人会晤。在国际金融危机发生之后，金砖国家经济复苏较快，但发达国家主权债务问题的积累和对发达国家中长期财政调整的担忧，给全球经济增长带来了不确定性。发达国家中央银行为稳定国内经济，采取了扩张性货币政策，导致货币流动性过剩，对新兴市场经济体产生副作用，资本流动和大宗商品价格出现过度波动。在此背景下，金砖国家要求进一步提高发展中国家在国际金融体系中的发言权和代表性。在此次的会谈中，各国首脑认为，金砖国家都是发展中国家，人口众多，有广阔的发展空间，内在需求巨大，但是基础设施建设较为滞后，因此，有必要创建一个专注于基础设施建设的投资机构，于是，金砖国家新开发银行便成立了，此金融机构由金砖国家共同注资，旨在用于对这些国家的基础设施建设提供资金支持，为金砖国家经济发展提供动力。金砖国家共同签署了《金砖国家银行合作机制多边本币授信总协议》《多边信用证保兑服务协议》等协议，并且出台了股票交易的相关协定，即交易所基准股市指数衍生产品可在各大股票交易所进行挂牌销售。这意味着金砖国家金融合作进入了一个重要的发展阶段，国家之间的经济合作交流更加紧密了。

4. 金砖国家新开发银行与应急储备基金。2013 年 3 月 27 日，金砖国家领导人第五次会晤在南非德班举行，会议发表了《德班宣言》。与会者提出，之所以发展较为缓慢，主要是基础设施建设领域的投资不够，资金处于长期短缺的状况，这与其国内巨大的内需实际情况是不相符合的。因此，为有效解决这一问题，必须加强经济合作，实现金融资源的互通共享，达到互利互惠的目的。《德班宣言》包括两个备受关注的重大项目：一是在此次情况下，金砖国家新开发银行的成立也在情理之中；二是由于国际金融局势瞬息万变，为应对突发的重点的金融风险，与会者提议，有必要构建一个应急储备基金。在这次会议上，金砖国家领导人共同发表了《可持续发展合作和联合融资多边协议》。鉴于非洲大陆经济增长速度加快，并且基础设施需求量较大，此次会议达成了《非洲基础设施联合融资多边协议》。在此会议上，金砖国家经济合作组织的架构得以明确，该组织下辖工商理事会和智库理事会。这表明，此经济合作组织经过不断发展和完善，基本的组织框架有了实质性的进展。随着组织框架得以完善和确立，发展中国家有了属于自己的金融合作机制。

此后，金砖国家合作论坛通过不断讨论和完善，发表了一系列重要的宣言，如《福塔莱萨宣言》，在该宣言中，应急储备基金的投资规模得以确定，为500亿美元，由组织成员国共同注资，此后会再进行投资金融的注入。在金砖国家开发银行建设初期，俄罗斯任理事会主席，巴西任董事会主席，印度任行长，银行总部设于中国上海，南非设立非洲区域中心。1000亿美元的投资规模足以应对金砖国家短期内的基础设施建设的资金需求。确保这些国家不会因为基础设施建设规模的扩大而导致资金短缺的问题。这对全球经济的稳定是有深远影响的。紧急储备机制将作为现有国际金融体制的一种补充。应急储备基金的成立旨在为金砖国家的资金提供支持，避免因短期资金流短缺而引发金融风险。紧急储备机制还规定了金砖国家各成员国的最大互换金额，按照国家的实际需求以及经济规模来确定互换金融，南非最少，中国最多，具体为中国410亿美元，巴西、印度和俄罗斯各180亿美元，南非50亿美元，但是都享有同等的投票权。

5. 进一步完善金融合作。2015年7月9日，金砖国家领导人第七次会晤在俄罗斯乌法举行。各国领导人在会议上表示，他们将继续加强金融和经济合作，加强对金砖国家新开发银行和应急储备安排工作的协调。会议强调，新开发银行作为一个国际开发投资机构，不仅为金砖组织成员国提供资金支持，也会为其他需要进行基础设施建设的国家提供资金支持，并在加强金砖国家经济合作方面发挥重要作用。乌法会议倡导新开发银行应与亚洲基础设施投资银行等新金融机制保持密切合作。金砖国家已完成签署紧急储备协议的审批程序，该协议将于2015年7月底生效。该协议的签署为金砖国家应急储备机制的运行确定了技术参数。建立应急储备机制，成员国之间可以相互提供资金支持，这是金砖国家金融合作的重要措施，而且，随着这一决议的推出，全球范围内的金融安全机制变得更加成熟。

此后，印度举办了第八次金砖国家领导人会晤。会议上，各国支持形成一个实力强大、股权雄厚、资源充足的国际货币基金组织（IMF），认为IMF借用的资源应该是临时性的，并呼吁欧洲发达经济体履行承诺，让出两个 IMF 执行董事会席位。国际货币基金组织的改革应该增加最贫穷成员国的发言权和代表性，比如撒哈拉以南非洲国家。

2017 年 9 月 4 日，金砖国家领导人第九次会晤在中国厦门举行。随着金砖国家关系的发展，小范围的本币结算、局限的授信已经不能满足金砖国家经贸关系的需求。为加强金砖国家经贸合作和金砖国家凝聚力，会议发表了《厦门宣言》。《厦门宣言》强调，为加强推进金砖国家间的货币合作，可以构建一个货币互换、本币结算、本币直接投资的货币合作机制，但前提是不与本国制定的经济法律规定相违背，而且，货币合作的模式需要进行不断创新和探索。值得注意的是，厦门会议上，金砖国家提出"本币直接投资"。通过对金融合作机制进行不断创新和调整，能够使其应对各种突发的重大金融风险。此外，由于资金的过度流动，本身会存在巨大的风险，为解决这一问题，需要对资本流动体系进行创新和探索，减少此类风险。可以说，应急储备基金的成立，对世界经济局势的稳定起到了实质性的作用，这也是金砖国家发展交流更加紧密的表现。各国就建立与应急储备安排（CRA）宏观经济信息共享机制、进一步提高 CRA 研究能力、密切与 IMF 合作等问题达成共识。

南非在 2018 年举办了金砖国家第十次学术论坛。会议指出，应急储备安排机制应提高其操作性，对应急储备安排机制的"脱钩"机制进行试运营。积极促进应急储备机制与国际货币基金组织之间的友好合作。会议强调多边发展开发银行，尤其是发挥私人部门投资对公共基础设施投资的积极作用。各国对创建金砖国家本币债券基金的进展感到满意，需要进一步加强债券发行会计准则趋同和审计监管领域的合作，并继续开展相关领域的合作。在遵守现有监管框架和世贸组织服务贸易总协定的前提下，金砖国家将继续深化金融机构与服务网格化发展，促进金砖国家更好地融入世界金融市场，加强金融监督的交流与合作。金砖国家将继续加强外汇合作，探索新的合作方式，在各国中央银行依法行使职能的前提下，发展绿色金融，促进金砖国家可持续发展。会议强调，维持和支持金融行动特别工作组的目标十分重要。这在一定程度上能够落实和完善打击洗钱、恐怖融资和防扩散融资金融的国际标准。

2019 年，为期两天的金砖国家领导人第十一次会晤在巴西举办。近年来，全球经济增长乏力，衰退风险加大。贸易摩擦和地缘政治不确定性影响信任、贸易、投资和经济增长。在此背景下，金砖国家发表了《巴西利亚宣言》。《巴西利亚宣言》首次明确批准扩大新开发银行，也就是说，开发投资机构不再局限于在金砖组织成员国之间的基础设施建设投资，而是扩展到全球领域。

表 2－1　　　　　　　　　金砖国家金融合作成果

时间	地点	召开会议	参与人员	成果
2009 年 6 月	俄罗斯叶卡捷琳堡	金砖国家领导人第一次会晤	金砖各国首脑	会议强调，货币体系的完善和创新势在必行，必须摆脱以往的以欧美发达国家为主导的国际金融体系，构建一个属于发展中国家的经济发展合作体系，以为世界经济的稳定作出努力
2010 年 4 月	巴西利亚	金砖国家领导人第二次会晤	金砖各国首脑	在第二次的会议中，金砖国家合作组织架构得以确立，由两个理事会构成
2011 年 4 月	中国三亚	金砖国家领导人第三次会晤	金砖各国首脑	这次峰会在我国举办，会议通过了《三亚宣言》，强调金砖国家之间的合作不再仅限于经济领域，在不久的将来，科技、能源、农业以及其他领域都需要进行合作，随着金砖国家之间的合作交流日趋紧密，合作组织框架越来越完善，发展中国家在国际金融体系中的影响力与日俱增
2012 年 3 月	印度新德里	金砖国家领导人第四次会晤	金砖各国首脑	会议发表了《新德里宣言》。会议探讨了成立金砖国家新开发银行的可能性，希望该银行能与世界银行并驾齐驱，呼吁建立更具代表性的国际金融架构。会议提出在 2012 年国际货币基金组织、世界银行年会前如期落实 2010 年治理和份额改革方案的要求。会议签署了《金砖国家银行合作机制多边本币授信总协议》《多边信用证保兑服务协议》，使得金砖国家间的贸易和投资便利化

续表

时间	地点	召开会议	参与人员	成果
2013 年 3 月	南非德班	金砖国家领导人第五次会晤	金砖各国首脑	会后发表了《德班宣言》和行动计划，签署了《可持续发展合作和联合融资多边协议》。在此次会议上，与会成员国不仅达成了要成立新开发投资银行的协议，而且要将原本的经济领域的合作扩大到更多的领域，比如，科技、农业、卫生等领域，作为对原本合作框架的补充
2014 年 7 月	巴西福塔莱萨	第六次经济峰会	金砖各国首脑	确定上海为新开发银行的总部所在地，同时决定由成员国共同出资，建立一个投资规模为 1000 亿美元的基础设施投资基金
2015 年 7 月	俄罗斯乌法	第七次经济峰会	金砖各国首脑	《乌法宣言》的发表以及《金砖国家经济伙伴战略》的签署，表明应急储备安排协议得以正式确立
2016 年 10 月	印度果阿	金砖国家领导人第八次会晤	金砖各国首脑	成员国通过协商决定，就税改以及海关等领域进行加强合作，呼吁欧洲发达经济体履行让出两个 IMF 执行董事会席位的承诺
2017 年 9 月	中国厦门	金砖国家领导人第九次会晤	金砖各国首脑	为了有效进行风险管控，从而加强各国之间的资本市场的交流与合作。尤其是共同促进证券市场的稳定与发展，可以加个债券发行作为融资的一种途径，以为本国的基础设施建设提供资金支持，通过引入其他国际金融机构的参与合作，来完善此项融资机制
2018 年 7 月	南非约翰内斯堡	金砖国家领导人第十次会晤	金砖各国首脑	外长们重申支持国际合作打击非法资金流动，包括在金融行动特别工作组和世界海关组织框架下的合作。为此，外长们强调加强相互交流和数据共享的重要性；强调对于国际违法融资的标准进行设定，会议制定相关的管控措施
2019 年 11 月	巴西利亚	第十一次经济峰会	金砖各国首脑	发表《巴西利亚宣言》，首次就新开发银行扩员作出明确授权

资料来源：外交部金砖国家相关会议资料。

2.1.3　金砖国家金融合作存在的问题及对策

1. 存在的问题。第一，跨区域合作是阻碍金砖国家金融合作的因素之一。例如，领地冲突问题一直是干扰中国与印度友好合作的重要难题之一，此问题长期未得到解决就会对双方的金融合作造成影响；巴西与非洲间欠佳的金融合作与其横跨大西洋的地理因素密不可分；中国边境北部虽然与俄罗斯西部交接，但两区域间经济都较为落后。所以影响金砖五国金融快速发展合作的重要因素与地理位置密不可分。第二，由于金砖国家的经济增长对西方国家资源的依赖较强，进而导致各国可持续绿色发展出现了不同程度的削弱。俄罗斯、巴西和南非的经济较大程度上依赖国际大宗商品市场，中国的制成品和印度的外包服务业对发达国家市场依赖度也很高，因此出现了金砖国家经济呈现出外向型增长的趋势，而其创新型经济能力渐渐有所欠缺。从某种程度来讲，这种情况大幅制约了金砖国家长期进行金融合作与经济持续性增长的能力。此外，一旦经济潜力不足的预期形成，金融基础设施方面的投资也将出现短缺，这将为金砖国家之间的金融合作制造另一重障碍。第三，金砖国家现有的经济合作水平和层次较低。由于组成金砖体系的成员国间的经济合作主要表现为贸易层面的合作，所以导致合作双方的贸易往来和交易规模长期处于较低的位置，尤其是在多层产业链、资本市场等方面的深度合作还尚未展开。在各层次的经济合作之中，贸易合作的"黏性"最低。因为一旦遇到外部政治或经济方面的较大冲击，合作破裂的成本很低，各方容易放弃合作，所以只有更加有效提升经济合作的层次和深度，才会对其产业链合作的可持续绿色发展提供帮助，即合作的退出成本非常高时，金融支持才能全力跟进。

2. 对策建议。第一，组成金砖国家的各成员国应建立金融合作共识，具备大局意识与未来发展的眼光，更深层次地将人类命运共同体理念贯彻于金砖国家金融贸易合作之中，将金砖合作体系融入全球治理的重要战略组成部分，共同承担起各国应具有的担当与责任。借助这一平台，金砖国家不仅要逐步提升自身在国际政治经济体系中的影响力，而且应推动国际规则和全球治理向着更加公平、公正、合理的方向转变。第二，金砖五国应该在合作上达成共同前进，信息透明，深层次合作的共识，并且应该突出"非对抗性"和"包容性"两大特征。非对抗性是指金砖国家金融合作从松散的会晤机制向更加务实的实体组织转变过程中，不应急于求成，更不应该与现存的由发达经济体主导的全球或区域性金融组织发生对立，其与现有国际金融组织间的关系应是竞争与共存，而非"零和博弈"。包容性是指金砖国家金融合作机制应体现开放性与多元化的特点，渐进有序放开，更多体现发展中国家的利益。金砖国家可根据合作发展现状来制定不同阶段的部署规划：第一，在短期内，该金融合作机制应开放包容，不宜脱离全球贸易体系，不应将发达国家或其他贸易组织隔离在外，可规定相关举措来限制发达经济体对金砖贸易体系的影响，可依附于金砖国家各自的国家开发银行进行调节与参与来实现宏观调控。基于金砖五国向亚非拉拓展，逐步扩大合作和参与主体范围，加强创新金融合作模式和功能，将这一合作机制发展成影响力不断提升的新型国际多边金融平台。第二，从金融发展未来角度来看，金砖国家的金融合作机制的目标应具战略性，着眼于世界范围，以构建一个由金砖成员国领导和掌握，由其他经济体参与，全新的国际金融合作组织或集团。金砖国家贸易合作长久的巩固与发展会逐步加大金砖国家在世界领域的话语权及影响力。第三，保持经济稳定增长是巩固金砖国家金融合作的必要前提。从金砖五国的经济联系来看，金砖国家经济运行模式具有一定的依附性与互补性。从实践落实角度来看，资源禀赋依赖性强、产业结构各具特色、发展阶段互为补充，因而金砖国家在金融、投资贸易、能源合作以及基础设施建设等领域有着广阔的合作空间。组建金砖国家新开发银行的目的是解决长期融资和外国直接投资不足等问题，帮助金砖五国以及其他新兴经济体和发展中国家的基础设施建设以及可持续发展项目筹备资金。此举措的本质是为突破当前国际金融秩序的现状，打破发达国家一权独揽的经济局面，逐渐掌握经济体的国际话语权及影响力，切实保障和维系自身的经济利益，打造人类命运共同体，共同实现繁荣与可持续发展的经济目标。对于应急储备安排的建立是为了帮助金砖国家以及其他发展中国家更好地面对资金的流动性短期紧缺，预防经济或金融危机。构建金融安全缓冲带，强化全球金融安全网，这是对现有国际金融机制的良好补充，其目的是提升金砖国家应对外部冲击的能力，更好地实现国民经济的健康发展。第四，金砖国家的五个成员国之间的保险市场、银行、出口信贷等领域的合作，对其维系成员国之间的友好关系意义非凡。所谓的金砖国家间金融合作机制应是致力于建设更加完善、具备生命力、平衡增长的经济合作机制，以此为五国的贸易往来、资本投融资、基础设施完善、技术研发、低碳节能等提供支持。

2.2　金砖国家应急储备安排的确立与运行机制

2014 年，金砖五国均倡议成立新开发银行（New Development Bank）。为实现金砖国家的长期稳定发展，以及避免出现短期的资金短缺问题，特别设立了新开发银行。此外，为了应对突发的重大金融风险，金砖国家就应急储备安排的成立进行多方面的深入探讨。为缓解巨大的资金压力，特别成立了应急储备安排，加强全球金融安全网建设。金砖国家新开发银行和应急储备机制的诞生主要作为全球经济管理体系的一种补充或者是重塑。新开发银行致力于发展融资，这与世界银行的功能相同。应急储备安排致力于维护金融稳定，这与 IMF 功能相同。应急储备机制中每个成员国的投票权是平等的，这与其他的国际合作组织十分不同，每个成员国都享有一样的决策权。因为 IMF、世界银行、欧洲投资银行、亚洲开发银行等现有国际金融机制均采用加权投票制度（Weighted Voting System）。从当前来看，大多数的经济合作组织采用的是少数服从多数的决策模式，但是金砖国家合作组织不同，充分尊重每个国家的意见和看法，从而形成决策共识。

2.2.1　应急储备安排的确立

在 20 世纪，第二次世界大战即将结束之际，国际货币基金组织成立。国际货币基金组织与世界银行是世界上最大的两家金融机构。自 1945 年 12 月 27 日成立以来，国际货币基金组织一直致力于通过扩大贸易和平衡发展来促进国际货币合作，稳定国际汇率，为成员国消除国际收支不平衡提供资金。在过去的几十年里，国际货币基金组织一直扮演着促进国家间货币合作的角色，但是，这一组织的决策机制不够公平合理一直为人所诟病，一些经济规模不大的国家几乎没有决策权，少数几个经济发达国家一直掌控着决策权，没有充分尊重每个国家的意愿和建议，不符合整体成员国的普遍利益。因此，对于此种情况，一些新兴的国际金融合作组织不断出现。尽管从规模上来看，这些合作组织属于区域性的小型经济合作组织，但是同样对世界经济发展和交流起到了巨大作用。这些区域性合作组织的成员国基本都是邻国，文化体系相对接近，相互依存程度较高，例如，欧洲稳定机制就是使用欧元国家稳定金融的一个成功典范。应急储备安排的建立借鉴了清迈倡议。清迈倡议为金砖国家应急储备条约的制定提供了最实际的参考范例。

在 2012 年金砖国家的经济峰会上，多国领导人通过友好协商，一致认为金融保护体系的建立刻不容缓。2013 年 3 月 27 日，金砖国家的领导人第五次会议《德班宣言》中提出：在符合各国银行法律以及保证金融安全的前提下，应急储备安排的成立宗旨是为成员国的基础设施建设发展提供资金支持。宣言还指示财政部长和中央银行行长继续努力实现达成协议的目标。2013 年下半年，美国减小量化宽松政策的力度，进一步导致资本从新兴市场转向欧美发达经济体市场，从而导致新兴市场出现国内流动性压力。这种状况与 1997 年亚洲金融危机发生前极为相似，当时 IMF 救援不足，使得一些国家陷入困境。然而应急储备安排的建立使金砖国家有了"跨区域最后贷款人"，在面临金融冲击时有个"缓冲器"。因此，在 2014 年的金砖国家经济峰会上，与会国家共同签署了《关于建立金砖国家应急储备安排的条约》（以下简称《应急储备条约》），进一步明确了这一协议的各项流程。次年，在相关的经济会议上，就金砖国家应急储备机制的具体实行要求和细节，与会者进行了深入且全面的交流与沟通。各成员国的国家金融机构达成了共识，并且，各成员国开始对《应急储备条约》的相关细则进行逐一审批，以求尽快实施。

应急储备安排是在金融危机结束后由于欧洲债券危机的产生导致经济复苏受到阻碍、资本在新兴市场出入较为频繁的背景下确立的。它使金砖五国能够相互提供资金从而减轻短期流动性压力，并且能使金砖五国形成一个抵御外部金融冲击的整体从而维护各国内部的金融稳定。应急储备安排也丰富了现有的外汇储备体系，使全球的金融体系更加安全。首先，通过货币互换协议，应急储备能够加速金砖国家的投资和贸易，减轻汇率风险。其次，相比美元应急储备更多地使用特别提款权，这有利于打破美元的垄断地位，推动人民币国际化进程。最后，在面对金融危机时，金砖国家不用再想方设法地去满足 IMF 苛刻的贷款条件，而可以求助于金砖国家自己的应急储备基金。

2.2.2　应急储备安排的运行机制

1. 应急储备资金来源。此项基金由五个成员国共同注资 1000 亿美元作为启动资金。但是每个国家的出资金额要根据每个国家的具体经济实力以及发展需求来决定，最终，通过共同协商，南非出资最少，为 50 亿美元，中国出资最多，为 410 亿美元，巴西、俄罗斯、印度各出资 180 亿美元。新开发银行总部设立在上海。金砖国家应急储备安排的资金来源仅为各国分配的份额，不存在类似国际货币基金组织特别提款权（SDR）、贷款以及营业收入等的多渠道资金。金砖国家的紧急储备以美元为单位。《应急储备条约》第二条第二款规定，各方有权随时根据应紧急储备协议申请资金。通过货币互换机制，借贷国家向提供贷款国家进行资金申请，审批通过后，可以获得下发的贷款，在应急储备协议下划拨的资金仍由双方完全拥有和控制。尽管该协议没有规定直接转移资金，但如果有可接受的贷款申请，各方应能够提供分配的资金。这意味着，金砖国家应急储备协议的资金目前仅为融资义务，但仅为预防机制，不涉及实际融资。只有当成员国真正需要并满足申请条件时，资金才会实际支付。已支付的资金将按照其所承担的义务份额进行分配。

2. 应急储备的治理结构。应急储备安排的组织架构得以确立，分为两大部门，分别是理事会以及常务委员会。

（1）理事会分为理事和副理事，有两名领导成员，应由财政部长、中央银行行长或具有类似权力的人士担任，应以协商一致的方式就紧急储备措施作出高层决定。依照《应急储备条约》，理事会的主要权利包含以下几种：第一，审查和修改应急储备安排的各国承诺资金规模和批准各国承诺资金的变化；第二，批准新成员进入和理事会的议事规则；第三，审查和修订应急储备协议文书，撤资和续借条款，违约条款和制裁，最高借款金额和贷款乘数条款，对贷款的金融限制、期限、利息等问题进行详细设定；第四，决定设立永久秘书处或特设监测组；第五，对已经制定的协议或草案进行修改和调整，负责组织的日常工作流程；第六，解决常务委员会没有明确规定的其他问题。根据协议规定，理事会必须就金砖国家应急储备安排作出高级别共识决定和战略决定。金砖国家的决策机制比较独特，与其他国际金融组织的决策模式有很大不同，理事会采取的是共同决策，即通过协商形成共识，达成一致意见，这样一来，能够考虑到每个成员国的意愿，尊重它们各自的意见，凝聚共识，互惠互利。

（2）常务委员会主要负责对紧急储备协议的相关流程进行设定，并作出决策，此机构同样有两名领导成员，从成员国的金融系统官员中选举产生，并确定该委员会的职责范围。第一，将草拟好的流程细则方案提交给理事会；第二，对金融流动性风险预防的相关机制流程进行审批；第三，针对因为突发原因而无法履行的合同中的相关协议细则进行删改；第四，批准当事人的提前赎回申请；第五，针对存在的金融违法案例，有权力采取强制措施；第六，对理事会的相关决议进行落实，常委会是金砖国家在应急储备机制下负责应急救援行动具体落实的机构。该委员会同样采用共同协商，共同决策的机制，针对提交的流动性或预防性工具的申请进行审批。借贷者享有更高的决策权力，在需要提前还款，或者在其他突发事项时，借贷双方需要共同协商。

《应急储备条约》规定，每个成员国平均分配选票总数的 5%，其余部分按照各缔约国分配的资本份额分配。根据协议规定，将总票数的 95% 分成 1000 股。各成员国按照注资金额比例来分配对应的选票数量。其中，由于中国注资最多，因此获得最多的选票数；其次是印度、俄罗斯以及巴西，各占 17.10%；南非为 50 股，占 4.75%。加上各成员国平均分配的总票数的 5%，中国的最终票数为 39.95%，印度、巴西和俄罗斯各为 18.10%，南非为 5.75%。常委会采用简单多数决策机制，体现了公平性和有效性。由于实行的是多数批准的审批方式，审批流程简单而且高效，一旦成员国出现紧急贷款需求，可以在短时间内作出决策，能够为成员国提供及时的资金救助。而且，每个成员国的投票权力是相同的，所有决策都需要共同协商来完成，能够有效达成共识。此种不同于以往的决策机制，在很大程度上能够切实维护各国自身利益。

表 2-2 应急储备安排的投票机制

获胜规则	说明	适用议题
简单多数	投赞成票的成员所代表的投票权占总投票权的半数以上	常务委员会作出的行政性和操作性决策，贷款申请的审批工作、贷款的收回以及其他突发事件的决策制定等
共识/一致	全体成员一致同意	部长理事会以共识方式作出有关应急储备安排的高级别决策和战略性决策，对已经制定的条约内容进行修改、成员国规模的扩充以及成员国之间的贷款申请事宜，包括资金规模以及其他细则的商定等；除明确规定外，常务委员会决定的其他重要性问题

资料来源：《应急储备条约》。

3. 在《应急储备条约》（以下简称《条约》）中，有关于应急救援的具体实行流程。在危机国向其他成员国提出贷款申请时，委员会需要进行共同商定，包括贷款数额、贷款期限以及利息等。在此后的相关会议上，各成员国的领导人通过交流协商，达成了关于应急储备安排的相关细节，并做了详细说明。

（1）借款条件及金额。由于清迈倡议的成功，这为金砖国家应急救援方案的制订提供了范例，两者均与国际货币基金组织有关。符合《国际货币基金组织协议》第十四条规定，即"审批条件、安全保证和必要文件"，可以向借贷方提供贷款限额的30%，前提是需得到贷款双方共同协商。剩下的70%，按照相关规程，需要借贷方国家提供充足的借贷证明，也就是说，当成员国发生金融危机时，国际货币基金组织会向成员国提供承诺的资金资助，但是成员国需要遵守国际货币基金组织贷款的条款和金额规定。贷款限额是根据成员国注资金额的多少来确定的，也就是说，成员国出资越多，其获得的借贷金额就越久越多，二者是成正比的。通过上文可知，由于中国出资最多，因此获得的紧急援助贷款也最多，南非由于出资最少，因此其贷款限额也最低，而且，每个国家都有规定的贷款限额，不得超出这一规定的金额。因此，中国可以借到 205 亿美元，巴西、俄罗斯和印度各自可以借到 180 亿美元，南非可以借到 100 亿美元。

（2）通过对《条约》进行分析发现，同时还制定了货币互换交易机制的细则，即成员国之间的货币互换可以通过购买和回购来实现，也就是说，借款方可以出售本国的货币给贷款方，以在可获得的金额内购买美元。回购是指申请人及时向资金提供者的中央银行出售美元，以购买申请人的货币。回购汇率是以借贷方的证券交易实际情况作为设定标准。在货币交换过程中，借贷方需要在指定时间内将货币出售给提供贷款方，回购申请国的货币。申请国的货币不包括利息。但是，如果不符合《条约》的相关条件，就无法为借贷方提供借贷限额的 30%。

（3）审批与安全保证。当需要借贷方国家向委员会提交借贷申请之后，委员会可以按照流程进行审批，确保整个过程中的资金安全得到保障。按照《条约》的相关规定，贷款方需要将相关的借贷证明以及其他文件提交给常务委员会，必须保证文件的数据真实准确，申请国并对此作出解释。安全保证规定，如果成员国在合同项下的义务得不到担保或得不到遵守，则申请国对应急储备的偿还至少应等于申请国的其他外债。

为了评估申请国的信誉并确保其偿还应急储备的能力，《国际货币基金组织协议》第十四条第二款、第五款规定：除上述条件和安全保证外，借贷方还必须满足国际金融组织的相关规定。在《协议》的第一条中有这样的要求：借贷方必须保证其经济政策符合本国的经济发展计划，经济局势稳定，而且能够通过实行多方面的经济举措来保证本国货币的稳定，不会出现较大的货币贬值情况，外汇机制不与本国的经济政策相违背。此外，还有内容提到，为保证各个成员国的汇率稳定，不会出现较大波动，基金组织有监督权，对成员国不合理或存在较大风险的汇率政策进行管控和指导。每个成员国必须向基金组织提供真实有效的本国汇率信息。这一条款规定了成员国接受基金组织对其汇率政策进行控制的义务。《国际货币基金组织协议》第八条第五款规定，成员国提供的信息主要包括：第一，成员国在该国拥有的黄金和外币；第二，黄金的生产、出口和进口，以及进出口国；第三，本国的进出口贸易规模；第四，本国的全球投资数据；第五，本国的实际经济水平；第六，外汇交易和外汇管理。

国际货币基金组织通过对各个成员国的经济整体情况进行分析，能够及时掌握成员国的真实经济发展情况，确保准确有效地提供紧急救助措施。在应用流动性和预防性工具方面，金砖国家紧急储备协议的审批要求比国际货币基金组织更为合理。为防止出现干预成员国相关政策的情况，在紧急救助的运行机制上进行了特别设计，借贷方只需提供经济相关的真实数据，而无须就具体的实施政策进行说明，该机制更不会对他国的经济政策进行管控，维护了各个成员国的政策独立。

（4）提款与展期期限。应急储备机制分为流动性工具和预防性工具。流动性工具支撑短期国际收支压力。流动性工具的提取和延长期限分为两个部分：IMF 挂钩部分与脱钩部分。脱钩部分的期限为到期日后 6 个月，可全部延期或部分延期，最长可延期 3 次；限额的 30% 可以允许最多两次延期，但必须保证在到期日偿还贷款。

（5）预防性工具，针对潜在的短期国际收支压力承诺提供支持。根据是否有国际货币基金组织贷款协议，预防性工具有不同的规则。如果没有国际货币基金组织的贷款协议，按照规定，预防性借贷项目的款项下发不超过本年，也可以允许延期，展期最多为 3 次；如果有向国际货币基金组织进行借贷申请的，提款期限则不超过 12 个月，可以允许最多不超过两次的延期处理。一旦借贷方需要进行资金救助，必须通知常委会所采用的工具类型、数量和预计的开始日期，除此之外，还需提交相关的借贷证明文件，符合《条约》的相关规定。常务委员会负责对关于延期处理事项进行商定。

（6）义务和制裁。当然，成员国也需要按照相关规定履行应尽的义务，主要有以下两条：首先，借贷方在需要进行借贷时，需要满足以下条件，如向应急救援组织提供信用担保证明材料、借贷证明以及支付义务等；其次，当成员国中有需要进行借贷的国家提交了申请时，其他成员国有义务提供援助。对申请国不履行其支付义务或违反紧急储备协议项下的不支付义务的制裁包括：第一，必须按期进行贷款本金以及利息偿还；第二，针对无法及时还款的成员国，不再下拨剩余的贷款款项；第三，对未使用完的剩余贷款款项进行收回；第四，同时支付因逾期债务需向提供方进行的任何支付。如果申请人继续或没有理由延迟履行关于延迟付款或不付款的义务，则将考虑中止其通过协议参与所有决定的权利。如申请人仍不履行其义务，理事会可以要求申请人退出紧急储备协议。《条约》中规定对申请人违反《条约》的处罚是系统的、详细的，并根据申请人违反合同的严重程度逐步加重。但是值得注意的是，《条约》中并未对不履行贷款救助的行为有何反制措施。

（7）对于违反义务的免责。特殊时期对金砖国家的免责可以分为两个方面：一个为免除某国的出资义务，在《条约》中规定如果资金提供方面临着国家储备问题或是出现自然灾害等不可抗力的影响，可以免除其出资义务；另一个为暂时停止对违反义务的制裁，《条约》中规定如果因为不可抗力使得申请方无法履行义务时，可以暂停对申请方的制裁。《条约》中包含免责条例可以更好地保护成员国的利益。但是，由于免责条款的存在，一些金砖国家可能会通过《条约》的缺陷不履行本国义务并且逃脱惩罚，因此需要加强金砖国家之间的监督管理机制，从而使各国都自觉履行义务，从应急储备机制中受益。第一，为避免出现较大的金融风险，强有力的监管措施是必要的，各个成员国之间应当共同参与，构建金融监管机制。制定符合各个成员国利益和需求的监管标准。按照以往的多边主义经验，金砖国家也可以共同进行金融监管合作机制的探索。第二，证券市场的监管合作尤为重要，通过共同协商，来签署一个关于证券市场监管合作机制的协议，能够真正起到对各个成员国的证券市场进行共同监管的效果。第三，构建交叉上市合作监管机制，包括国家之间的进出口贸易以及金融产品的合作开发等，各个成员国之间需要达成一致。在不违背本国制定的各种经济政策的前提下，进行会计准则与发行程序的调整和优化，从而获得法律上的有力支撑。

（8）应急储备争端解决机制。根据《条约》的规定，可能出现的争议问题，分为两种：第一种是出现违反《条约》规定的行为，或者对《条约》的实施存在不统一意见；第二种是成员国出于多种考虑，对于《条约》内容提出异议。第一种在处理上较为复杂，因为涉及违反《条约》的行为，有必要按照规定对其进行仲裁，如果违反方拒绝仲裁，就会产生制裁争端。第二种比较简单，主要是对《条约》内容本身存在异议，可以通过友好协商的方式解决。按照相关规定，当出现协定争端时，为有效进行快速解决，必须按照以下流程来进行妥善处理：首先，针对存在争议的《条约》内容，由相关机构进行裁决。在裁决结果公布的有效时间内，可以交由专门的协定解释机构进行再次裁决。其次，对于可能存在的脱离组织的成员国在进行资产交割时发生的争端，应由当事双方请国际金融机构来进行仲裁。可以发现，由于金砖国家组织的两大部门分工明确，争端的裁决主要由理事会来负责，一旦发生各种争议问题，可以得到快速而有效的处理。

《条约》第二十条规定了两种争端的解决方法，其中一种是与理事会协商。《条约》规定，所有争端应通过与理事会友好协商解决。一是关于合约本身的生效、无效和解释的争议，二是针对存在单方面拒绝履行合约的争议。通过构建完善有效的争议沟通机制，就出现的各种争议进行心平气和的商谈，确保尊重每个成员国的需求，维护各个成员国的利益，只有这样才能不违背金砖国家经济合作组织的创立初衷，不断取得更大的发展。

另一种是协商解决不了后，诉诸仲裁进行解决。针对长期无法得到有效解决的争议，可以向国际仲裁机构寻求帮助，按照国家法则来进行处理。但是，需要注意的是，这一方式的前提是成员国的利益不受到损害，而且必须由所有成员国一致决定才能进行处理。此外，仲裁具有灵活性和快捷性，有助于迅速解决纠纷。因此，仲裁在国际争端中经常被采用。

第3章 预防资本流动"突然停止"视角下中国的最优外汇储备数量

3.1 引言

在 2014 年国际能源价格不断下降的背景下,俄罗斯国际收支急剧恶化,伴随着短期内大量国际资本从俄罗斯抽逃,卢布汇率遭遇空前贬值压力。尽管俄罗斯中央银行强力介入,但卢布兑美元汇率半年内仍下跌逾50%。在干预外汇交易市场过程中,俄罗斯外汇储备从危机前的 4300 亿美元骤降至年底的 3390 亿美元。此次卢布危机,一方面凸显国际资本的冲击力和破坏性,另一方面为发展中国家外汇储备应急管理敲响了警钟。

国际金融危机后主要经济体的大规模宽松货币政策和人民币单边升值预期驱动大量外资涌入中国,2008—2013 年净涌入中国的国际资本总额达 1.08 万亿美元。与此同时,中国经常项目盈余累计 1.36 万亿美元,二者推动中国外汇储备逼近 4 万亿美元。尽管坐拥全球最高的外汇储备,但中国并没有对国际资本冲击充分"免疫"。在出口萎靡不振、国内经济下行压力增大、美联储加息呼之欲出的背景下,国际资本开始撤离中国并呈愈演愈烈之势。2014 年第二季度至今,国际资本累计从中国净流出逾7900 亿美元,仅 2015 年 9 月净流出 1934 亿美元。这使中国外汇储备迅速下降至 3.18 万亿美元,并引发国外媒体对中国储备充足性、稳定性的怀疑。有研究表明,中国在全球产品内分工的定位决定了中国经常账户与资本金融账户之间存在共生性、同向性(卢锋,2006)。据此可推知,逐渐失去资源禀赋优势的中国出口部门对国际资本的吸引力将逐渐降低,国际资本竞相涌入的局面将难以再现。同时，人民币国际化和汇率市场化改革也要求更为开放的资本流动环境。不难预期，未来中国面临的资本流动冲击将更为频繁和剧烈。在这样的背景下，如何管理外汇储备以防范国际资本冲击？

国外学者 Jeanne（2007）、Jeanne 和 Rancière（2011）从跨期消费效用最大化的角度研究了应对国际资本冲击下的最优外汇储备持有问题，开辟了测度最优外汇储备的微观视角。但其研究也存在三个不足之处：第一，忽视了发展中经济体普遍存在的以银行为主导的金融结构、银行在金融稳定中的特殊作用及其对外汇储备持有行为的影响。既有研究表明，即使经济体遭遇国际资本冲击，如果银行体系依然能稳健运营，为经济体提供内源性资金，那么资本冲击对产出、消费的不利影响十分有限（Sachs 等，1996；Joyce 和 Nabar，2009；梁权熙和田存志，2011），因此稳健的银行体系就能在某种程度上替代外汇储备。研究发展中国家的外汇储备管理不能无视这一事实。第二，其研究内在假定外汇储备可以缓冲国际资本流动对产出、消费的不利冲击（crisis mitigation），但忽视了外汇储备在降低危机发生概率方面的作用（crisis prevention）。越来越多的证据表明，持有外汇储备不仅能缓冲危机，而且能预防危机（Ben - Bassat 和 Gottlieb，1992；Kaminsky 等，1998；García 和 Soto，2004；Bordo 等，2010；Bussière 等，2015）。第三，其研究只考虑了资本流动冲击存续一期，而现实中的国际资本冲击通常会持续多期（Hutchison 和 Noy，2006；Calvo 等，2006；Cowan 等，2008）。针对第一点缺憾，Rodríguez 和 Funk（2012）、陈奉先（2016）引入银行部门从而构建了货币当局、商业银行和消费者的一般均衡模型，并模拟了货币当局的最优外汇储备持有规则。本章拟在前文的基础上进一步弥补第二、第三点缺憾，首先赋予外汇储备以危机预防的功能，随后构建一个包含消费者个体、商业银行、货币当局的一般均衡分析框架，其中货币当局为防范国际资本多期冲击、实现消费者跨期消费效用最大化而持有外汇储备，继而采用仿真和迭代的方法测算这一内生的最优外汇储备持有量，采用敏感性分析方法提炼影响最优储备持有的关键因素，并"捉对"比较外债政策、银行政策、汇率政策在外汇储备管理中的作用，最后形成政策建议。

3.2　研究背景与文献回顾

最优外汇储备数量的研究往往建构在对外汇储备功能认知不断深化的基础上，同时带有鲜明的时代烙印。图 3 - 1 呈现的是第二次世界大战后不同时期下学界的储备功能观及研究方法的演进。

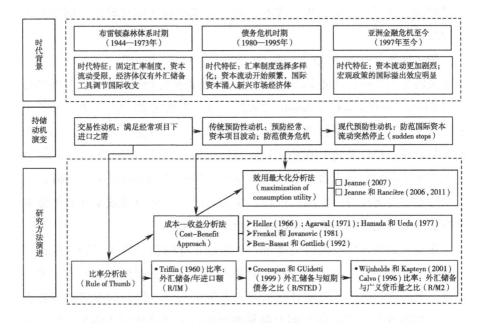

图 3 - 1　最优外汇储备研究脉络

在布雷顿森林体系时代（1944—1973 年），全球形成了以美元为核心的固定汇率体系，资本的国际间流动被严格限制。鉴于美元的全球储备货币地位以及普遍存在的"美元荒"现实，Triffin（1960）从外汇储备的"交易性"（Transactional）功能出发，在总结 1953—1955 年 62 个国家的平均储备水平及 1950—1957 年 12 个贸易国储备情况后，认为一国应持有的外汇储备应达到该国年进口额的 40%，最低不能少于 20%。如果换算成月份，则一国所持的外汇储备应满足该国 3—6 个月进口所需。Triffin 提出的外汇储备与进口额之比开创"比率分析法"（Rules of Thumb）衡量外汇储备充足性（Adequacy/Feasibility）之先河，至今仍是最重要的经验指标之一。更进一步地，Heller（1966）认为一国持有外汇储备不是为了满足一般意义上的进口之需，而是为了预防贸易收支波动。当一国贸易收支波动尤其当出现逆差时，通常的支出转换型政策如汇率贬值、提高关税、增加贸易配额在布雷顿森林体系背景下难以实施，此时官方被迫采用支出增减型政策如紧缩财政货币政策，带来经济下滑、失业上升的调整成本。如果官方拥有足额的外汇储备，那么上述调整成本就可以避免，成为持有储备的收益，同时持有储备也存在一定的机会成本。通过成本收益权即可确定一国最优外汇储备量。

较之比率分析法，"成本—收益分析法"（Cost – Benefit Approach）的经济学逻辑更为严密，从而 Heller 在最优外汇储备研究领域作出了开创性的贡献（Bahmani – Oskooee 和 Brown，2002）。这一方法在 20 世纪七八十年代风靡一时并得到了多角度拓展：Agarwal（1971）重新界定了持储的成本和收益，使之更加符合发展中国家的实际；Hamada 和 Ueda（1977）引入国际收支失衡的非对称性状态改造了 Heller 模型；Frenkel 和 Jovanovic（1981）则将国际收支失衡视为一个随机过程，在国际收支失衡调节成本和外汇储备持有成本最小化目标下推导出新的最优储备表达式。

布雷顿森林体系崩溃后全球进入了浮动汇率时代，货币当局调控国际收支的工具增加了汇率选项，外汇储备的重要性似乎降低了。而事实并非如此，此时国际间资本流动日趋活跃，大量美元资本以贷款形式流入拉美地区。1980 年初，美联储急剧上调利率导致拉美经济体陷入债务危机，其应付外债本息从 1981 年的 5500 亿美元增至 1986 年的 1 万亿美元。债务危机期间，拉美经济体遭遇国际资本流出、本币贬值、国内经济增长趋于停滞。此时外汇储备再度受到重视，并被赋予防范债务危机的功能。在这一功能观下，Ben – Bassat 和 Gottlieb（1992）构建了发展中经济体的最优储备模型。他们认为货币当局持有外汇储备的目的在于防范主权债务违约对本国经济的冲击，而持有外汇储备存在机会成本 C_0 和储备耗尽时该国对国际债务违约而招致的损失 C_1，通过引入债务违约概率 π 可以表达出一国持有国际储备的总成本，进而通过总成本最小化可推导出最优外汇储备表达式。这一模型的新意在于引入了债务违约率使之更加符合发展中经济体的情形，同时将此前难以量化的持储收益转换为储备耗尽的调整成本，因而使模型的包容性、应用性大幅提升。继而 Ozyildirim 和 Yaman（2005）、Prabheesh（2013）将其模型分别应用于土耳其和印度的最优储备数量分析。对于 Ben – Bassat 和 Gottlieb 模型而言，阿根廷前财长 Guidotti 和美联储前主席 Greenspan 在 1999 年提出了更为直观的指标——外汇储备与短期债务之比（R/STED）。这一指标下降说明国外债权人对东道国的信心减弱，国外资本流入将会减少，东道国爆发债务危机的概率上升。不过 Wijnholds 和 Kapteyn（2001）认为 R/STED 指标侧重于考察外部债务对国内的冲击，忽视了国内资本外逃的影响，而 Calvo（1996）提出的外汇储备与广义货币量之比（R/M2）恰好能弥补 R/STED 指标的缺陷。这一指标越高，说明本币的外汇支撑越强，国外投资者对本币的信心充足，发生资本外逃的概率越低。[①]

在 1997—1998 年亚洲金融危机中，东亚经济体首先遭遇国际收支急剧恶化，继之货币大幅贬值、银行倒闭、企业破产，经济最终陷入困顿。尽管货币错配、汇率制度选择缺陷和金融开放失序被视为危机的制度根源，而国际资本"突然停止"（Sudden Stops）则是金融危机的直接诱因（Calvo，1998；Radelet 和 Sachs，1998；Chue 和 Cook，2008）。危机过后以东亚为代表的新兴市场经济体开始大规模囤积外汇储备，其数量远超传统最优模型的经验值，这让学界倍感迷惑。东亚经济体为何如此热衷于此？以 Mendoza（2004）、Aizenman 和 Lee（2007）、Obstfeld 等（2010）为代表的学者引入"自我保险"（Self – Insurance）理论，认为发展中经济体囤积外汇储备是为了弥补自身国际融资能力不足、防范国际资本冲击、确保国内金融稳定的"自我保险"。Caballero 和 Panageas（2005，2011）基于国际资本流动"突然停止"构建了一个全球均衡模型，讨论了传统的外汇储备、应急性的货币互换、套期保值（远期、期权）工具在应对"突然停止"冲击方面的效果，并发现应急性工具可以很好替代传统的外汇储备工具，更能增进发展

---

① Guidotti 与 Greenspan 认为一国外汇储备至少要足以支付一年内到期的短期外债，该主张也被称为 Greenspan – Guidotti Rule。此外，Wijnholds 和 Kapteyn 认为固定汇率经济体的外汇储备的上下区间应该等于短期外债再加上 10%（下限）~20%（上限）的广义货币（M2）供给量后再乘以国家的风险指数，浮动汇率制经济体的区间分别为短期外债加上 5%（下限）~10%（上限）的广义货币（M2）供给量后再乘以国家的风险指数。

中经济体的福利。Cheng（2015）甚至构建了一个理论模型讨论政府在应对外部冲击时，将外汇储备以信贷形式和政府购买支出形式投向社会所产生的效果差异。尽管学界已经充分证明了储备囤积背后的预防性动机——防范资本流动"突然停止"对国内经济的系统冲击，但仍未解决最优储备的边界问题。如何确定基于预防国际资本流动"突然停止"冲击的最优外汇储备量？

Garcià 和 Soto（2004）因循 Ben-Bassat 和 Gottlieb（1992）模型的逻辑，通过构建中央银行持有储备的成本最小化函数推导出最优储备量模型。他们的创新之处在于对危机概率的估计。他们以外汇市场压力指数超出均值的两倍标准差代表货币金融危机，通过 Logit 模型确定影响危机的因素，进而测算出货币金融危机的发生概率。李巍和张志超（2009）构建了一个包含外汇储备、金融不稳定性、资本流动和实体经济的分析框架，模拟出中国合意的外汇储备量与 M2 之比。作者发现在确保国内金融稳定的前提下，中国的外汇储备正处于合意区间内，不存在过剩的问题。Durdu 等（2009）基于 Bewley-Aiyagari-Huggett（BAH）和 Uzawa-Epstein（UE）形式的跨期偏好分别构建了在单一部门禀赋经济和两部门生产经济下代表性消费者效用最大化的贝尔曼方程，并仿真比较了产出变动、金融一体化和国际资本流动"突然停止"对储备资产需求的影响，进而解释新兴市场经济体的储备囤积行为。尽管这一模型并未直接计算最优储备量，但却为测算最优外汇储备提供了微观分析框架。Calvo 等（2013）则利用最小化中央银行损失函数的方法建立了最优储备的隐含表达式，并通过面板数据估计了产出损失、危机发生概率等参数，进而得到不同经济体的最优储备。其创新之处在于将资本流动"突然停止"发生概率内生进最优储备模型中。最后笔者发现拉美经济体的实际储备与最优储备相当，欧洲经济体的最优值低于实际值 15%，而亚洲经济体最优值超出实际值约 15%。

尽管前述学者从不同角度构建了基于"突然停止"的最优储备模型，但最具现实性和操作性的当属 Jeanne（2007）、Jeanne 和 Rancière（2006，2011）建立的模型（以下简称 J-R 模型）。J-R 模型从国际收支调节的吸收分析法入手，认为资本"突然停止"会降低经济体的国内吸收（消费）。如果经济体持有足够的外汇准备，就可以缓冲"突然停止"对国内吸收的影响（Crisis Mitigation）。在这一逻辑的指引下，他们首先假定在一个小型开放经济体中，代表性消费者须将其财富配置在三个时期上（危机前、中、后）。货币当局则通过国际借款和发行长期债券以获取外汇储备，并以转移支付形式将储备分配给不同时期上的消费者，最终实现代表性消费者跨期消费效用最大化（Maximization of Consumption Utility）。通过求解效用最大化函数可得最优外汇储备的闭合解（Close Form Solution）形式。根据 Jeanne 和 Rancière 的测算，新兴市场经济体的最优外汇准备持有量约占该国 GDP 的 10%。相对于既往模型而言，J – R 模型直接把国际资本流动"突然停止"所招致的损失刻画进微观消费者的消费函数中，具有非常坚实的微观基础，因而代表着效用最大化方法在外汇储备领域的研究前沿（张志超，2009）。J – R 模型提出后引起学界广泛关注，先后有 Fernando（2007）对乌拉圭、Floerkemeier 和 Sumlinski（2008）对中亚和高加索 6 国、Ruiz – Arranz 和 Zavadjil（2008）对东亚 10 个经济体、Bernard（2011）对中美洲 11 国以及 Yang 和 Yan（2012）对中国台湾的最优外汇储备测度均使用了 J – R 模型并得到一些"不同寻常"的发现。比如，针对备受诟病的东亚外汇储备囤积现象，Ruiz – Arranz 和 Zavadjil（2008）运用 J – R 模型考察东亚 10 个经济体后发现这些经济体从储备囤积中所获的危机预防收益远高于机会成本，东亚不存在储备过度的问题。更进一步地，笔者使用门限回归模型证实外汇储备在降低经济体国际融资成本上的显著作用，这可以解释亚洲金融危机后东亚储备激增现象。

值得一提的是，部分研究还对 J – R 模型做了多角度拓展，增强其应用性和针对性。如考虑到拉美地区的"美元化"问题，Fernando（2007）将代表性消费者的美元存款和银行挤兑行为引入，使传统的 J – R 模型更加"拉美化"；考虑到银行部门对发展中经济体内部融资的重要作用，Čeh 和 Krznar（2008）、Rodríguez 和 Funk（2012）将银行部门引入构建了更为一般的最优储备模型；考虑到外部冲击的多样性，Barnichon（2009）将多重冲击引入——不仅包含资本流动、贸易条件冲击，还包括自然灾害如飓风、干旱冲击，从而构建了抵御多种冲击的最优储备模型，并以加勒比海 14 国和撒哈拉 13 国为例计算了最优的外汇储备量。

国内学者杨艺和陶永诚（2011）、饶晓辉（2012）、白晓燕和罗明

（2012）、郑妍妍（2014）曾将 J – R 模型直接用于测度中国的最优储备量，但这些研究普遍忽视了中国以银行为主体的金融体系和以间接融资为主导的融资结构，忽略了外汇储备本身对于降低资本流动"突然停止"危机的作用，以及中国面临的多期冲击问题，从而导致其测算出现较大偏误。本文重新构建分析框架弥补上述模型的不足，在此基础上通过仿真和迭代的方法测度中国的最优储备持有量，进而通过敏感性分析筛选影响最优储备持有量的关键变量，并"捉对"比较外债政策、银行政策、汇率政策在外汇储备管理中的作用，为后续储备数量控制、应急管理提供政策切入点。

3.3 内生最优外汇储备持有行为的理论分析框架

3.3.1 基本逻辑

首先，居民个体消费源自国内产出、居民国内外贷款和政府转移支付。国内商业银行吸收居民储蓄，在提留准备金后全部用于发放国内贷款。政府通过短期国际借款和发行长期国际债券募集资金，主要用于国内居民的转移支付和储备累积。当国际资本流动"突然停止"时，政府通过减少储备积累、增加转移支付以平抑居民个体消费波动、实现个体消费者跨期效用最大化目的。[1] 通过求解居民跨期效用最大化函数，可得最优外汇储备持有量的表达式。不过，最优外汇储备量受到国际资本流动"突然停止"危机发生概率的影响，而危机发生概率又受到实际外汇储备量的影响，从而只有当与实际储备相等时的最优储备量方为"全局"最优储备量。[2]

---

① 此处"跨期"是指正常状态时和发生资本流动"突然停止"危机时。

② 假如存在一个实际储备量 A，该储备量对应着危机发生概率 π，在此概率下的最优储备量为 B。危机发生概率 π 是 A 的减函数，B 是 π 的增函数。如果 A > B，那么 (A – B) 部分是否为"多余"储备？自然不是，试想，如果实际储备量 A 减少 (A – B) 部分，那么 π 将上升，进而 B 不再是最优。这一点对于 A < B 的分析仍然适用。因此，只有当实际储备 A 与最优储备 B 数量相等时，此时的外汇储备方为最优。

3.3.2　理论模型

1. 消费者的预算约束

个体消费者的消费源自当期产出 Y、国外短期借款 L、国内银行借款 B 和政府转移支付 Z。政府转移支付源自政府的短期国外借款,其与个体国外短期借款一样均用外币表示,因此须用直接标价法下的实际汇率 q 将外币折算成本币形式,形如:

$$C_t = Y_t + q_t [L_t - (1 + r)L_{t-1} + Z_t] + B_t - (1 + r^b)B_{t-1} \quad (3.1)$$

其中,r 为国际借款利率,r^b 为国内借款利率。$L_t - (1 + r)L_{t-1}$ 为 t 时期消费者在偿付上期国际借款本息 $(1 + r)L_{t-1}$ 后新增的国外借款数量。$B_t - (1 + r^b)B_{t-1}$ 为 t 时期消费者在偿付上期国内银行借款本息 $(1 + r^b)B_{t-1}$ 后新增的国内借款数量。

2. 银行部门的预算约束

银行部门吸收公众储蓄 D,在提留存款准备金 RB 后用于国内贷款 B,因此银行部门的预算约束形如:

$$B_t - (1 + r^b)B_{t-1} + RB_t - (1 + r)RB_t = D_t - (1 + r^d)D_{t-1} \quad (3.2)$$

其中,r^d 为公众存款利率,$D_t - (1 + r^d)D_{t-1}$ 为 t 时期银行部门在偿付上期存款本息和 $(1 + r^d)D_{t-1}$ 后新增的国内借款数量。银行存款准备金通常投资于无风险资产[①],其收益率为 r。银行的准备金规模与存款规模之比为准备金率 α,因而有 $RB_t = \alpha D_t$。据此,将公式(3.1)整理代入公式(3.2)可得

$$C_t = Y_t + q_t [L_t - (1 + r)L_{t-1} + Z_t] + (1 - \alpha)D_t$$
$$+ [\alpha(1 + r) - (1 + r^d)]D_{t-1} \quad (3.3)$$

3. 政府部门的预算约束

政府通过在国际金融市场上发行长期债券 N 和短期借款 G 来融资,资

[①]　通常银行的存款准备金可分为法定存款准备金和超额存款准备金(又称备付金),前者是指商业银行按照法律规定缴纳给中央银行的,后者则是商业银行根据自身日常支付清算、头寸调拨而持有的备用资金。不同于国外,中国人民银行对商业银行缴纳的法定存款准备金支付利息。

金用于储备累积 R 和向国内居民转移支付 Z。政府的预算约束形如：

$$G_t - (1 + r)G_{t-1} + P_t(N_t - N_{t-1}) - N_{t-1} = Z_t + R_t - (1 + r)R_{t-1}$$

$$(3.4)$$

其中，$G_t - (1 + r)G_{t-1}$ 为 t 时期政府部门在偿付上期国际短期借款本息和 $(1 + r)G_{t-1}$ 后新增的国际借款数量。由于主权借款风险极低，因此借款利率与无风险收益率相同。N 为长期债券发行数量，债券发行价格为 P_t，债券利息单位化为 1，则 $P_tN_t - (1 + P_t)N_{t-1}$ 为 t 时期政府部门在偿付上期债券到期本息和 $(1 + P)N_{t-1}$ 后新增的债券融资额。政府发行长期债券是为了累积储备，因而有 $P_tN_t = R_t$。当 $t + 1$ 时刻发生国际资本流动"突然停止"时，政府部门会对短期国际借款和长期债券违约，此时债券会被市场抛弃，价格归 0。根据债券定价原理，债券价格是债券未来预期收益的贴现，可将 t 时刻债券价格表示为

$$P_t = \frac{1}{1 + r + \delta} + \frac{E_t(P_{t+1})}{1 + r + \delta} = \frac{1}{1 + r + \delta} + \frac{[\pi_R \cdot 0 + (1 - \pi_R) \cdot P_{t+1}]}{1 + r + \delta}$$

$$(3.5)$$

假定 $P_t \approx P_{t+1}$，则上式可进一步处理为

$$P_t = \frac{1}{r + \delta + \pi_R} \qquad (3.6)$$

其中，P_t 为 t 时刻政府发行长期债券的价格，P_{t+1} 为 $t + 1$ 时刻未违约时长期债券的价格，δ 为国际风险溢价，π_R 为国际资本流动"突然停止"发生概率。π_R 伴随着实际外汇储备量 R 的增加而减少，因而有 $\partial \pi_R / \partial R < 0$。

当经济处于正常状态时（normal state，ns），根据 $P_tN_t = R_t$ 和公式（3.6）可将政府部门的预算约束公式（3.4）重新表述为

$$Z_t^{ns} = G_t^{ns} - (1 + r)G_{t-1}^{ns} + R_{t-1} - (1 + \delta + \pi_R)R_{t-1}$$

$$= G_t^{ns} - (1 + r)G_{t-1}^{ns} - (\delta + \pi_R)R_{t-1} \qquad (3.7)$$

当经济处于国际资本"突然停止"冲击时（sudden stops，ss），政府部门的预算约束公式（3.4）重新表述为

$$Z_t^{ss} = -(1 + r)G_{t-1}^{ss} + (1 - \delta - \pi_R)R_{t-1} \qquad (3.8)$$

对比公式（3.7）、公式（3.8）不难看出，正常状态时政府转移支付

中的储备数量为 $-(\delta + \pi_R) R_{t-1}$，而危机时转移支付的储备数量为 $(1 - \delta - \pi_R) R_{t-1}$，这类似于平时政府征收"保险费"，用于危机时的转移支付。将公式（3.7）代入公式（3.3）重新表述在正常状态下消费者的预算约束式。

$$C_t^{ns} = Y_t^{ns} + L_t^{ns} + G_t^{ns} + (1 - \alpha) D_t^{ns} - (1 + r)(L_{t-1}^{ns} + G_{t-1}^{ns})$$
$$- [\alpha(1 + r) - (1 + r^d)] D_{t-1}^{ns} - (\delta + \pi_R) R_{t-1} \qquad (3.9)$$

假如，经济体从 t 时刻开始遭遇国际资本流动"突然停止"且危机持续 m 期。期初本币汇率标准化为 1，其间本币汇率每期贬值 Δq，则危机期间本币汇率将贬值至 $(1 + \Delta q)^m$。当危机爆发时，消费者出于预防考虑会将自己在银行存款的 ϕ 部分置换成美元并提出。则此时消费者的预算约束为

$$C_{t+m}^{ss} = Y_{t+m}^{ss} + (1 + \Delta q)^m [-(1 + r) L_{t+m-1}^{ss} - (1 + r) G_{t+m-1}^{ss} + (1 - \delta - \pi_R) R_{t+m-1}]$$
$$+ (1 - \alpha)(1 - \phi) D_{t+m}^{ss} + [\alpha(1 + r) - (1 + r^d)] D_{t+m-1}^{ss} \qquad (3.10)$$

假如 $(1 + g)^n Y_t^0 = Y_t^{ns}$，那么 $Y_{t+m}^{ss} = (1 - \gamma)^m (1 + g)^n Y_t^0 = (1 - \gamma)^m Y_t^{ns}$。据此，将公式（4.13）"回推"到危机发生的 t 时刻，可得

$$C_t^{ss} = (1 - \gamma)^m Y_t^{ss} + (1 + \Delta q)^m (1 - \gamma)^{m-1} [-(1 + r) L_{t-1}^{ss}$$
$$- (1 + r) G_{t-1}^{ss} + (1 - \delta - \pi_R) R_{t-1}]$$
$$+ (1 - \alpha)(1 - \phi)(1 - \gamma)^{m-1} D_t^{ss} + [\alpha(1 + r) - (1 + r^d)] (1 - \gamma)^{m-1} D_{t-1}^{ss}$$
$$\qquad (3.11)$$

对公式（3.9）、公式（3.11）左右两端分别除以 Y_t^{ns}，则对应得到以下公式：

$$\frac{C_t^{ns}}{Y_t^{ns}} = 1 + \lambda_L + \lambda_G + (1 - \alpha) \lambda_D - \frac{(1 + r)}{(1 + g)} (\lambda_L + \lambda_G)$$
$$- \frac{\alpha(1 + r) - (1 + r^d)}{(1 + g)} \lambda_D - (\delta + \pi_R) \rho \qquad (3.12)$$

$$\frac{C_t^{ss}}{Y_t^{ns}} = (1 - \gamma)^m - (1 + \Delta q)^m (1 - \gamma)^{m-1} \left[\frac{(1 + r)}{(1 + g)} (\lambda_L + \lambda_G) - (1 - \delta - \pi_R) \rho \right]$$
$$+ (1 - \alpha)(1 - \phi)(1 - \gamma)^{m-1} \lambda_D + \frac{\alpha(1 + r) - (1 + r^d)}{1 + g} (1 - \gamma)^{m-1} \lambda_D$$
$$\qquad (3.13)$$

上面两个公式中 ρ、λ_L、λ_D、λ_G 分别代表外汇储备 R_{t-1}、私人部门短期外债 L_{t-1}、政府部门短期外债 G_{t-1}、私人储蓄存款 D_{t-1} 占国内产出 Y_t^{ns} 的比重。

3.3.3 均衡结果

政府部门以消费者效用最大化为目标，其效用形式为

$$U_t = \sum_{t=0}^{+\infty} (1+r)^{-t} u(C_t) \tag{3.14}$$

其中，消费者效用 $u(C_t)$ 采用常相对风险厌恶效用形式（CRRA），形如：

$$u(C_t) = \frac{C^{1-\sigma}}{1-\sigma}，且当 \sigma = 1 时，u(C_t) = \log(C_t) \tag{3.15}$$

式中，σ 为风险厌恶系数。这样政府面临着在 $t-1$ 时刻确定最优外汇储备量以极大化消费者在 t 期的消费效用问题，即

$$R_{t-1} = \arg\max(1 - \pi_\rho) u(C_t^{ns}) + \pi_\rho u(C_t^{ss}) \tag{3.16}$$

式中，C_t^{ns}、C_t^{ss} 分别对应公式（4.12）和公式（4.14）。对公式（4.19）求偏微分可得

$$\pi_\rho u'(C_t^{ss})(1+\Delta q)^m (1-\gamma)^{m-1}(1-\delta-\pi_\rho-\pi'_\rho\rho) + \pi'_\rho u(C_t^{ss}) = \pi'_\rho u(C_t^{ns})$$
$$+ (1-\pi_\rho)(\pi'_\rho\rho + \delta + \pi_\rho) \tag{3.17}$$

对公式（3.17）左右两侧同时除以 $u'(C_t^{ns})$，再乘以 $(1-\sigma)$，整理可得

$$\frac{u'(C_t^{ss})}{u'(C_t^{ns})} = \frac{(1-\pi_\rho)(1-\delta)(\pi'_\rho\rho+\delta+\pi_\rho) + \pi'_\rho C_t^{ns}}{\pi_\rho(1-\sigma)(1+\Delta q)^m (1-\gamma)^{m-1}(1-\delta-\pi_\rho-\pi'_\rho\rho) + \pi'_\rho C_t^{ss}} \tag{3.18}$$

进一步假定 ω_t 为国际资本流动发生与未发生"突然停止"时消费者边际消费效用替代率，则有 $\omega_t = u'(C_t^{ss})/u'(C_t^{ns})$。利用公式（4.18）可将 ω_t 具体写为

$$\omega_t = \frac{u'(C_t^{ss})}{u'(C_t^{ns})} = \frac{(C_t^{ss})^{-\sigma}}{(C_t^{ns})^{-\sigma}} \Rightarrow \frac{C_t^{ss}}{C_t^{ns}} = \omega_t^{\frac{1}{\sigma}} \tag{3.19}$$

然后再将公式（3.12）、公式（3.13）代入公式（3.19）进一步整理可得最优外汇储备 ρ^* 的表达式为

$$\rho^* = \frac{1 + \lambda_L + \lambda_G + (1-a)\lambda_D}{-\dfrac{1+r}{1+g}\left[\lambda_L + \lambda_G + \left(\dfrac{1+r^d}{1+r} - a\right)\lambda_D\right] - w^{\frac{1}{\sigma}}(1-\gamma)^{m-1}\psi} \Bigg/ \left[\delta + \pi_\rho + w^{\frac{1}{\sigma}}(1+\Delta q)^m (1-\gamma)^{m-1}(1-\delta-\pi_\rho)\right] \quad (3.20)$$

其中 $\psi = (1-\gamma) - \dfrac{1+r}{1+g}(1+\Delta q)^m(\lambda_L + \lambda_G) + \left[\dfrac{a(1+r) - (1+r^d)}{1+g} + (1-\phi)(1-a)\right]\lambda_D$，同时 $\omega = \dfrac{(1-\pi_\rho)(1-\delta)(\pi'_\rho \rho + \delta + \pi_\rho) + \pi'_\rho C_t^{ns}}{\pi_\rho(1-\sigma)(1+\Delta q)^m(1-\gamma)^{m-1}(-\pi'_\rho \rho + 1 - \delta - \pi_\rho) + \pi'_\rho C_t^{ss}}$。

危机发生概率 π_ρ 的形式可以通过模型具体估计出来。公式（3.20）就是本章的核心公式。从其构造来看，影响一国最优储备量 ρ^* 的因素颇多，很难通过求导的方法判断出各因素对货币当局持储行为的影响，因此有必要通过参数校准和敏感性分析方法进行考察。另外，一国实际储备量 ρ 会影响 π_ρ 进而影响最优储备量 ρ^*，因此该模型只能通过数值近似的方法求取 $\rho = \rho^*$ 时的最优储备量。

3.4　内生最优外汇储备持有量的实证考察

3.4.1　参数设定

首先对公式（3.20）的相关参数设定基准值以测算中国的最优储备量。各变量的基准值见表 3－1，设定依据如下。

对中国 1990—2015 年的实际 GDP 取自然对数然后进行 HP 滤波以获得长期趋势，随后以此为被解释变量，以时间趋势为解释变量进行回归，则时间趋势项系数即为中国经济平均增长率 g。按此法计算可知过去 26 年间中国实际 GDP 平均增长率为 9.64%。就国际资本流动"突然停止"造成的产出损失 γ 而言，各研究设定差异较大：J－R 模型（2011）通过对 34 个经济体的统计后将其界定为 6.5%；Čeh 和 Krznar（2008）、Ruiz－Arranz 和

Zavadjil（2008）、Floerkemeier 和 Sumlinski（2008）则将 γ 分别界定为 8.7%、19%、15%。因此在设定 γ 值时必须根据实情、因地制宜。本章首先识别"突然停止"发生时点，然后根据遭遇"突然停止"的当期及后期产出低于潜在产出的累积值作为 γ 的历史基准值。通过计算发现，中国于 1990 年、1997 年、2014 年遭遇的国际资本流动"突然停止"造成的累积潜在产出损失分别为 6.96%、7.28%、9.35%，平均每次潜在损失为 7.86%。[①]

站在危机预防的角度，持有外汇储备能通过"信号显示"的方式遏制国际资本的投机行为，进而降低危机发生概率 π，因此 π 是 ρ 的减函数。关键是如何刻画这一函数关系？我们首先界定和识别中国遭遇的国际资本流动"突然停止"危机，然后拟合出外汇储备与危机发生概率之间的函数关系。"突然停止"危机主要有两类界定方法，其一是 Radelet 和 Sachs（1998）、Rodrik 和 Velasco（1999）、Sula（2010）为代表的界定方法：$FA < 0$ 且 $\Delta FA/GDP \leqslant -\tau$；其二是 Calvo 等（2004）、Bordo 等（2010）、Rothenberg 和 Warnock（2011）为代表的界定方法：$\Delta FA \leqslant \mu_{\Delta FA} - \sigma_{\Delta FA}$，并且 $|\Delta FA|/GDP \geqslant \tau$。上式中 FA 表示国际收支中资本金融项目余额，μ 是 ΔFA 的滚动均值，σ 是 ΔFA 的滚动标准差，τ 为特定参数值，通常取 5%。第一类方法中只考虑了出现资本净流出时的"突然停止"，遗漏了 FA 从一个较高的正值变成较低正值时的"突然停止"情形，因而本章采用第二类界定方法。考虑到中国实施资本管制情形，本章将 5% 的临界标准降低为 2%。按照这一标准，对 1990—2019 年的"突然停止"识别情况如图 3-2 所示。

从图 3-2 中可以看出，中国在 1990 年、1997—1998 年、2012 年、2014—2015 年遭遇了 6 次"突然停止"冲击（见图 3-2 中阴影部分）。其中最严重的是 2015 年，资本金融账户逆转额占 GDP 高达 -4.19%。大多数的研究直接以"突然停止"发生的频率作为危机发生概率，循此方法，中

---

① 本文定义资本流动"突然停止"危机带来的潜在产出损失 γ 为：t 时刻经济体遭遇危机时点的产出低于趋势（潜在）产出的幅度，同后续产出低于趋势产出的幅度累积相加的方法得到。如果 $t+2$ 时刻产出超出了趋势产出，则累积产出损失只累积到 $t+1$ 时刻。

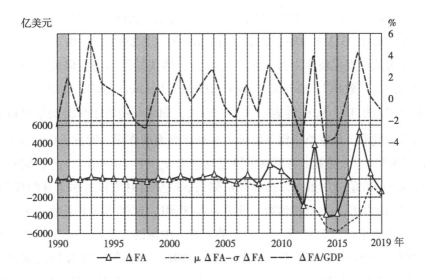

图 3 - 2　中国国际资本流动"突然停止"的识别和测度

（数据来源：国家外汇管理局，经作者计算）

国在过去 26 年间遭遇了 6 次"突然停止"冲击，其发生概率可定为
23.1%。笔者认为这样处理比较"粗糙"，忽略了危机概率的时变（Time -
varying）和集聚（Cluster）特征。如何更好地刻画危机发生概率呢？经典的
方法有两类：一类是"间接法"，选择与危机高度相关的变量（如利差、外
汇市场压力指数等）作为被解释变量，通过构建模型以测度危机概率。如
Feder 和 Just（1977）、Ben - Bassat 和 Gottlieb（1992）、Ozyildirim 和 Yaman
（2005）、Prabheesh（2013）等的研究以国内外利差作为危机发生概率的代
理变量，以短期外债、储备、进口作为解释变量，通过构建 Logit 回归模型
间接测算危机概率。这类模型内在假定国内外利差升高，国内面临资本流
出的压力越大，爆发危机的概率上升，但它忽视了发展中经济体普遍存在
的利率非市场化、资本管制事实，因而难以用其测度中国面临的"突然停
止"危机概率。另外一类是"直接法"，直接假定危机概率的某种分布形
式，通过现实数据进行拟合、修正。以 Jeanne（2007）、Čeh 和 Krznar
（2008）为代表的学者直接构建危机概率模型，形如 $\pi_\rho = F(a - b\rho)$。其中
π 为危机发生概率，ρ 为实际外汇储备与 GDP 之比，$F(\cdot)$ 是标准正态分布
变量的累积分布函数。参数 a 体现一国应对危机的"脆弱性"（fragility），

当 b 为 0 时，a 为一国遭遇危机的"外生"概率。如以中国总体遭遇的"突然停止"概率 23.1% 为外生概率，则有 $a = F^{-1}(0.231) = -0.736$。参数 b 可以视为危机发生概率对外汇储备的弹性，体现外汇储备在降低危机发生概率方面的"效率"。Garcia 和 Soto（2004）、Jeanne（2007）在研究中将参数 b 设定为 0.15。从 π_ρ 的表达式可以看出，如果 b 趋近于 0 时则危机概率均为外生概率，就忽略了储备降低危机概率方面的作用。对此，Čeh 和 Krznar（2008）引入参数 c 将原概率模型改造为 $\pi_\rho = F(a - b\rho + c/\rho)$，同时他们建议 c 的取值应尽量小以凸显外汇储备 ρ 减少时对危机概率上升的作用。参照他们的处理，本章将参数 c 设定为 0.00001。这样中国遭遇的"突然停止"危机概率如图 3-3 所示。从趋势上看，中国的"突然停止"危机概率在 1990—2000 年呈现缓慢下降的态势，2001—2009 年伴随着外汇储备增长，"突然停止"危机概率迅速下降，而后在 2011—2019 年危机概率又迅速攀升。

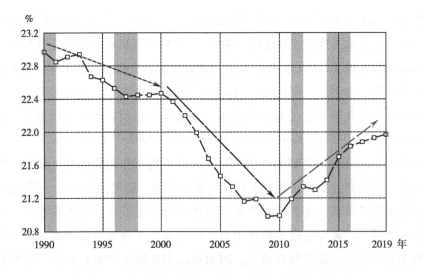

图 3-3　中国国际资本流动"突然停止"的发生概率

危机持续期 m 越长，则货币当局基于缓冲危机所需的储备量也就越高。中国实际遭遇"突然停止"危机持续期 m 最短 1 年（两次），最长 2 年（两次），因此本章以 1.5 年作为 m 的基准值。风险厌恶程度系数 σ 体现消费者对风险的态度，取值通常介于 2~6。其值越高则越厌恶风险，进而外汇储备需求越高。考虑到外汇储备领域研究惯例和中国厌恶风险情况，本章取 3 作为 σ 的基准值。国际风险溢价程度 δ 通常用美国长、短期国债利差刻画。通过测算可知，1990—2015 年美国 10 年期国债收益率为 4.93%，而 1 年期国债收益率为 3.35%，二者相差 1.58%，因此以其为 δ 的基准值。通常使用一国短期国债收益率表示该国无风险利率 r。本章使用中国 1998—2014 年 90 天期限国库券年化收益率代表 r，通过计算可知平均收益率为 3.45%。存款利率 r^d 采用中国人民银行公布的一年期定期存款利率表示，遇年内利率调整，则以时间为权重计算年加权平均存款利率。通过计算可知从 1990—2015 年存款利率平均为 4.91%，因而以此作为 r^d 的基准值。

　　银行存款准备金率 α 越高则银行的流动性越强、发生挤兑的概率降低、银行经营更加稳健。稳健的银行体系在某种程度上提升了一国抵御外部风险的能力，因此存款准备金与外汇储备应呈现负相关关系。在统计上，存款准备金率是法定存款准备金率和超额存款准备金率（俗称备付金率）之和。关于前者，自 1984 年我国实行存款准备金制度以来，法定存款准备金率信息比较公开。本章根据《中国人民银行文告》计算了不同年份的法定存款准备金率。对于年内数次准备金率调整的问题，本章采用时间加权处理。中国人民银行 2008 年之后实行差额存款准备金率，对此本章以大型金融机构、中小型金融机构在银行业的资产为权重，计算加权的法定存款准备金率。超额存款准备金不受人民银行直接管理，人民银行仅规定其应介于 5%~7%（1989 年）。由于行业、地域差异，各商业银行的超额存款准备金率不尽一致。在处理上，针对 1998 年之后的超额准备金率数据，根据中国人民银行历年货币政策执行报告、中国银保监会"商业银行主要监管指标情况表"予以确定。但官方并未公布 1990—1997 年的超额存款准备金情况，本章将此间超额存款准备金率设定为 10%。通过计算可知，1990 年至今的平均存款准备金率为 17.71% 并以此作为 α 的基准值。国内外经验表明，当爆发国际资本流动"突然停止"危机时，居民会到银行将本币存款转换为外币以规避风险，进而导致银行挤兑。在这一过程中居民提取本币存款并兑换为外币的数额占原存款余额之比即危机时居民储蓄置换率 ϕ。出于社会稳定考虑，国内很少公布银行挤兑的具体情况，致使我们不得不根据国内外案例推测 ϕ 的基准值。在 2007 年拥有 150 年历史的英国北岩银行

（Northern Rock）遭遇挤兑，9 月 14、15 日两天 30 亿英镑存款被挤提，占存款总额的 12.5%；根据中新网披露的消息，2014 年 9 月 24 ~ 26 日江苏射阳农商行遭遇的存款挤兑案中三天存款被挤提 3 亿元，约占同期存款的 3%。考虑到中国庞大的居民存款规模（70 万亿元人民币）和居民换汇限制，ϕ 到达 5% 时足以引起管理层的高度重视，出台更严厉的外汇管制举措，因此本章以 5% 作为 ϕ 的基准值。

就规模而言，2000 年之后中国外债迅速攀升，至 2015 年达 1.5 万亿美元。就期限而言，短期外债在全部外债中占比不断冲高，从 2000 年的 40% 提高到目前的 70%。不过官方并未公布私人和公共部门短期外债结构，但世界银行的"世界发展指数"（WDI）数据库披露了各时期中国公共和私人部门应偿付的到期外债余额（Debt Service on External Debt），如以此为权重可反推出公共、私人部门的短期外债规模及在 GDP 中的占比。中国私人部门短期外债占 GDP 的比重 λ_L 自 2000 年稳步上升至 6.67%，公共部门外债占 GDP 的比重 λ_G 则逐年下降至 2.22%。故本章以 6.67%、2.22% 作为 λ_L、λ_G 的基准值。根据中国人民银行"金融机构本外币信贷收支表"发布的数据，居民储蓄占 GDP 的比重 λ_D 自 1990 年从 30% 稳步增加到 2015 年的 75%，因此以平均值 65% 作为 λ_G 的基准值。至于经济体遭遇"突然停止"时汇率贬值程度 Δq，尽管 1990 年、1997 年、1998 年中国遭遇"突然停止"冲击时人民币面临贬值压力，但依然维持了名义汇率不变。2014—2015 年，中国遭遇"突然停止"冲击时人民币兑美元汇率贬值 6.58%，平均每年贬值 3.29%，故以此平均值为 Δq 的基准值。

3.4.2 数值模拟结果与讨论

根据前文参数设定，将各参数基准值代入公式（4.23），通过迭代的方法可测算出中国最优的外汇储备量占 GDP 之比为 23.02%。由此产生一个问题：迭代算法测算出的最优外汇储备量 ρ^* 为 23.02%，此解是否唯一？鉴于式（4.23）复杂的构造，严格的数学证明需要很大篇幅，因而这里采用牛顿近似的方法验证解的唯一性，具体算法是假定实际外汇储备 ρ 从 0 开始以 0.001 的步长增加至 1，这一过程中每个 ρ 自然对应一个 ρ^*，选择 ρ 与 ρ^* 差

表 3-1　　各参数基准值的校准情况

参数名称	代码	计算方法	基准值	变化区间	变动幅度	预期影响	数据来源
经济增长率	g	对中国实际产出取自然对数并HP滤波，之后对时间趋势项回归，所得时间项系数即是	0.0964	[0.00, 0.20]	0.002	+	国家统计局
产出损失	γ	中国遭遇"突然停止"时产出低于潜在产出的累积值按期平均	0.0786	[0.00, 0.20]	0.002	+	国家统计局
"突然停止"危机发生概率	π	以 $\Delta FA \leqslant \mu_{\Delta FA} - \theta_{\Delta FA}$ 且 $\Delta FA / GDP \geqslant 2\%$ 标准识别危机，然后构建危机概率模型测算不同时期的"突然停止"概率	—	—	—	—	根据国家外汇管理局"中国国际收支平衡表"，采用 Rothenberg 和 Warnock (2011) 标准，经作者计算
"突然停止"危机持续期	m	根据 $n \times T_n/m$ 测算历次危机的加权平均持有期，其中 n 为危机次数，T_n 为每次危机持续期，m 为危机总次数	1.5	[0, 3]	0.03	+	
风险厌恶程度	σ	经验取值	3	[2, 6]	0.04	+	经典文献
风险溢价程度	δ	美国10年期国债与1年期国债收益率之差	0.01574	[0, 0.05]	0.0005	−	美联储圣路易斯分行经济数据库 Fed St Louis Economic Data

续表

参数名称	代码	计算方法	基准值	变化区间	变动幅度	预期影响	数据来源
无风险利率	r	中国90天期国库券年化收益率	0.0345	[0, 0.10]	0.001	+	中国债券信息网 www.chinabond.com
存款利率	r^d	中国一年期存款加权平均利率	0.0491	[0, 0.20]	0.002	+	中国人民银行
银行存款准备金率	α	法定存款准备金率+超额存款准备金率	0.1771	[0, 0.30]	0.003	−	中国银监会"商业银行主要监管指标情况表";中国人民银行货币政策执行报告,《中国人民银行文告》
居民储蓄置换率	ϕ	储户提取本币存款/全部存款	0.0500	[0, 0.20]	0.002	+	经验设定
私人部门短期外债比率	λ_L	私人部门短期外债/GDP	0.0667	[0, 0.20]	0.002	+	国家外汇管理局《中国长期与短期外债的结构与增长》;世界发展指数(WDI)数据库
公共部门短期外债比率	λ_G	公共部门短期外债/GDP	0.0222	[0, 0.20]	0.002	+	
居民储蓄比率	λ_D	居民储蓄存款余额/GDP	0.65	[0.30, 1.0]	0.07	+	中国人民银行公布的《金融机构本外币信贷收支表》
汇率变化率	Δq	根据2014—2015年人民币兑美元平均贬值率	0.0329	[0, 0.20]	0.002	+/−	中国人民银行

额绝对值最小（近似相等）时的 ρ^* 即最优外汇储备的解。图 3 - 4a 表明，ρ 与 ρ^* 差额绝对值最小为 0.00018，对应的 ρ^* 为 23.0187%，该数值与迭代算法的结果近乎完全一致。这说明该解具有唯一性。那么这个解是否稳定？本章采用两种方式验证：（1）改变 ϕ、ω、ρ 的初始值，发现只要参数初始值赋值合理，即 $0 \leq \phi$、$\rho \leq 1$、$0.5 \leq \omega \leq 1.5$，则所迭代结果稳定在 23.02%；（2）同样采用牛顿近似的方法假定实际外汇储备 ρ 从较高的数值（这里取1）开始以 0.001 的步长递减至 0，采用与前面相同"ρ 与 ρ^* 差额绝对值最小化"的标准，所得的 ρ^* 仍为 23.0187%（见图 3 - 4b）。从以上的分析不难看出，本章测算的最优外汇储备占 GDP 之比为 23.02% 的解具有唯一性和稳定性。

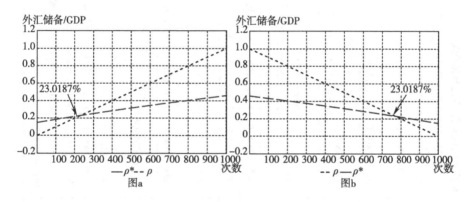

注：图 a 横轴"次数"是指 ρ 从 0 开始以 0.001 步长递增而进行的计算次数，相应图 b 横轴"次数"是指 ρ 从 1 开始以 0.001 步长递减而进行的计算次数。

图 3 - 4　数值解搜索示意

3.4.3　结果比较

需要注意的是，23.02% 这一数值是建立在各参数基准值（历史平均值）之上的，属静态最优外汇储备系数。对比该系数与此前类似文献的结果（见表 3 - 2），不难看出本章基于三部门模型的内生最优储备系数普遍高于类似文献的结果。如果说目前中国高额外汇储备内在地降低了危机发生概率，进而减少了最优储备持有量，为何模型所得数值反而高于其他文献的

表3-2 最优外汇储备量研究结果比较

代表文献	研究对象	时间	模型	最优外汇储备量
Jeanne (2007)	32个发展中经济体，23个发达经济体	1980—2000年	成本收益分析法	7.70%
J-R (2006, 2011)	34国	1975—2003年	两部门模型	7.90%（2006），9.10%（2011）
Gonçalves (2007)	乌拉圭	1999—2007年	修正Jeanne (2007)；J-R (2006) 为三部门模型	20%~80%时变
Čeh 和 Krznar (2008, 2009)	克罗地亚	1999—2008年	Jeanne (2007)；J-R (2006, 2011) 两部门模型	危机外生时0~25%时变；危机内生时6%~32%时变，如中央银行充任最后贷款人，则5%~18%时变
Chami 等 (2007)	约旦	1981—2004年	J-R (2006) 两部门模型	12.30%~21.70%时变
Floerkemeier 和 Sumlinski (2008)	南高加索和中亚6国	1995—2007年	Jeanne (2007) 两部门模型	各国不同，普遍在5%~25%并且时变
Ruiz-Arranz 和 Zavadjil (2008)	东亚10个经济体	1997—2006年	Jeanne (2007) 两部门模型	各国不同，在16%~102%时变，其中中国26%
Yang 和 Yan (2012)	中国台湾	1982—2006年	J-R (2006) 两部门模型	19.20%
Rodríguez 和 Funk (2012)	哥斯达黎加	2005Q1—2010Q4	J-R (2006, 2011) Gonçalves (2007)	14.38%~22%
饶晓辉 (2012)	中国	1993—2010年		27.50%
李增刚和赵攀 (2012)		1988—2009年	J-R (2006) 两部门模型	20.40%
白晓燕和罗勇明 (2012)		1990—2009年	利用Gonçalves (2007) 将J-R	6.04%
郑妍妍 (2014)		1982—2010年	(2011) 改造为三部门模型	13.23%~14.96%
陈奉先 (2016)		1990—2014年		19.26%

结果? 可能的原因有二: 一是本章考虑了银行部门, 将公众储蓄占 GDP 之比、危机时居民资产置换问题引入最优储备模型之中。中国典型的高储蓄现状使居民危机时资产置换问题愈加严峻; 二是在次贷危机后全球低利率和人民币升值背景下, 私人部门短期外债规模膨胀且债务美元化趋势愈加明显, 短期外债迅速攀升。高储蓄及潜在的资产置换问题以及短期外债问题促使货币当局持有更高的外汇储备以防范危机, 这两点在以前的研究中很少涉及。

如将参数在不同时点的实际值代入公式 (4.23), 则可得动态最优外汇储备系数。进一步将静态和动态最优外汇储备系数由 GDP 调整为静态、动态最优外汇储备量, 具体如图 3-5 所示。从图 3-5 中不难看出, 早期中国实际外汇储备量低于静态和动态的最优外汇储备量。这一状况直到 2002 年后才发生改变, 此后实际外汇储备量逐年攀升。这与中国"入世"的制度背景密不可分。中国出口行业在"入世"后凭借禀赋优势迅速扩张, 并诱致国际资本涌入出口行业, 最终导致国际收支中的贸易盈余与资本和金融账户盈余的"共生"和"同向"特征。尽管最优外汇储备量也连创新高, 但其与实际外汇储备量的缺口却在不断扩大, 2013 年峰值达 1.7 万亿美元。不过这一缺口在 2014 年、2015 年分别收窄至 1 万亿美元和 9000 亿美元。2018 年之后该缺口由正转负, 意味着中国实际外汇储备量低于最优值。

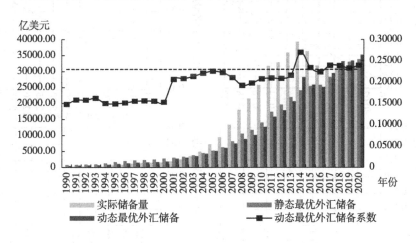

图 3-5　1990—2020 年中国的最优外汇储备量及系数

如果站在动态最优外汇储备系数的角度, 这一系数在 1990—2000 年比较稳定在 15% 左右。但自 2001 年开始这一系数陡然上升至 20% 以上, 甚至在 2014 年达到 27.02%。这不禁让我们思考：是什么因素导致最优外汇储备系数 ρ^* 发生剧烈的变化？从公式（4.23）已知影响 ρ^* 的因素多达 14 个，除了"突然停止"危机发生概率是内生决定的，其余 13 个外生参数都可能对 ρ^* 的变动发挥作用，因此须对这些参数进行敏感性分析。

3.5 敏感性分析

以各参数的变动区间为界，逐一考察各参数对 ρ^* 的影响，具体如图 3-6 所示。

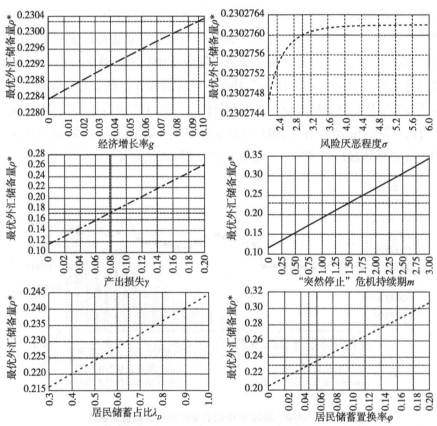

注：各图纵轴均为最优外汇储备量 ρ^*，横轴为各参数，其取值范围见表 3-1；图中浅色垂直虚线为各变量的基准值，浅色水平虚线为变量基准值对应的最优外汇储备数值。

图 3-6 最优外汇储备量 ρ^* 对各参数的敏感性

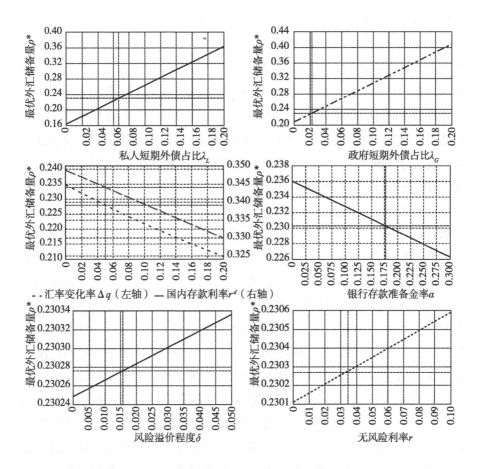

注：各图纵轴均为最优外汇储备量 ρ^*，横轴为各参数，其取值范围见表 3 - 1；图中浅色垂直虚线为各变量的基准值，浅色水平虚线为变量基准值对应的最优外汇储备数值。

图 3 - 6　最优外汇储备量 ρ^* 对各参数的敏感性（续）

从形态上看，除银行存款准备金率 α、存款利率 r^d、汇率变化率 Δq 外，其余参数与最优外汇储备量 ρ^* 呈正相关关系。就经济增长率 g 而言，较高的经济增长意味着较高的消费水平，因此出于预防消费波动而持有的外汇储备也会相应增加，由此不难理解 g 与 ρ^* 之间的正相关关系。当一国风险厌恶程度 σ 上升时，该国为防范国际资本流动危机而持有的外汇储备 ρ^* 也会上升。不过二者呈现非线性关系：在较低的风险厌恶程度下（$\sigma \leqslant 3$），σ 上升带来 ρ^* 的上升趋势明显，而风险厌恶程度较高时（$\sigma > 3$），σ 上升带来 ρ^* 上升的速度明显递减。同样，资本流动"突然停止"危机带来的产出

损失 γ 越大、"突然停止"危机的持续期 m 越长，一国持有外汇储备的比重 ρ^* 也会越高。当国内居民的储蓄比例 λ_D 越高、居民在遭遇"突然停止"危机时资产置换率 ϕ 越高时，官方为应对居民储蓄置换的压力、维持汇率稳定而持有的外汇储备比重 ρ^* 也会上升。伴随着私人部门短期外债比率 λ_L、公共部门短期外债比率 λ_G 上升，官方为偿付短期债务、防范债务危机而增持的外汇储备 ρ^* 也会提高。就利率因素而言，当存款利率 r^d 上升时会通过利差吸引外资流入，因此可以降低官方持有储备的比率 ρ^*。对于国际风险溢价程度 δ 而言，其值越高，则说明国际风险程度越强，官方基于防范风险而持有的储备比率自然越高。汇率变化率 Δq 升高（本币贬值）带来最优外汇储备 ρ^* 下降，这一点似乎与我们的感受相悖。本章认为汇率贬值会对最优外汇储备产生两层效应：一方面，本币贬值会通过"估值效应"提高了本国在国外发行的债券、短期借款所募资金的本币价值，扩大了东道国的资金规模，故会对外汇储备形成替代作用；另一方面，本币贬值通过"诱致效应"提高了一国干预外汇市场的动力，对外汇储备的需求也会上升。因此，汇率贬值对最优外汇储备量 ρ^* 的影响取决于上述两股力量的对比。[①] 从图 3-6 呈现的结果来看，"估值效应"占据上风，因而呈现 Δq 与 ρ^* 的负相关关系。同时，一国银行体系的存款准备金率 α 越高，则该国银行运营更加稳健。尽管该国遭遇国际资本流动"突然停止"危机时外源性资金流入减少，但稳健的银行体系依然能供应经济运行所需资金，这也减少了官方为维持国内信贷、稳定经济增长、平滑消费而持有的外汇储备量，因此 α 与 ρ^* 呈负相关关系。

然而敏感性分析只能判断各参数对 ρ^* 的影响方向，不能考察各参数的影响程度。要计算影响程度，须进一步测算各参数在变动区间内对 ρ^* 影响的弧弹性和各参数在历史均值上对 ρ^* 影响的点弹性。各参数的计算结果如表 3-3 所示。

---

① 即便是针对浮动汇率经济体，在利率平价的作用下，本币汇率贬值也能减少套利空间，弱化投机性资本流出。

表 3 – 3　　　　　　　　　　各参数的弧弹性值和点弹性值

参　数	g	σ	γ	m	λ_D	r	δ
弧弹性 e_1	0.00435	6.37e – 06	0.39072	0.49909	0.11507	0.00105	0.00019
点弹性 e_2	0.00754	5.36e – 06	0.33097	0.49577	0.11452	0.00071	0.00012
参　数	Δq	α	ϕ	λ_L	λ_G	r^d	
弧弹性 e_1	– 0.05426	– 0.02128	0.20117	0.38217	0.32708	– 0.02808	
点弹性 e_2	– 0.02842	– 0.02496	0.11083	0.28786	0.09574	– 0.01315	

注：弧弹性计算依据为 $e_1 = [(\rho_t^* - \rho_{t-1}^*)/(\rho_t^* + \rho_{t-1}^*)]/[(K_t - K_{t-1})/(K_t + K_{t-1})]$，其中 K 代表 g、σ、γ 等参数，其取值为表 3 – 1 "变化区间"的上下限。点弹性值计算通过 $e_2 = [(\rho_t^* - \rho_{t-1}^*)/\rho_t^*]/[(K_t - K_{t-1})/K_t]$ 近似得到，其中 K_{t-1} 代表 g、σ、γ 等参数，其取值为历史基准值，K_t 为一个"变动幅度"的增加。

从弧弹性的绝对值来看，各参数对 ρ^* 的影响大小不一，其中最高的是"突然停止"危机持续期 m，当 m 增加 1% 时最优外汇储备量 ρ^* 将增长近 0.5%，而风险厌恶程度 σ 和国际风险溢价 δ 对 ρ^* 的影响极其微弱。按照影响程度可以将上述 13 个参数的弧弹性划分为"高影响"（$e_1 \geqslant 0.2$）、"中度影响"（$0.01 \leqslant e_1 < 0.2$）和"低影响"（$e_1 < 0.01$）三类。已知，"突然停止"危机持续期 m、产出损失 γ、私人部门短期外债 λ_L、公共部门短期外债 λ_G、危机时居民储蓄置换率 ϕ 对 ρ^* 存在较大的影响，管理好上述参数对最优外汇储备规模控制意义明显。而居民储蓄比率 λ_D、银行存款准备金率 α、存款利率 r^d、汇率变化率 Δq 对 ρ^* 的影响居中。至于经济增长率 g、无风险利率 r、国际风险溢价程度 δ、风险厌恶程度 σ 对 ρ^* 的影响较为微弱。由于弧弹性考察的是变动区间内的政策影响，而点弹性考察的是政策实施伊始的"瞬时"效果，这一点在政策选择上更有意义。从点弹性 e_2 数值上看，参数如 m、γ、λ_D、δ、σ、r、α 的点弹性值与弧弹性值略有不同，但私人部门短期外债 λ_L、公共部门短期外债 λ_G、危机时居民储蓄置换率 ϕ 对 ρ^* 的点弹性值照弧弹性分别下降 9.43%、23.13%、9.03%，而经济增长率 g、存款利率 r^d、汇率变化率 Δq 的点弹性值分别上升 0.32%、1.29%、2.58%。这一差异性的变化在政策选择、搭配时必须注意。

在掌握了上述 13 个参数的属性后，可从外汇储备管理政策的"可控性"和"操作性"角度对上述参数分类考察。站在外汇储备管理的"可控性"角度，首先货币当局不可能将经济增长率 g 作为调控外汇储备规模的工具。其次，参数如一国风险厌恶程度 σ、资本流动"突然停止"危机持续期 m、"突然停止"造成的产出损失 γ、国际风险溢价程度 δ、无风险利率 r、居民储蓄比率 λ_D 等都是客观的、不可控的，因此也无法成为货币当局的调控工具。最后，站在外汇储备管理政策的"操作性"角度，可将余下参数按照政策类型划分为短期外债管理政策（λ_G、λ_L）、银行信贷管理政策（r^d、α、ϕ）和汇率管理政策（Δq）。这些政策在应对国际资本冲击、节约外汇储备方面的作用如何？这需要比较政策效果。从点弹性数值来看，当一国遭遇"突然停止"危机时，汇率贬值（Δq 上升）1% 可以降低最优外汇储备达 0.054%。就外债管理政策而言，当私人部门短期外债 λ_L 和公共部门短期外债 λ_G 降低 1% 时，可分别节约最优外汇储备 0.3821%、0.3270%。就银行信贷管理政策而言，当一国遭遇"突然停止"危机时提高存款利率 1% 可以降低最优储备量 0.028%，提高准备金率 1% 也可节约外汇储备 0.02%，而银行汇率管理政策的效果更为明显：居民资产置换率降低 1% 则可节约外汇储备 0.2%。这只是单一政策实施效果的比较，如果进一步考虑"政策组合"进行效果对比，此时所得结论更加稳健。将上述三类政策共 6 个变量逐一"捉对"比较，政策效果如表 3-4 所示。

表 3-4   "政策组合"效果比较结果

类型	代码	λ_L	λ_G	α	ϕ	r^d	Δq
短期外债管理政策	λ_L	—	$\approx$	$\gg$	$>$	$\gg$	$\gg$
	λ_G	$\approx$	—	$\gg$	$>$	$\gg$	$\gg$
银行信贷管理政策	α	$\ll$	$\ll$	—	$\ll$	$>$	$\gg$
	ϕ	$<$	$<$	$\gg$	—	$\gg$	$\gg$
	r^d	$\ll$	$\ll$	$<$	$\ll$	—	$\ll$
汇率管理政策	Δq	$\ll$	$\ll$	$\ll$	$\ll$	$\gg$	—

注："$\approx$"表示政策效果差异较小或近似相等；"$\gg$"表示前者政策效果至少比后者高两倍；"$>$"表示前者政策效果比后者高 1~2 倍；这里的政策效果是指政策变量在"变动区间"内节省/减少外汇储备的数额。

从政策组合的"捉对"比较效果上看，短期外债管理政策（λ_L、λ_G）的实施效果明显高于银行信贷管理政策、汇率管理政策的效果。就银行信贷管理政策而言，其效果总体优于汇率管理政策（仅存款利率政策效果低于汇率政策），且银行信贷管理政策内部的居民资产置换政策效果最佳，准备金率政策效果次之。至于汇率管理政策，其效果较弱。从上述对比不难看出，稳健的银行体系对于弥补外汇储备不足、缓冲危机冲击而言极为重要。这一点在 Sachs 等（1996）、Joyce 和 Nabar（2009）、梁权熙和田存志（2011）的实证研究中已经发现，而本章分析框架恰好为上述实证发现奠定了微观基础。考虑到债务政策调整比较费时，因此站在政策选择的角度，当经济体遭遇国际资本流动"突然停止"危机时可以采用提高利率（$r\uparrow$）、对外汇率贬值（$\Delta q\uparrow$）和提高存款准备金率（$\alpha\uparrow$）、可以降低居民储蓄置换率为主（$\phi\downarrow$）的渐次推行政策（组合）以节约外汇资产。但长期来看，控制私人和公共部门短期外债规模对于控制最优储备规模（$\lambda_L\downarrow$、$\lambda_G\downarrow$）的贡献更大，其中私人和公共部门短期外债管理效果相似。

3.6　小结

在 J – R 模型的基础上，本章在引入内生的危机发生概率和多期资本流动"突然停止"冲击的基础上构建了包含消费者个体、商业银行和货币当局的三部门模型，通过推导获得最优外汇储备的表达式，进而通过迭代的方法获得最优储备的解析解，同时通过对最优外汇储备量的敏感性分析获得政策启示，研究表明如下：

1. 中国静态最优外汇储备约占 GDP 的 23.02%，而动态最优外汇储备比例在 1990—2000 年稳定在 15% 左右。但自 2001 年开始这一指标陡然上升至 20% 以上，甚至在 2014 年达到 27.02%，2015 年降至 23.41%。中国实际外汇储备在 1990—2001 年低于最优外汇储备，但自 2002 年开始实际外汇储备超过最优外汇储备。不过，2012 年之后实际与最优外汇储备的缺口不断收窄。

2. 理论上，中国的最优外汇储备受到多因素影响，包括宏观层面的经济增长率、居民储蓄比率、汇率变化率、公共部门短期外债规模，危机层面的因素包括"突然停止"持续期、危机期间居民储蓄置换率，银行层面的存款利率、存款准备金率、无风险利率、国际风险溢价，微观层面的居民风险厌恶程度、私人部门短期外债规模。

3. 从敏感性分析的角度来看，"突然停止"危机持续期 m、产出损失 γ、私人部门短期外债 λ_L、公共部门短期外债 λ_G、危机时的居民资产置换率 ϕ 对最优外汇储备 ρ^* 存在较大的影响，管理好上述参数对控制最优外汇储备规模意义明显。而居民储蓄比率 λ_D、汇率变化率 Δq、存款利率 r^d、存款准备金率 α 对 ρ^* 的影响居中。至于经济增长率 g、无风险利率 r、国际风险溢价 δ、风险厌恶程度 σ 对 ρ^* 的影响较为微弱。

4. 外汇储备管理措施可分为汇率管理政策工具（Δq）、外债管理政策工具（λ_G、λ_L）和银行信贷管理政策工具（r^d、α、ϕ）三种类型。从政策效果来看，控制私人、公共短期债务规模、危机时居民储蓄置换率、汇率贬值、法定存款准备金率、存款利率在节约储备方面的效果依次递减。但从政策实施的"可控性"和"操作性"角度，经济体遭遇国际资本流动"突然停止"危机时，短期内可以采用提高利率（$r^d \uparrow$）、对外汇率贬值（$\Delta q \uparrow$）、提高存款准备金率（$\alpha \uparrow$）、降低居民储蓄置换率为主（$\phi \downarrow$）的次序渐进强化政策（组合）效果以节约外汇资产。

5. 长期来看，控制私人和公共部门短期外债规模对于最优储备数量管理（$\lambda_L \downarrow$、$\lambda_G \downarrow$）的贡献更大。从动态最优外汇储备系数 ρ^* 的变化来看，2001 年这一系数从此前的 15.31% 跃升至 20.67%，2014 年这一系数从此前 21.64% 跃升至 27.62%。导致这一跃升的关键因素在于私人部门、公共部门短期外债的大幅提升。由此可见私人和公共部门短期外债规模对于最优外汇储备的影响。在全球金融动荡、主要经济体施行量化宽松货币政策、全球利率水平走低的背景下，中国私人部门（包括企业）普遍采取"负债美元化"的操作，形成大量的美元负债。私人部门短期外债占 GDP 比重从 2008 年的 3.36% 上升到 2014 年的 9.07%，而同期公共部门短期外债占 GDP 比重稳定在 2% 左右。尽管 2015 年以来国内开启"去杠杆"操作，但私人部门短期外债占比仍高达 6.67%。由此可见，控制私人部门短期外债规模对于防范债务风险、最优外汇储备的意义更为重要。

第4章 国际资本流动"突然停止"与金砖经济体最优外汇储备

4.1 引言与文献综述

2014年7月，金砖五国签署《福塔莱萨宣言》，创立了"应急储备安排"（Contingent Reserve Arrangement，CRA），旨在为成员国应对国际资本流动冲击和国际收支危机提供一个外部安全网。应急储备安排的初始资金规模为1000亿美元，中国、俄罗斯、印度、巴西、南非分别承诺出资410亿美元、180亿美元、180亿美元、180亿美元和50亿美元。不过在随后全球能源价格大幅下跌、美联储货币政策收紧的背景下，金砖国家经济增长出现"瓶颈"，其面临的资本流动形势不断恶化。在国际资本"突然停止"（Sudden Stops）压力下，中国的外汇储备从2014年的3.99万亿元的峰值降至2015年的3.3万亿元，继而在2016年迫近3万亿元。俄罗斯的外汇储备在2014年后半年从4700亿美元降至3300亿美元，汇率骤跌50%以上。尽管印度、巴西、南非并未遭遇大规模的国际资本"突然停止"压力，但其外汇储备上升势头明显下降，且本币对美元、欧元的贬值压力不断积聚。凡此种种，引发国际社会对金砖成色的质疑，甚至认为金砖业已"褪色"。面临着经济发展的困境，金砖国家是否有能力"突围"？这在某种程度上取决于金砖国家应对国际资本流动"突然停止"冲击、稳定国内经济成长的能力。而通常外汇储备是一国抵御国际资本冲击的首选工具，那么金砖国家的外汇储备是否足以应对国际资本"突然停止"冲击？金砖国家的最优外汇储备数量各是多少？这不仅关系到金砖各国自身能否有效应对国际资本冲击，还涉及金砖各国能否"兑现"

应急储备安排的出资承诺，进而影响到金砖国家外部金融安全网的构建。

在对外汇储备功能认识不断深化的基础上，学界关于最优（Optimal）外汇储备问题的研究视角、研究方法也呈现出阶段性变化。20世纪60—70年代，在全球处于布雷顿森林体系的背景下，国际资本流动被严格限制。各国基于外汇储备的交易性功能和预防性功能，即满足进口、调节经常项目赤字而持有外汇储备。此时的最优外汇储备实际上是"充足"（Sufficient）或"合意"（Feasible）的外汇储备量问题。这时 Triffin（1960）提出以年进口量 IM 与外汇储备 R 之比作为储备充足性的衡量指标。他认为 R/IM 比率应以 25% 为宜，即一国持有的外汇储备应满足该国 3 ~ 4 个月的进口之需。Triffin 开创了比率分析法的先河，其 R/IM 比率备受 IMF 推崇，并被各经济体普遍采纳。不过，Triffin 比率建构于外汇储备的交易性功能之上，忽视了外汇储备的预防性功能。在布雷顿森林体系崩溃，全球进入浮动汇率时代、国际资本流动越发频繁之际，无视外汇储备的预防性功能就有可能酿成大错。20世纪70年代后期，大量国际资本以信贷资金形式涌入以巴西、阿根廷为代表的拉美经济体，数量从 1975 年的 750 亿美元膨胀至 1983 年的 3150 亿美元。而 1979 年美欧的紧缩性货币政策推高了全球利率水平，一方面使拉美经济体的外债负担陡增，另一方面诱致拉美资本外逃。在双重压力下，墨西哥、阿根廷、巴西等经济体相继陷入债务危机，遭遇"停滞的十年"。鉴于拉美债务危机的教训，阿根廷前财长 Guidotti 和美联储前主席 Greenspan[1] 提出用外汇储备与短期债务之比（R/STED）衡量一国外汇储备的充足性，认为一国外汇储备应至少满足该国未来一年内短期债务偿付之需。Mulder 和 Bussière（1999）认为该指标越高，越有利于维持国外债权人对债务国的信心，减少资本流出的动力，降低东道国爆发债务危机的概率。不过 R/STED 偏重于防范国外资本对本国经济的冲击，忽略了国内的资本外逃的经济的冲击。而 Calvo（1996）提出的外汇储备与广义货币供应量之比

---

[1] Greenspan, A., 1999, Currency Markets and Debt, Remarks at the World Bank Conference on Recent Trends in Reserve Management, Washington, D. C.; Guidotti, P., 1999, Remark at G – 33 Seminar in Bonn, April.

（R/M2）恰好侧重于考察防范国内资本外逃的外汇储备问题。通常认为 R/
M2 的比值越高，说明本币的外汇支撑越强，国内居民对本国货币（汇率）
的信心也会越稳定，进而发生资本外逃的概率也会降低（Kaminsky 和 Rein-
hart，1999；Rodrik 和 Velasco，1999）。Wijnholds 和 Kapteyn 认为固定汇率制
经济体的 R/M2 参照值应介于 10% ~ 20%，浮动汇率制经济体的该参照值
应介于 5% ~ 10%。

　　尽管比率分析法简洁、清晰，但缺乏严密的经济学逻辑支撑，同时各
比率的参照值也是依经验而定，不免带有主观色彩。相比较之下，成本—
收益分析法（Cost – Benefit Approach）具有坚实的经济学逻辑基础。这类
分析方法源自管理学上的存货模型，最早由 Heller（1966）引入外汇储备
领域。他认为持有外汇储备存在成本和收益，成本源自储备的"机会成
本"，即持有储备而不能将这部分资源用于其他用途，通常使用资本收益
率与外汇储备收益率之差 r 表示。持有储备的收益则来自该国发生国际收
支赤字时可以用储备进行缓冲，而不必采用紧缩性政策调整国际收支，通
常采用危机发生概率 π 与边际进口倾向倒数 $1/m$ 的乘积表示。通过成本
收益权衡，可以计算出一国最优的外汇储备量，其最优值与国际收支失衡
概率 π、外汇储备变动量 h 正相关，与边际进口倾向 m、机会成本 r 负相
关。随后 Agarwal（1971）对 Heller 模型的机会成本重新定义使之更加符
合发展中国家的情形，Hamada 和 Ueda（1977）、Frenkel 和 Jovanovic
（1981）对 Heller 模型中国际收支失衡和调节的概率重新刻画，这样 Hell-
er 模型的适用性和针对性大幅提升，成为 20 世纪 80 年代研究外汇储备问
题的主流模型。Ben – Bassat 和 Gottlieb（1992）考虑到发展中经济体存在
的主权债务风险问题，通过最小化持有储备的机会成本与储备耗尽时债务
违约成本的最小化函数，得到最优外汇储备的解析表达式。这一研究思路
创造性地将主权债务违约概率引入，非常适合外债规模庞大的发展中经济
体情形。这一分析范式在东亚金融危机之后得到广泛应用，如 Ozyildirim
和 Yaman（2005）对土耳其、Rowland（2005）（已修改、已有参考文献）
对哥伦比亚、Aizenmen 和 Rhee（2007）对韩国、Gupta（2008）和 Prab-
heesh（2013）对印度。

　　在成本—收益分析法如火如荼之时，另一类方法——回归分析法

（Regression Approach）也悄然兴起。典型的回归分析法通过构建一国的储备需求模型来测算该国最优外汇储备量。具体而言，回归分析法通常以一国的实际外汇储备作为被解释变量，以影响储备需求的因素，如人均产出、进出口规模、波动率、贸易开放度、汇率制度、金融一体化程度等变量为解释变量（Flanders，1971；Frenkel，1974）。2000 年左右，这类方法大多用于经济群体中的持储行为分析，如 Aizenman 和 Marion（2004）对 125 个发展中经济体、Choi 等（2007）对 36 个发展中经济体和 24 个发达经济体、Sula（2011）对 108 个发展中经济体的储备囤积行为从不同角度进行了细致研究。不过这类方法也存在明显缺陷，其一，以实际外汇储备为解释变量所构建的回归模型，无论模型构建多么精巧，最终也只是分析了影响实际而非最优储备的因素；其二，有关文献很早就已经证明外汇储备需求函数并不稳定，而是会伴随经济成长和汇率制度变迁发生改变（Frenkel，1974；Edwards，1983），那么所构建的模型可能并不稳定，因而缺少指导意义。

2000 年左右，以东亚为代表的发展中经济体的外汇储备囤积现象愈演愈烈，无论使用此前的经验比率还是成本收益法测度，其拥有的储备数量远超实际需求。如何解释发展中经济体的储备囤积偏好？学者分化为三条研究路径：一是以 Reinhart 和 Calvo（2002）、Dooley（2004）、Eichen-green（2004）为代表的学者提出"新重商主义"（New Mercantilism）动机理论。该理论认为东亚经济体迫于经济增长和就业压力而被迫走向出口导向型的发展模式。它们通过汇率低估获得竞争优势，推动出口拉动经济增长，进而累积了大量外汇储备。由此可见，外汇储备激增只是其经济增长方式的"副产品"而非有意为之。尽管实证研究发现了新重商主义动机的存在，但其对储备激增的影响却十分有限（Jeanne，2007；Aizenman 和 Lee，2007；Durdu 等，2009；Obstfeld 等，2010；Ghosh 等，2014；Cruz，2014）。二是以 Feldstein（1999）、Fischer（1999）为代表的学者用"攀比动机"（Competitive Hoarding）理论解释东亚经济体的储备囤积现象。该理论认为区域内经济体的外汇储备越高，就越能通过"信号显示"将国际资本的投机压力转嫁给其他经济体。同时外汇储备也具有"人质"功能，可以通过隐性担保的形式吸引更多的富含技术扩散效应的国际资本流入。尽管实证研究证实了攀比动机的存在性（Cheung 和 Qian，2009；Victor 和 Li，2010；Cheung 和 Sengupta，2011；Aizenman 等，2015），但该理论无法解释为何只有东亚出现储备囤积的现象。三是以 Mendoza（2004）、Aizenman 和 Lee（2007）、Obstfeld 等（2010）、Cheng（2015）为代表的学者基于"自我保险"（Self - Insurance）理论，认为以东亚为代表的发展中经济体持有储备是为弥补国际融资能力不足、防范国际收支危机的一种"自我保险"。1997 年亚洲金融危机之后的数次危机充分彰显了国际资本"突然停止"（Sudden Stops）的破坏力，防范资本流动"突然停止"风险成为发展中经济体外汇管理的当务之急。Garcià 和 Soto（2004）、Aizenman 和 Lee（2007）、Calvo（2013）等从不同角度构建了基于预防国际资本"突然停止"的最优外汇储备模型，但最具应用性的当属 Jeanne（2007）、Jeanne 和 Rancière（2011）建立的模型（J - R 模型）。J - R 模型从最大化居民消费效用的目标，讨论了政府如何在不同时期分配储备以实现居民跨期消费平滑和效用最大化的问题，从而开启了采用消费效用最大化方法研究最优外汇储备，进而为外汇储备研究奠定了坚实的微观基础。J - R 方法已在乌拉圭（Gonçalves，2007）、约旦（Chami 等，2007）、中国台湾（简仲德，2008）、东亚 10 个经济体（Ruiz - Arranz 和 Zavadjil，2008）、中亚和高加索六国（Floerkemeier 和 Sumlinski，2008）、中美洲 11 国（Bernard，2011）等地区得到了推广应用。

不过上述研究忽视了发展中经济体普遍以银行为中心、以间接融资为主体的现实。既有研究表明，即使经济体遭遇"突然停止"危机，如果银行依然能稳健运营，那么"突然停止"的负面影响也会十分有限（梁权熙和田存志，2011）。因此在测算金砖经济体的最优外汇储备量时，必须注意到银行部门的特征和作用。考虑到这一实际，本章将银行部门引入 J - R 模型，从而构建了三部门均衡模型。在国际资本流动"突然停止"冲击引发产出下降和居民资产重新配置的现实背景下，本章首先推导出金砖经济体货币当局最优外汇储备持有规则，随后通过参数校准确定变量的基准值，在此基础上模拟了静态和动态的最优外汇储备持有数量，最后根据外汇储备缺口及变化趋势提出相关建议。

4.2 最优外汇储备的理论分析框架

4.2.1 基本逻辑

Dornbusch 等（1995）最先提出国际资本流动"突然停止"概念并将其定义为短期内流向东道国的私人资本大幅减少的现象。Calvo 和 Reinhart（2000）认为国际资本"突然停止"会通过"凯恩斯渠道"（Keynesian Channel）和"费雪渠道"（Fisherian Channel）对实体经济产生冲击。凯恩斯渠道是指一国遭遇"突然停止"时，该国储备下降汇率贬值会带来总需求下降，这会引起非贸易品相对于贸易品的价格下降；降低非贸易品厂商的抵押品价值，进而强化厂商融资困难，此即费雪渠道。对于银行而言，抵押品价值下降也会导致不良贷款率上升，甚至出现资不抵债的现象，爆发银行危机的概率上升。出于风险考虑，银行对公众信贷会更加谨慎，这会进一步加剧凯恩斯渠道下的紧缩问题。面临银行危机和经济衰退，一国政府通常采取大规模的财政刺激计划。在国内扭曲的分配体系下，资源配置效率低下的财政刺激政策不仅效果堪忧，而且会给一国造成财政负担，为债务危机埋下伏笔。在上述危机的叠加效应下，甚至国内投资者也会对本国经济状况失去信心而加剧资本外逃，进而催生货币金融危机。通常认为持有外汇储备能减少国际资本流动"突然停止"对国内产出、消费的冲击，作用机制如下。

由国民收入恒等式可知，一国的产出 Y 由消费 C、投资 I 和贸易余额 $X-M$ 构成。按照吸收分析法，$A=C+I+G$ 表示国内吸收，$TB_t=X_t-M_t$ 表示贸易余额。

$$Y_t = C_t + I_t + G_t + X_t - M_t = A_t + TB_t \tag{4.1}$$

根据国际收支原理，经常账户余额 CA_t 由贸易余额 TB_t 和净国外要素收入 NFI_t 表示，资本和金融账户余额用 FA_t 表示，外汇储备余额以 R_t 表示。则有

$$TB_t + NFI_t + FA_t = R_t - R_{t-1} \tag{4.2}$$

将式（4.1）代入式（4.2）替代 TB_t 并整理可得

$$A_t = Y_t + NFI_t + FA_t - (R_t - R_{t-1}) \tag{4.3}$$

由公式（4.3）可知，当经济体在 t 时刻遭遇资本流动"突然停止"时，其资本和金融项目余额 FA_t 会迅速下降，若不加阻止则会导致国内吸收 A_t 萎缩，影响整个社会福利。此时货币当局可减持外汇储备平抑国内吸收的萎缩，在公式（4.3）中表现为（$R_t - R_{t-1}$）下降以抵消 FA_t 下降对 A_t 的影响。那么这里涉及一个问题：经济体在 t 时期应持有多少外汇储备 R_t？显然如果储备过高，会影响 t 时刻消费，如果储备过低则不利于防范未来（$t+1$ 时期）的资本流动"突然停止"风险，进而出现 t 和 $t+1$ 时刻消费剧烈波动，不利于消费者跨期福利最大化。本章构建了三部门模型来推导最优储备问题。

首先，居民个体消费源自国内产出、居民国内外贷款和政府转移支付。国内商业银行吸收居民储蓄，在提留准备金后全部用于发放国内贷款。政府通过短期国际借款和发行长期国际债券募集资金，主要应对国内居民的转移支付和储备累积。当国际资本流动"突然停止"时，政府通过减少储备积累、增加转移支付以平抑居民个体消费波动、实现个体消费者跨期效用最大化目的。[①] 通过求解居民跨期效用最大化函数，可得最优外汇储备持有量的表达式。不过，最优外汇储备量受到国际资本流动"突然停止"危机发生概率的影响，而危机发生概率又受到实际外汇储备量的影响，从而只有当与实际储备相等时的最优储备量方为"全局"最优储备量。[②]

4.2.2　理论模型

1. 消费者的预算约束

个体消费者的消费源自当期产出 Y、国外短期借款 L、国内银行借款 B

---

① 此处"跨期"是指正常状态时和发生资本流动"突然停止"危机时。

② 假如存在一个实际储备量 A，该储备量对应着危机发生概率 π，在此概率下的最优储备量为 B。危机发生概率 π 是 A 的减函数，B 是 π 的增函数。如果 $A > B$，那么（$A-B$）部分是否为"多余"储备？自然不是，试想，如果实际储备量 A 减少（$A-B$）部分，那么 π 将上升，进而 B 不再是最优。这一点对于 $A < B$ 的分析仍然适用。因此，只有当实际储备 A 与最优储备 B 数量相等时，此时的外汇储备方为最优。

和政府转移支付 Z。政府转移支付源自政府的短期国外借款,其与个体国外短期借款一样均用外币表示,因此须用直接标价法下的实际汇率 q 将外币折算成本币形式,形如:

$$C_t = Y_t + q_t[L_t - (1+r)L_{t-1} + Z_t] + B_t - (1+r^b)B_{t-1} \quad (4.4)$$

式中,r 为国际借款利率,r^b 为国内借款利率。$L_t - (1+r) L_{t-1}$ 为 t 时期消费者在偿付上期国际借款本息 $(1+r) L_{t-1}$ 后新增的国外借款数量。$B_t - (1+r^b) B_{t-1}$ 为 t 时期消费者在偿付上期国内银行借款本息 $(1+r^b)$ B_{t-1} 后新增的国内借款数量。

2. 银行部门的预算约束

银行部门吸收公众储蓄 D,在提留存款准备金 RB 后用于国内贷款 B,因此银行部门的预算约束形如:

$$B_t - (1+r^b)B_{t-1} + RB_t - (1+r)RB_t = D_t - (1+r^d)D_{t-1} \quad (4.5)$$

其中,r^d 为公众存款利率,$D_t - (1+r^d) D_{t-1}$ 为 t 时期银行部门在偿付上期存款本息和 $(1+r^d) D_{t-1}$ 后新增的国内借款数量。银行存款准备金通常投资于无风险资产[①],其收益率为 r。银行的准备金规模与存款规模之比为准备金率 α,因而有 $RB_t = \alpha D_t$。据此,将公式 (4.5) 整理代入公式 (4.4) 可得

$$C_t = Y_t + q_t[L_t - (1+r)L_{t-1} + Z_t]$$
$$+ (1-\alpha)D_t + [\alpha(1+r) - (1+r^d)]D_{t-1} \quad (4.6)$$

3. 政府部门的预算约束

政府通过在国际金融市场上发行长期债券 N 和短期借款 G 来融资,资金用于储备累积 R 和向国内居民转移支付 Z。政府的预算约束形如:

$$G_t - (1+r)G_{t-1} + P_t(N_t - N_{t-1}) - N_{t-1} = Z_t + R_t - (1+r)R_{t-1}$$
$$(4.7)$$

其中,$G_t - (1+r) G_{t-1}$ 是 t 时期政府部门在偿付上期国际短期借款本息和 $(1+r) G_{t-1}$ 后新增的国际借款数量。由于主权借款风险极低,因此借

---

① 通常银行的存款准备金可分为法定存款准备金和超额存款准备金(又称备付金),前者是指商业银行按照法律规定缴纳给中央银行的,后者则是商业银行根据自身日常支付清算、头寸调拨而持有的备用资金。不同于国外,中国人民银行对商业银行缴纳的法定存款准备金支付利息。

款利率与无风险收益率相同。N 为长期债券发行数量，债券发行价格为 P_t，债券利息单位化为 1，则 $P_t N_t - (1 + P_t) N_{t-1}$ 是 t 时期政府部门在偿付上期债券到期本息和 $(1 + P) N_{t-1}$ 后新增的债券融资额。政府发行长期债券是为了累积储备，因而有 $P_t N_t = R_t$。当 $t + 1$ 时刻发生国际资本流动"突然停止"时，政府部门会对短期国际借款和长期债券违约，此时债券会被市场抛弃，价格归 0。根据债券定价原理，债券价格是债券未来预期收益的贴现，可将 t 时刻债券价格表示为

$$P_t = \frac{1}{1 + r + \delta} + \frac{E_t(P_{t+1})}{1 + r + \delta} = \frac{1}{1 + r + \delta} + \frac{[\pi_R \cdot 0 + (1 - \pi_R) \cdot P_{t+1}]}{1 + r + \delta}$$

$$(4.8)$$

假定 $P_t \approx P_{t+1}$，则上式可进一步处理为

$$P_t = \frac{1}{r + \delta + \pi_R} \qquad (4.9)$$

其中，P_t 为 t 时刻政府发行长期债券的价格，P_{t+1} 为 $t + 1$ 时刻未违约时长期债券的价格，δ 为国际风险溢价，π_R 为国际资本流动"突然停止"发生概率。π_R 伴随着实际外汇储备量 R 的增加而减少，因而有 $\partial \pi_R / \partial R < 0$。

当经济处于正常状态时（normal state，ns），根据 $P_t N_t = R_t$ 和公式 (4.9) 可将政府部门的预算约束公式 (4.7) 重新表述为

$$Z_t^{ns} = G_t^{ns} - (1 + r) G_{t-1}^{ns} + R_{t-1} - (1 + \delta + \pi_R) R_{t-1}$$

$$= G_t^{ns} - (1 + r) G_{t-1}^{ns} - (\delta + \pi_R) R_{t-1} \qquad (4.10)$$

当经济处于国际资本"突然停止"冲击时（sudden stops，ss），政府部门的预算约束公式 (4.7) 重新表述为

$$Z_t^{ss} = - (1 + r) G_{t-1}^{ss} + (1 - \delta - \pi_R) R_{t-1} \qquad (4.11)$$

对比公式 (4.10)、公式 (4.11) 不难看出，正常状态时政府转移支付中的储备数量为 $- (\delta + \pi_R) R_{t-1}$，而危机时转移支付的储备数量为 $(1 - \delta - \pi_R) R_{t-1}$，这类似于平时政府征收"保险费"，用于危机时的转移支付。将公式 (4.10) 代入公式 (4.6) 重新表述在正常状态下消费者的预算约束式：

$$C_t^{ns} = Y_t^{ns} + L_t^{ns} + G_t^{ns} + (1 - \alpha) D_t^{ns} - (1 + r)(L_{t-1}^{ns} + G_{t-1}^{ns})$$

$$- [\alpha(1 + r) - (1 + r^d)] D_{t-1}^{ns} - (\delta + \pi_R) R_{t-1} \qquad (4.12)$$

假如经济体从 t 时刻开始遭遇国际资本流动"突然停止"且危机持续 m 期。期初本币汇率标准化为1，期间本币汇率每期贬值 Δq，则危机期间本币汇率将贬值至 $(1+\Delta q)^m$。当危机爆发时，消费者出于预防考虑会将自己在银行存款的 ϕ 部分置换成美元并提出。则此时消费者的预算约束为

$$C_{t+m}^{ss} = Y_{t+m}^{ss} + (1+\Delta q)^m \big[-(1+r)L_{t+m-1}^{ss} - (1+r)G_{t+m-1}^{ss} + (1-\delta-\pi_R)R_{t+m-1} \big]$$
$$+ (1-\alpha)(1-\phi)D_{t+m}^{ss} + \big[\alpha(1+r)-(1+r^d)\big]D_{t+m-1}^{ss} \tag{4.13}$$

假如 $(1+g)^n Y_t^0 = Y_t^{ss}$，那么 $Y_{t+m}^{ss} = (1-\gamma)^m (1+g)^n Y_t^0 = (1-\gamma)^m Y_t^{ns}$。据此，将公式（4.13）"回推"到危机发生的 t 时刻，可得

$$C_t^{ss} = (1-\gamma)^m Y_t^{ss} + (1+\Delta q)^m (1-\gamma)^{m-1} \big[-(1+r)L_{t-1}^{ss}$$
$$- (1+r)G_{t-1}^{ss} + (1-\delta-\pi_R)R_{t-1} \big]$$
$$+ (1-\alpha)(1-\phi)(1-\gamma)^{m-1}D_t^{ss} + \big[\alpha(1+r)-(1+r^d)\big](1-\gamma)^{m-1}D_{t-1}^{ss} \tag{4.14}$$

对公式（4.12）、公式（4.14）左右两端分别除以 Y_t^{ns}，则对应得到以下公式：

$$\frac{C_t^{ns}}{Y_t^{ns}} = 1 + \lambda_L + \lambda_G + (1-\alpha)\lambda_D - \frac{(1+r)}{(1+g)}(\lambda_L + \lambda_G)$$
$$- \frac{\alpha(1+r)-(1+r^d)}{(1+g)}\lambda_D - (\delta+\pi_R)\rho \tag{4.15}$$

$$\frac{C_t^{ss}}{Y_t^{ns}} = (1-\gamma)^m - (1+\Delta q)^m (1-\gamma)^{m-1} \Big[\frac{(1+r)}{(1+g)}(\lambda_L + \lambda_G) - (1-\delta-\pi_R)\rho \Big]$$
$$+ (1-\alpha)(1-\phi)(1-\gamma)^{m-1}\lambda_D + \frac{\alpha(1+r)-(1+r^d)}{1+g}(1-\gamma)^{m-1}\lambda_D \tag{4.16}$$

上面两个公式中 ρ、λ_L、λ_D、λ_G 分别代表外汇储备 R_{t-1}、私人短期外债 L_{t-1}、政府短期外债 G_{t-1}、私人储蓄存款 D_{t-1} 占国内产出 Y_t^{ns} 的比重。

4.2.3 均衡结果

政府部门以消费者效用最大化为目标，其效用形式为

$$U_t = \sum_{t=0}^{+\infty} (1 + r)^{-t} u(C_t) \tag{4.17}$$

其中，消费者效用 $u(C_t)$ 采用常相对风险厌恶效用形式（CRRA），形如：

$$u(C_t) = \frac{C^{1-\sigma}}{1-\sigma}, \text{且当} \ \sigma = 1 \ \text{时}, u(C_t) = \log(C_t) \tag{4.18}$$

式中，σ 为风险厌恶系数。这样政府面临着在 $t-1$ 时刻确定最优外汇储备量以极大化消费者在 t 期的消费效用问题，即

$$R_{t-1} = \text{argmax}(1 - \pi_\rho) u(C_t^{ns}) + \pi_\rho u(C_t^{ss}) \tag{4.19}$$

式中，C_t^{ns}、C_t^{ss} 分别对应公式（4.12）和公式（4.14）。对公式（4.19）求偏微分可得

$$\pi_\rho u'(C_t^{ss})(1 + \Delta q)^m (1 - \gamma)^{m-1}(1 - \delta - \pi_\rho - \pi'_\rho \rho) + \pi'_\rho u(C_t^{ss})$$

$$= \pi'_\rho u(C_t^{ns}) + (1 - \pi_\rho)(\pi'_\rho \rho + \delta + \pi_\rho) \tag{4.20}$$

对公式（4.20）左右两侧同时除以 $u'(C_t^{ns})$，再乘以 $(1-\sigma)$，整理可得

$$\frac{u'(C_t^{ss})}{u'(C_t^{ns})} = \frac{(1 - \pi_\rho)(1 - \delta)(\pi'_\rho \rho + \delta + \pi_\rho) + \pi'_\rho C_t^{ns}}{\pi_\rho(1 - \sigma)(1 + \Delta q)^m (1 - \gamma)^{m-1}(1 - \delta - \pi_\rho - \pi'_\rho \rho) + \pi'_\rho C_t^{ss}}$$

$$\tag{4.21}$$

进一步假定 ω_t 为国际资本流动发生与未发生"突然停止"时消费者边际消费效用替代率，则有 $\omega_t = u'(C_t^{ss})/u'(C_t^{ns})$。利用公式（4.18）可将 ω_t 具体写为

$$\omega_t = \frac{u'(C_t^{ss})}{u'(C_t^{ns})} = \frac{(C_t^{ss})^{-\sigma}}{(C_t^{ns})^{-\sigma}} \Rightarrow \frac{C_t^{ss}}{C_t^{ns}} = \omega_t^{\frac{1}{\sigma}} \tag{4.22}$$

然后再将公式（4.15）、公式（4.16）代入公式（4.22）进一步整理可得最优外汇储备 ρ^* 的表达式为

$$\rho^* = \frac{1 + \lambda_L + \lambda_G + (1 - a)\lambda_D}{-\frac{1+r}{1+g}\left[\lambda_L + \lambda_G + \left(\frac{1+r^d}{1+r} - a\right)\lambda_D\right] - w^{\frac{1}{\sigma}}(1 - \gamma)^{m-1}\psi}{\delta + \pi_\rho + w^{\frac{1}{\sigma}}(1 + \Delta q)^m (1 - \gamma)^{m-1}(1 - \delta - \pi_\rho)} \tag{4.23}$$

其中 $\psi = (1 - \gamma) - \frac{1+r}{1+g}(1 + \Delta q)^m(\lambda_L + \lambda_G) + \left[\frac{a(1+r) - (1+r^d)}{1+g} + (1 - \phi)(1 - a)\right]\lambda_D$，同时 $\omega = \frac{(1 - \pi_\rho)(1 - \delta)(\pi'_\rho \rho + \delta + \pi_\rho) + \pi'_\rho C_t^{ns}}{\pi_\rho(1 - \sigma)(1 + \Delta q)^m (1 - \gamma)^{m-1}(-\pi'_\rho \rho + 1 - \delta - \pi_\rho) + \pi'_\rho C_t^{ss}}$。

危机发生概率 π_ρ 的形式可以通过模型具体估计出来。公式（4.23）就是文章的核心公式。从其构造来看，影响一国最优储备量 ρ^* 的因素颇多，很难通过求导的方法判断出各因素对货币当局持储行为的影响，因此有必要通过参数校准和敏感性分析方法进行考察。另外，一国实际储备量 ρ 会影响 π_ρ 进而影响最优储备量 ρ^*，因此该模型只能通过数值近似的方法求取 $\rho = \rho^*$ 时的最优储备量。

4.3　金砖国家最优外汇储备的实证考察

4.3.1　参数设定

首先对公式（4.23）的相关参数设定基准值以测算中国的最优储备量。各变量的基准值见表 4 - 1，设定依据如下。

对中国 1990—2015 年的实际 GDP 取自然对数然后进行 HP 滤波以获得长期趋势，随后以此为被解释变量，以时间趋势为解释变量进行回归，则时间趋势项系数即为金砖国家经济平均增长率 g。就国际资本流动"突然停止"造成的产出损失 γ 而言，各研究设定差异较大：J - R（2011）通过对 34 个经济体的统计后将其界定为 6.5%；Čeh 和 Krznar（2008）、Ruiz - Arranz 和 Zavadjil（2008）、Floerkemeier 和 Sumlinski（2008）则将 γ 分别界定为 8.7%、19%、15%。因此在设定 γ 值时必须根据实情、因地制宜。本章首先识别"突然停止"发生的时点，然后根据遭遇"突然停止"的当期及后期产出低于潜在产出的累积值作为 γ 的历史基准值。

站在危机预防的角度，持有外汇储备能通过"信号显示"的方式遏制国际资本的投机行为，进而降低"突然停止"危机发生概率 π，因此 π 是 ρ 的减函数。关键是如何刻画这一函数关系？实践中"突然停止"危机主要有两类界定方法，其一是 Radelet 和 Sachs（1998）、Rodrik 和 Velasco（1999）、Sula（2010）（缺少他 2010 年文献）为代表的界定方法：$FA < 0$ 且 $\Delta FA/GDP \leqslant -\tau$；其二是 Calvo 等（2004）、Bordo 等（2010）、Rothenberg 和 Warnock（2011）为代表的界定方法：$\Delta FA \leqslant \mu_{\Delta FA} - \sigma_{\Delta FA}$，并且 $|\Delta FA|$ /

$GDP \geqslant \tau$。上式中 FA 表示国际收支中资本金融项目余额，μ 是 ΔFA 的滚动均值，σ 是 ΔFA 的滚动标准差，τ 为特定参数值，通常取5%。本书作者认为这两类处理方法均比较"粗糙"，忽略了危机概率的时变（Time - Varying）和集聚（Cluster）特征。如何更好地刻画危机发生概率呢？经典的方法有两类：一类是"间接法"，选择与危机高度相关的变量（如利差、外汇市场压力指数等）作为被解释变量，通过构建模型以测度危机概率。如 Ben - Bassat 和 Gottlieb（1992）、Ozyildirim 和 Yaman（2005）、Prabheesh（2013）等的研究以国内外利差作为危机发生概率的代理变量，以短期外债、储备、进口作为解释变量，通过构建 Logit 回归模型间接测算危机概率。这类模型内在假定国内外利差升高，国内面临资本流出的压力越大，爆发危机的概率上升，但它忽视了发展中经济体普遍存在的利率非市场化、资本管制事实，因而难以用其测度中国面临的"突然停止"危机概率。另一类是"直接法"，直接假定危机概率的某种分布形式，通过现实数据进行拟合、修正。以 Jeanne（2007）、Čeh 和 Krznar（2009）为代表的学者直接构建危机概率模型，形如 $\pi_\rho = F(b - a\rho)$。其中，π 为危机发生概率，ρ 为实际外汇储备与 GDP 之比，$F(\cdot)$ 是标准正态分布变量的累积分布函数。参数 b 体现一国应对危机的"脆弱性"（fragility），当 a 为 0 时，b 为一国遭遇危机的"外生"概率。如以中国总体遭遇的"突然停止"概率23.1%为外生概率，则有 $b = F^{-1}(0.231) = -0.736$。参数 a 可以视为危机发生概率对外汇储备的弹性，体现外汇储备在降低危机发生概率方面的"效率"。Garcià 和 Soto（2004）、Jeanne（2007）在研究中将参数 b 设定为0.15。从 π_ρ 的表达式可以看出，如果 b 趋近于0时则危机概率均为外生概率，就忽略了储备降低危机概率方面的作用。对此，Čeh 和 Krznar（2009）引入参数 c 将原概率模型改造为 $\pi_\rho = F(a - b\rho + c/\rho)$，同时他们建议 c 的取值应尽量小，以凸显外汇储备 ρ 减少时对危机概率上升的作用。参照他们的处理，本章将参数 c 设定为0.00001。这样金砖国家遭遇的"突然停止"危机概率如图 4 - 1 所示。从趋势上看，中国、俄罗斯的"突然停止"危机概率在1990—2010 年呈现缓慢下降的态势，而后在2011—2015 年危机概率又迅速攀升。印度"突然停止"危机概率在2010 年之后比较稳定，而巴西、南非的"突然停止"危机概率则一直呈现下降态势。整体而言，俄罗斯、中国的国际资本"突然停止"风险最大，南非、巴西居中，印度的"突然停止"风险最小。

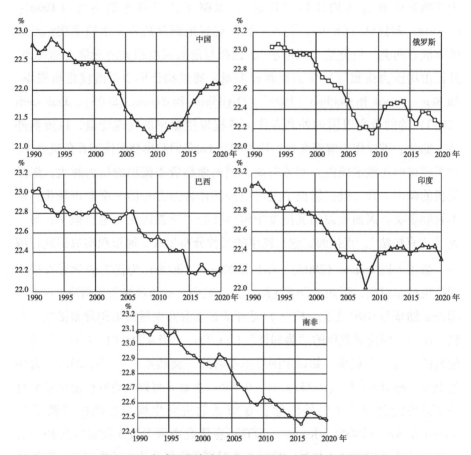

图4-1　金砖国家资本流动"突然停止"的发生概率

危机持续期 m 越长，则货币当局基于缓冲危机所需的储备量也就越高。本章按照各金砖国家实际遭遇"突然停止"危机持续期计算 m 的基准值。风险厌恶系数 σ 体现消费者对风险的态度，取值通常介于 2~6。其值越高则越厌恶风险，进而外汇储备需求越高。考虑到外汇储备领域研究惯例和中国厌恶风险情况，本章取 3 作为 σ 的基准值。国际风险溢价程度 δ 通常用美国长短期国债利差刻画。通常使用一国短期国债收益率表示该国无风险利率 r。本章使用各国 90 天期限国库券年化收益率代表 r。存款利率 r^d 采用各金砖国家中央银行公布的一年期定期存款利率表示，遇年内利率调整，则以时间为权重计算年加权平均存款利率。

银行存款准备金率 α 越高则银行的流动性越强、发生挤兑的概率降低、银行经营更加稳健。稳健的银行体系在某种程度上提升了一国抵御外部风险的能力，因此存款准备金与外汇储备应呈现负相关关系。在统计上，存款准备金率是法定存款准备金率和超额存款准备金率（俗称备付金率）之和。国内外经验表明，当爆发国际资本流动"突然停止"危机时，居民会到银行将本币存款转换为外币以规避风险，进而导致银行挤兑。在这一过程中居民提取本币存款并兑换为外币的数额占原存款余额之比即为存款置换率 ϕ。出于稳定考虑，国内很少公布银行挤兑的具体情况，致使我们不得不根据国内外案例推测 ϕ 的基准值。在 2007 年拥有 150 年历史的英国北岩银行（Northern Rock）遭遇挤兑，9 月 14 日、15 日两天 30 亿英镑存款被挤提，占存款总额的 12.5%；考虑到金砖国家庞大的居民存款规模和居民换汇限制，ϕ 到达 5% 时足以引起管理层的高度重视，出台更严厉的外汇管制举措，因此本章以 5% 作为 ϕ 的基准值。

世界银行的"世界发展指数"（WDI）数据库披露了各时期中国公共和私人部门应偿付的到期外债余额（Debt Service on External Debt），如以此为权重可反推出公共、私人部门的短期外债规模及在 GDP 中占比。根据金砖各国中央银行的《金融机构本外币信贷收支表》发布的数据，可以计算出各国私人储蓄占 GDP 的比重 λ_D。至于经济体遭遇"突然停止"时汇率贬值程度 Δq，尽管 1990 年、1997 年、1998 年中国遭遇"突然停止"冲击时人民币面临贬值压力，但依然维持了名义汇率不变。2014—2015 年，中国遭遇"突然停止"冲击时人民币兑美元汇率贬值 6.58%，平均每年贬值 3.29%，故以此平均值为 Δq 的基准值。

4.3.2　数值模拟结果与讨论

根据前文参数设定，将各参数基准值代入公式（4.23），通过迭代的方法可测算出金砖经济体的最优外汇储备量占 GDP 之比见表 4 – 2（测算代码见附件 1）。

表 4-1　各参数基准值的校准情况

参数名称	代码	计算方法	中国	印度	巴西	俄罗斯	南非	变化区间	变动幅度	预期影响	数据来源
经济增长率	g	对实际产出取自然对数并HP滤波，之后对时间回归，所得时间项系数即是	0.0964	0.0906	0.0742	0.0747	0.0521	[0.00, 0.20]	0.002	+	IMF 的 IFS 数据库，经作者计算
产出损失	γ	遭遇"突然停止"时产出低于潜在产出的累积值按期平均	0.0786	0.0714	0.0826	0.0568	0.0365	[0.00, 0.20]	0.002	+	
"突然停止"危机发生概率	π	以 $\Delta FA \le \mu_{\Delta FA} - \theta_{\Delta FA}$ 且 $\lvert \Delta FA \rvert / GDP \ge 2\%$ 标准识别危机，然后构建危机概率模型测算不同时期的"突然停止"概率	—	—	—	—	—	—	—	—	采用 Rothenberg 和 Warnock（2011）标准，经作者计算
"突然停止"危机持续期	m	根据 $n \times T_n / m$ 测算历次危机的加权平均持有期，其中 n 为危机次数，T_n 为每次危机持续期，m 为危机总次数	1.5	1	1.25	1.75	1.5	[0, 3]	0.03	+	
风险厌恶程度	σ	经验取值	3	3	3	3	3	[2, 6]	0.04	+	经典文献
国际风险溢价	δ	美国 10 年期国债与 1 年期国债收益率之差	0.01574	0.04503	0.0465	0.0506	0.0827	[0, 0.05]	0.0005	−	美联储圣路易斯分行经济数据库 Fed St Louis Economic Data

续表

参数名称	代码	计算方法	中国	印度	巴西	俄罗斯	南非	变化区间	变动幅度	预期影响	数据来源
无风险利率	r	90 天期国库券年化收益率	0.0345	0.0768	0.1213	0.1160	0.0723	[0, 0.10]	0.001	+	各国中央银行
存款利率	r^d	一年期存款加权平均利率	0.0491	0.0725	0.1325	0.07181	0.1031	[0, 0.20]	0.002	+	世界发展指数 WDI
银行存款准备金率	α	法定存款准备金率 + 超额存款准备金率	0.1771	0.0400	0.4500	0.0400	0.025	[0, 0.40]	0.004	−	各国中央银行
居民储蓄置换率	ϕ	储户提取本币存款/全部存款	0.0500	0.0500	0.0500	0.0500	0.0500	[0, 0.20]	0.002	+	经验设定
私人短期外债比率	λ_L	私人部门短期外债/GDP	0.0221	0.0241	0.0206	0.0201	0.0460	[0, 0.20]	0.002	+	中国数据来自国家外管局《中国长期与短期外债结构与增长》；其他金砖国家数据来自 WDI
公共部门短期外债比率	λ_G	公共部门短期外债/GDP	0.0780	0.0170	0.0111	0.0175	0.0543	[0, 0.20]	0.002	+	
居民储蓄比率	λ_D	居民储蓄余额/GDP	0.65	0.33	0.17	0.30	0.15	[0.20, 1.0]	0.010	+	
汇率变化率	Δq	根据遭遇 ss 时金砖国家货币兑美元平均贬值率	0.0329	0.0881	0.1666	0.0908	0.0536	[0, 0.20]	0.002	?	汇率来自 IFS，并经作者计算
一国对危机的"脆弱性"	b	用于计算一国遭遇危机的"外生"概率	−0.64563	−1.73166	−0.89578	−0.51194	−1.12434				Garcià 和 Soto（2004）、Jeanne（2007）、Čeh 和 Krznar（2009）
危机发生概率的储备弹性	a	外汇储备在降低危机发生概率方面的"效率"	0.15	0.15	0.15	0.15	0.15				
修正参数	c		0.00001	0.00001	0.00001	0.00001	0.00001				

表 4-2　　　　　　　　金砖经济体最优外汇储备与 GDP 之比

国　别	巴西 Brisil	俄罗斯 Russia	印度 India	中国 China	南非 South Africa
最优外汇储备系数 ρ^*	12.63%	14.25%	12.21%	24.15%	16.01%

需要注意的是，数值是建立在各参数基准值（历史平均值）之上的，属静态最优外汇储备系数，进一步将静态最优外汇储备系数乘以 GDP 可分别得到静态最优外汇储备量。将实际外汇储备与最优外汇储备相减，可得到储备缺口（见图 4-2）。从图 4-2 可以看出金砖国家中中国、俄罗斯、印度在 2003 年后的实际外汇储备超出了最优外汇储备规模，巴西实际外汇储备量自 2008 年后超过最优外汇储备规模，而南非的实际外汇储备始终低于最优外汇储备量。值得注意的是，2008 年时俄罗斯、印度的外汇储备缺口（实际外汇储备量减去最优外汇储备量）分别达到 3000 亿美元和 1200 亿美元的峰值，但此后这一缺口不断下降，目前分别降至 1200 亿美元和 800 亿美元。而巴西的实际外汇储备持续超出最优外汇储备，二者缺口目前扩大至 1000 亿美元。2013 年，中国实际外汇储备超出最优外汇储备达 1.6 万亿美元，不过这一缺口在 3 年间迅速降至 4000 亿美元。整体上看，近年

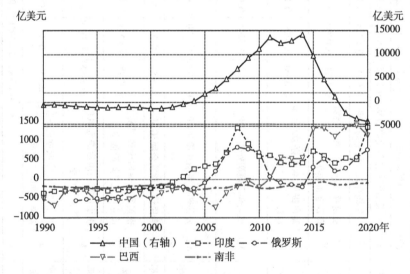

注：图中金砖各国之储备缺口是由该国实际外汇储备与最优外汇储备相减得到，该国最优外汇储备是最优外汇储备系数 ρ^* 与 GDP 相乘得到。

图 4-2　1990—2020 年金砖国家的实际外汇储备与最优外汇储备量之缺口考察

来金砖国家实际外汇储备与最优外汇储备的缺口不断缩减，这与美联储加息导致资本外流以及金砖国家经济发展乏力密不可分。金砖各国外汇储备缺口锐降彰显金砖国家外汇储备合作的必要性和紧迫性。

如果站在最优外汇储备系数角度，是何因素导致金砖各国的最优外汇储备系数 ρ^* 出现如此大的差异？从公式（4.23）不难看出影响 ρ^* 的因素多达 14 个，除了"突然停止"危机发生概率是内生决定的，其余外生参数都可能对 ρ^* 的变动发挥作用，因此须对这些参数进行敏感性分析。以各参数的变动区间为界，逐一考察各参数对 ρ^* 的影响，具体如图 4 – 3 所示。

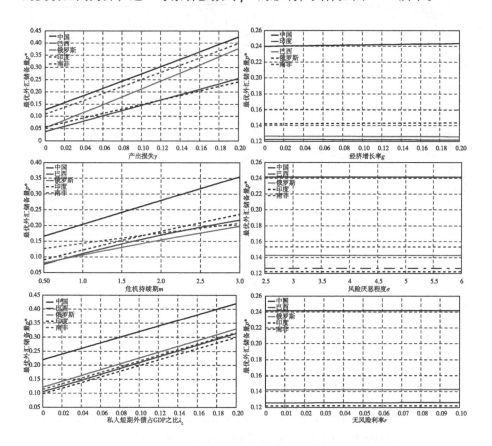

注：各图纵轴均为最优外汇储备量 ρ^*，横轴为各参数，其取值范围见表 4 – 2；图中浅色垂直虚线为各变量的基准值，浅色水平虚线为变量基准值对应的最优外汇储备数值。

图 4 – 3　最优外汇储备量 ρ^* 对各参数的敏感性

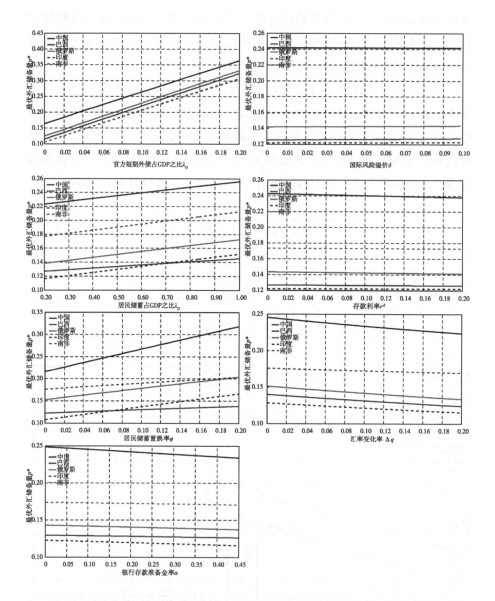

注：各图纵轴均为最优外汇储备量 ρ^*，横轴为各参数，其取值范围见表4-2；图中浅色垂直虚线为各变量的基准值，浅色水平虚线为变量基准值对应的最优外汇储备数值。

图4-3 最优外汇储备量 ρ^* 对各参数的敏感性（续）

从形态上看，除银行存款准备金率 α、存款利率 r^d、汇率变化率 Δq 外，金砖五国其余参数与最优外汇储备量 ρ^* 呈正相关关系。就经济增长率 g 而言,较高的经济增长意味着较高的消费水平,因此出于预防消费波动而持有的外汇储备也会相应增加,由此不难理解 g 与 ρ^* 之间的正相关关系。当一国风险厌恶程度 σ 上升时,该国为防范国际资本流动危机而持有的最优外汇储备量 ρ^* 也会上升。不过二者呈现非线性关系:在较低的风险厌恶程度下,σ 上升带来 ρ^* 的加速上升,而风险厌恶程度较高时,σ 上升带来 ρ^* 上升的速度递减。图4-3中由于金砖各国量纲不一,因此看似 σ 与 ρ^* 是线性关系,但实际上二者是曲线关系。资本流动"突然停止"危机带来的产出损失 γ 越大,"突然停止"危机持续期 m 越长,一国持有外汇储备的比重 ρ^* 也会越高。当国内居民的储蓄比率 λ_D 越高,居民在遭遇"突然停止"危机时储蓄置换率 ϕ 越高时,官方为应对居民储蓄置换的压力,维持汇率稳定而持有的外汇储备比重 ρ^* 也会上升。伴随着私人短期外债比率 λ_L、政府短期外债比率 λ_G 上升,官方为偿付短期债务、防范债务危机而增持的外汇储备 ρ^* 也会提高。就利率因素而言,当存款利率 r^d 上升时会通过利差吸引外资涌入,因此可以降低官方持有外汇储备的比率 ρ^*。对于风险溢价程度 δ 而言,其值越高则说明国际风险程度越强,官方基于防范风险而持有的储备比率自然越高。汇率变化率 Δq 升高(本币贬值)带来最优外汇储备 ρ^* 下降。本章认为汇率贬值对最优外汇储备存在两种效应:一方面,本币贬值会通过"估值效应"提高了本国在国外发行的债券、短期借款所募资金的本币价值,扩大了东道国的资金规模,故会对外汇储备形成替代作用;另一方面,本币贬值促使一国干预汇率市场的动因增加,对外汇储备的需求也会上升。因此,汇率贬值对最优外汇储备 ρ^* 的影响取决于上述两股力量的对比。从图4-3呈现的结果来看,"估值效应"占据上风,因而呈现 Δq 与 ρ^* 的负相关关系。同时,一国银行体系的准备金率 α 越高,则该国银行运营更加稳健。尽管该国遭遇国际资本流动"突然停止"危机时外源性资金流入减少,但稳健的银行体系依然能供应经济运行所需资金,这也减少了官方为维持国内信贷、稳定经济增长、平滑消费而持有的外汇储备量,因此 α 与 ρ^* 呈负相关关系。

从各参数的最优外汇储备 ρ^* 弹性来看,公共部门短期外债 λ_L、私人部门短期外债 λ_L、产出损失 γ、突然停止持续期 m、居民存款置换率 ϕ 对 ρ^* 的正向作用最为显著。经济增长率 g、风险厌恶程度 σ、无风险利率 r、风

险升水 δ、居民储蓄占 GDP 之比 λ_D 的最优外汇储备 ρ^* 弹性较小，意味着这些参数对 ρ^* 的正向作用较为微弱。相对于存款利率 r^d 而言，汇率变化率 Δq 和银行存款准备金率 α 对最优外汇储备 ρ^* 的负向作用相对较大。不同参数的属性为外汇储备应急管理提供了操作切入点。不难看出，对于外汇储备缺口日渐窘迫的金砖国家而言，有效控制外汇储备数量、确保外汇储备充足是一个现实问题。从弹性角度来看，金砖国家通过减少公共和私人部门短期外债规模、限制"突然停止"危机时居民存款置换外币比率、提高银行部门存款准备金率可以有效节约外汇储备，提高外汇储备充足率。

4.4　小结

在 J−R 模型的基础上，本章在引入内生的危机发生概率和多期资本流动"突然停止"冲击的基础上构建了包含消费者个体、商业银行和货币当局的三部门模型，通过推导获得最优外汇储备的表达式，进而通过迭代的方法获得最优储备的解析解，同时通过对最优外汇储备量的敏感性分析获得政策启示，研究表明如下：

1. 金砖经济体中，中国静态最优外汇储备约占 GDP 的 24.15%，巴西、俄罗斯、印度、南非的该比率分别为 12.63%、14.25%、12.21%、16.01%。从整体上看，近年来金砖国家实际外汇储备与最优外汇储备的缺口不断缩减，这与美联储加息导致资本外流以及金砖国家经济发展乏力密不可分。金砖各国储备缺口锐降凸显金砖国家外汇储备合作的必要性和紧迫性。

2. 理论上，一国的最优外汇储备受到多因素影响，包括宏观层面的经济增长率、居民储蓄比率、汇率变化率、公共部门短期外债规模，危机层面的因素包括"突然停止"持续期、危机期间居民储蓄置换率，银行层面的存款利率、存款准备金率、无风险利率、国际风险溢价，微观层面的居民风险厌恶程度、私人部门短期外债规模。

3. 从敏感性分析的角度来看，"突然停止"危机持续期 m、产出损失 γ、私人部门短期外债 λ_L、公共部门短期外债 λ_G、危机时的居民储蓄置换

率 ϕ 对最优外汇储备量 ρ^* 存在较大的影响，管理好上述参数对控制最优外汇储备规模意义明显。而居民储蓄比率 λ_D、汇率变化率 Δq、存款利率 r^d、存款准备金率 α 对 ρ^* 的影响居中。至于经济增长率 g、无风险利率 r、国际风险溢价 δ、风险厌恶程度 σ 对 ρ^* 的影响较为微弱。

4. 长期来看，控制公共和私人部门的短期外债规模对于最优储备数量管理（$\lambda_L \downarrow$、$\lambda_G \downarrow$）的贡献更大。由此可见，控制私人部门短期外债规模对于防范债务风险、最优外汇储备的意义更为重要。

第5章 外汇储备库的
福利收益的静态分析

5.1 引言

2014 年 7 月 15 日，金砖国家（以下简称金砖国家或 BRICS）领导人在巴西正式发表《福塔莱萨宣言》，宣言的两个重要内容分别是成立总额各为 1000 亿美元的新开发银行（New Developing Bank，NDB）和应急储备安排（Contingent Reserve Arrangement，CRA）。前者旨在支持金砖国家及其他发展中国家的基础设施建设及可持续发展，后者意在应对短期国际收支压力确保金融稳定。这两个机构的成立一方面标志着金砖国家货币金融合作进入了实质阶段，另一方面也增强了金砖国家在全球经济治理和国际经济事务中的影响力和话语权。近 20 年以来，发展中经济体特别是金砖国家的外汇储备呈现蓬勃上涨的态势，并达到前所未有的水平。截至 2019 年 12 月，金砖国家外汇储备总量达到 4.65 万亿美元，占全球总量的 33.11%，占新兴市场经济体的 60.75%。既然金砖国家自身拥有如此高额的外汇储备，为何还热衷于应急储备安排呢？CRA 未来改革重点及面临的困难又在哪里？在此过程中中国的角色和定位又应当作何调整？本章为应急储备安排的制度健全及中国参与策略提供一些思路。

5.2 应急储备安排问题研究综述

金砖国家成立的应急储备安排实质上是外汇储备库。外汇储备库理论源自 Buchanan（1965）提出的"俱乐部理论"。Dodsworth（1975、1978）最先将俱乐部理论引入外汇储备库的研究中。他将各国须缴纳一定的外汇储备量视为俱乐部会费，俱乐部成员之间的国际收支波动相互抵消，减小了成员国外汇储备的必要持有量，从而享受节省外汇储备的好处。外汇储备库成员国的收益取决于三个因素：一是成员国经济周期的差异程度，经济周期差异越大则储备库的收益越明显；二是对风险态度的差异程度，对风险态度越趋于一致则收益越高；三是能否有效地通过歧视性政策控制道德风险问题。Medhora（1992）运用 Dodsworth 的保险指数分析西非货币联盟内部成员的成本收益后发现，所有西非货币联盟内部成员在属于整个联盟的情况下比自治时享受更高水平的覆盖率。拥有高水平和低可变性的自有储备的经济体比拥有低水平和高可变性的自有储备的经济体收益更小。而未从储备库中获得很高收益的经济体仍选择继续参与其中是因为他们预期未来可能获得很高的非对称收益。Williams 等（2001）通过对比东加勒比货币联盟和中非法郎区后认为外汇储备管理水平、治理结构及制度建设会影响储备库成员的收益。2000 年以来，新兴市场经济体存在明显的囤积外汇储备现象。在此背景下，如何发挥既有外汇储备的最大效用？Eichengreen（2007）探讨了统筹储备提高和稳定福利的两条途径：第一，将储备池用于应对国际资本流动"突然停止"的紧急贷款，即将一部分储备用于区域外汇储备库建设以提供区域共同保险，防范国际资本流动"突然停止"所衍生的经济金融风险；第二，将一部分储备资金和借来的资金用于购买政府和企业发行的或有债务证券，用于解决限制这些工具市场流动性、阻碍私人投资者接受这些工具的先行问题。

　　亚洲金融危机之后，东盟"10 + 3"达成的清迈协议（Chiang Mai Initiative，CMI）奠定了东亚外汇储备库的基础。CMI 成立开始学界便对其性质、作用、不足展开了激烈讨论。Wang（2004）、Nasution（2005）、Yung 和 Wang（2005）、Tadahiro Asami（2005）从亚洲货币合作视角、Masahiro Kawai（2009）从国际金融体系改革视角对其产生背景、运行机制、监管框架及与 IMF 关系进行了细致考察，认为初期 CMI 和 IMF 的互补性强于竞争性，但随着 CMI 规模扩大、机制优化，两者将形成竞争关系。Grims（2011）认为 CMI 在投票机制、监督与强化机制、危机管理等方面的不足决定了其只能以配角的身份依附于 IMF。Rajan 等（2003）、Siregar 和 Rajan（2004）将东亚经济体从亚洲金融危机中迅速恢复归结为汇率的中度波动和外汇储备库的建设。但 Kohlscheen 和 Taylor（2008）认为清迈协议对降低成员风险升水的作用非常微弱，市场投资者在对主权债权定价时几乎未考虑清迈协议的存在。何泽荣等（2014）通过测算清迈协议各经济体参与外汇储备库建设的成本收益时发现协议中各国存在明显的收益差异，且各经济体参与储备库建设的动力不一致。

储备库的兴起引起了学界对传统理论的反思。理论上区域内各国的贸易金融联系更为紧密、经济周期趋同更为明显，故建立区域间外汇储备库的建设更能利用区域间各国经济周期的不一致性达到节省外汇储备的目的。Imbs 和 Mauro（2007）认为由于区域内密切的贸易联系会使交易契约更容易执行，这种积极作用超出了因区域经济趋同带来的消极影响，因此区域间外汇储备库建设更易进行。Bai 和 Ran（2010）进一步认为如果区域内经济体的贸易金融联系比区域外更紧密，当发生外部冲击时该国会利用外汇储备库扩大生产，这样不仅能增进自身消费，也能通过贸易条件效应增进贸易伙伴的消费。外汇储备库的成员是不是越多越好？Callen 等（2014）研究发现储备库成员应在 10 个以内，因为随着成员数量增加外汇储备库所带来的风险分担的好处会降低，同时各成员之间体制质量（Institution Quality）的差异会使契约成本迅速上升。汤凌霄等（2016）从国际最后贷款人的视角出发，探讨了现存应急储备库的缺陷。研究发现，无论是全球范围的应急储备库，如 IMF，抑或是区域性的应急储备安排，如金砖五国应急储备安排等都存在资金局限的问题，但是金砖国家建立的应急储备安排相较于 IMF 有着容易实行和减少平稳时期运营成本的优点，而"嵌入式"的实缴模式可以帮助应急储备安排减少这些问题。

对于金砖国家而言，各国的社会制度、国际地位、经济发展模式差异巨大，彼此间的经贸关系甚至不如各国与区域内其他国的关系，为何金砖五国能达成应急储备安排？Kralikova（2014）认为金砖国家所达成的 CRA 是为了同西方世界所主导的全球金融体系分庭抗礼，以期在国际事务中享有更多的话语权。朱孟楠、侯哲（2014）检验了部分风险分散下金砖国家应对金融危机的能力，测度了完全风险分散下成员国的潜在福利改进空间。

他们发现金砖国家有 87% 的 GDP 冲击没有通过合理渠道平滑掉，风险分散程度较低，而在金砖国家应急储备下，大部分成员国应对危机的能力显著增强；在完全风险分散条件下，金砖国家存在很大的福利改进机会。叶玉（2014）探讨了 CRA 在内部机制和外部协调方面的工作重点，尤其是成员国宏观经济监测的能力建设，与 IMF 挂钩的"两难"进行了研究，认为 CRA 的高效运行需要在内部机制和外部协调的共同改善下完成：内部需要提高监测各成员国经济运行状况的能力，外部协调则需要积极同 IMF 等国际组织合作。郭树勇、史明涛（2015）认为金砖国家外汇储备库可以对当前国际货币体系进行一定程度的补充，并在区域范围内更有效地发挥作用，可以为其他区域金融改革提供一定的借鉴经验。刘刚等（2017）通过对金砖国家参与储备库建设的危机防范能力进行分析发现金砖国家应急储备安排可以有效提升金砖国家的危机防范能力，但是金砖国家应急储备安排仍然需要完善自身机制，扩大资金规模。

5.3　金砖国家应急储备安排的主要内容

"金砖国家"概念最早由美国高盛公司首席经济师吉姆·奥尼尔（Jim O'Neill）在 2001 年提出，用于指具有庞大的市场规模、强劲的经济增长潜力和巨大全球影响力的四个新兴市场经济体——中国、巴西、印度、俄罗斯，但直到 2008 年金砖四国的外长、财长和领导人才开始进行各层级的接触。2009 年首届"金砖四国"峰会在俄罗斯叶卡捷琳堡举行，这标志着金砖国家组织的确立。2010 年 12 月南非正式加入金砖国家组织。2014 年 7 月，金砖国家领导人第六次会议决定成立新开发银行和应急储备安排，这既是金砖国家为应对共同的全球经济危机挑战、突破地域限制创建集体金融安全网的重大尝试，也是金砖国家深化金融合作的重要标志。

5.3.1　应急储备安排诞生的内外原因

1. 金融危机与国际货币体系的缺陷。20 世纪 90 年代以来，新兴市场经济体陆续遭遇债务危机、货币危机、国际收支危机。国际金融危机之后，发展中经济体陆续优化自身宏观政策的同时，也开始反思以 IMF 和世界银行为主导的全球金融体系在危机救援方面存在的诸多问题：在资金分配上，由于 IMF 采取的政策为"加权表决制"，这样的表决机制使得少数发达国家拥有多数的话语权，进而优先将资金分配给发达经济体；在反应速度上，区域性金融危机爆发后，IMF 作为国际货币基金组织受到众多成员国约束，加之贷款条件严苛，严重影响了 IMF 对危机受援国救援的反应速度，在这一点上，区域性储备基金组织能够较好地完善；在贷款条件性方面，为了提高贷款资金的安全，更加高效使用储备资金，对受援国的贷款有着严格的条件。这些严苛的条件使得许多国家尤其是发展中经济体的货币政策以及财政政策甚至国家主权都受到了 IMF 的干预，这直接影响了这些发展中经济体对 IMF 援助的接受程度；另外，IMF 自身存在着内部治理缺陷的问题，根本原因在于 IMF 不能及时根据成员国国际地位和全球经济变化形式及时改变其在 IMF 中的份额和投票权，这使许多经济发展势头迅猛的发展中经济体开始寻求更有效的区域性国际收支保险；最后，由于 IMF 与成员国之间存在信息不对称性，这导致了 IMF 不能直接参与对成员国的监督管理，从而导致 IMF 存在监督不对称的问题。尽管 IMF 从 2006 年开始承诺增加发展中经济体的份额和投票权以体现其地位和重要性，但这一改革进行得十分艰难。虽然经过努力之后发展中经济体的份额和投票权有了显著提升，但是仍然与发展中经济体在世界经济中所占的比重十分不匹配，并且 IMF 协议的修改需要手握多数投票权成员国的同意，这最终导致份额和投票权的分配继续偏向发达经济体，发展中经济体在遭遇危机时能获得的资金援助少之又少。在经济全球化加剧、金融危机的传染性增强的背景下，发展中经济体防范金融危机不能仅靠 IMF 这一根稻草，而应更多地依靠自身储备积累和区域内、区域间的储备合作。相较于全球性金融治理机构，区域性的外汇储备基金更紧贴内部成员国。区域性的应急储备安排将成员国的部分外汇储备集合整理，收益互惠、风险共担。由于区域性应急储备安排的成员国较少，并且各成员国在组织内部均拥有绝对的话语权，因而在危机时期能够及时得到援助。从这一角度来看，金融危机和国际货币体系的缺陷成了 CRA 出现的外部动力。

2. 经济全球化与储备囤积。经济全球化意味着经济体在全球范围内进行生产要素配置，在这一过程中一国的产出更容易受到外部因素的冲击，从而出现经济波动。通常外汇储备被认为是防范产出、消费波动的"良方"，但这一"良方"也有副作用：一方面持有外汇储备存在机会成本，另一方面外汇储备会对国内物价、汇率、货币政策产生负面冲击，对实行固定汇率制的经济体尤甚。从图 5-1 可以看出，金砖经济体的全球化程度自 1990 年开始加速上升。尽管与全球化水平最高的卢森堡、新加坡相比，金砖国家的全球化程度尚存一定差距，但与其他发展中经济体相比，金砖国家已经处于领先地位。从图 5-1 的右图可以看出，全球化进程中金砖国家的外汇储备持有量屡创新高：（1）以 Triffin 提出的外汇储备与进口额之比为基准，这一指标的合理范围是 30% ~ 40%（特里芬认为，一国外汇储备与进口额之比应该保持一定比例，标准为 40%，最低为 20%），换算成月份则一国储备量应相当于该国 3 ~ 4 个月的进口之需。从图 5-1 中可以看出，从 2007 年开始，金砖国家整体上的外汇储备可以满足 15 ~ 17 个月进口之需，在这个口径上金砖国家的外汇储备是非常充足的。（2）以 Greenspan 和 Guidotti 提出的外汇储备与短期债务之比（R/STED）为基准，通常用来衡量一国快速偿债的能力，理论上这一比率应为 100% 比较合适，若该比率过低，则会降低外资对该经济体的预期，使得延期还款变得更加困难，但是若该比率过高，如外汇储备与短期债务之比达到 200% 时，则会闲置大量资源。金砖国家整体上这一数值自 1998 年起长期维持在 500%，这说明金砖国家的外汇储备足以应对任何的短期外债偿付之需。（3）以 Calvo 提出的外汇储备与广义货币量之比（R/M2）来测算防范资本外逃引发危机所必要的外汇储备数量，金砖国家这一数值曾高达 40%，虽有所回落，但仍达到 17% 以上。（4）以外汇储备与 GDP 之比来测算储备的充足性时，金砖国家这一数值高达 20%，远超 Jeanne（2007）提出的 9% 最优水平。由上述指标可知，金砖国家的外汇储备已经远超传统指标给出的最优量。如何充分利用现有外汇储备成为这些经济体的当务之急。充分利用经济体的经济周期差异性，建立集体外汇储备安排可以有效减少个体的外汇储备持有量。这也是金砖国家建立 CRA 的内在动力。

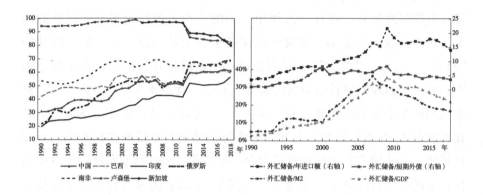

图 5-1　金砖国家的全球化程度与外汇储备持有情况
（数据来源：左图数据来自 KOF 全球化指数；右图数据来自 IMF 和 WDI，
作者根据金砖各国指标以 GDP 为权重加权计算得出）

5.3.2　应急储备安排的主要内容

应急储备安排的初始承诺资金总规模为 1000 亿美元，中国出资 410 亿美元，巴西、印度、俄罗斯分别出资 180 亿美元，南非出资 50 亿美元。各国从储备库中借款最大数量为其出资额与借款系数之积。各国最大借款额的前 30% 仅须提供方同意即可获得，余下 70% 的借款与 IMF 的贷款挂钩。应急储备安排的治理结构由部长理事会及常务委员会组成。理事会以共识方式作出有关应急储备安排的高级别决策和战略性决策。常委会负责应急储备安排的行政性和操作性决策，其决策形式有加权票简单多数、提供方共识和常委会共识三种方式。以投票作出决策时，总投票权的 5% 在各方平均分配，余下部分将按各方承诺出资额相对规模分配。从表 5-1 可以看出，相对于按各方在 IMF 中的份额进行借款分配，各方在 CRA 中的借款安排实际上存在较多差异，其中巴西、南非从中受益较多，中国、印度、俄罗斯并未从 CRA 借款安排中获得明显的直接收益。当然，在 CRA 下的借款额相对于中国、印度、俄罗斯的自身外汇储备规模而言微不足道。

表 5 - 1　　　　　　应急储备安排的资金分担与借款分配　　　　单位：美元

国别	出资额	借款系数	(1) 最大借款额	在 IMF 份额（%）	在 BRICS 中比重（%）	(2) 按 IMF 框架借款额	(1) - (2)
中国	410	0.50	205	4.00	34.75	347.52	-142.52
印度	180	1.00	180	2.44	21.20	211.99	-31.99
巴西	180	1.00	180	1.79	15.55	155.52	24.48
南非	50	2.00	100	0.78	6.78	67.77	32.23
俄罗斯	180	1.00	180	2.50	21.72	217.20	-37.20
总计	1000	—	845	15.18	—	—	—

　　注："比重"是指按照各国在 IMF 的份额计算出的相对比重数值；"按 IMF 框架借款额"是指按照"比重"对 CRA 1000 亿美元资金的分配；"(1) - (2)"说明 CRA 与 IMF 分配框架下的差异。

5.4　应急储备安排各参与方的收益与成本

5.4.1　应急储备安排"保险指数"理论

　　应急储备安排给参与者带来两方面的收益：一是增加可用外汇储备量，二是降低外汇储备波动性。第二种收益源于参与者的经济周期不一致，经常和资本项目的波动在参与国之间可以部分抵消，从而降低外汇储备的波动性。Medhora（1992）提出了"保险指数"（Coverage Ratio）将两种收益统一起来。保险指数形如公式（5.1）所示。其实质是统计学意义上的变异系数的倒数。

$$C_i = \frac{R_i}{Var(R_i)} \tag{5.1}$$

　　其中，R_i 是 i 国在一定时期内的平均外汇储备量，$Var(R_i)$ 是该时期内储备的波动率（标准差），C_i 是保险指数，其值越高越有助于更好地防范、化解各种危机。当建立应急储备安排时，一国将部分自身的外汇储备投入储备安排，其获得的保险指数如公式（5.2）所示。

$$C_i^P = \frac{R_i + \sum_{j \neq i} \rho R_j}{Var(R_i + \sum_{j \neq i} \rho R_j)} \tag{5.2}$$

其中，C_i^P 是在 j 国投入 ρ 部分到外汇储备安排的情况下 i 国的保险指数。ρ 为储备安排的程度，一般有 $0 < \rho < 1$。Rosero（2011）认为外汇储备库建设会通过政策协同而降低风险的传染性，最终有助于减少国际收支的波动性，但传统的模型并不能体现出这点，因此将公式（5.2）改造为

$$C_i^{P*} = \frac{R_i + \sum_{j \neq i} \rho R_j}{Var(R_i + \sum_{j \neq i} \rho R_j)(1 - \rho \tau)} \qquad (5.3)$$

其中，τ 为通过外汇储备安排降低国际收支波动的程度。参与方从外汇储备安排中获得的收益怎么测度？为了计算 i 国参与储备安排所获的收益，我们需首先计算出 i 国未参加储备安排而欲达到参加储备安排情况下的"保险指数"所需的外汇储备量，然后这种假想的外汇储备量与 i 国实际外汇储备量之差，若差值为正，则说明 i 国参加储备安排存在收益，反之损失。具体计算如公式（5.4）、公式（5.5）所示。

$$R^H = C_i^{P\ max} \times Var(R_i) \qquad (5.4)$$

$$G/L = R^H - R_i \qquad (5.5)$$

$$C/B = G/L \times (r^h - r^{US}) \qquad (5.6)$$

其中，R^H 是假想的外汇储备水平，C_i^{Pmax} 指的是参与储备库情形下最大的保险指数，$Var(R_i)$ 是指 i 国自身的储备变动率，G/L 是指参与外汇储备库建设所获的节省（浪费）外汇储备的数量，C/B 是指 G/L 的财政收益或者损失。

5.4.2　金砖国家应急储备安排"保险指数"的实际测算

本章使用 1994—2019 年的官方外汇储备数据分析应急储备安排的建设效果。数据来自国际金融统计 IFS 数据库。按照全球经济形势与金砖国家的经济、金融发展状况将数据划分为 1994 年第一季度至 2000 年第四季度、2001 年第一季度至 2007 年第四季度、2008 年第一季度至 2019 年第四季度三个阶段，各阶段数据的描述统计如表 5-2 所示。

表 5 - 2 数据的描述统计 单位：十亿美元

数据区间 国别	1994 年第一季度 至 2000 年第四季度			2001 年第一季度 至 2007 年第四季度			2008 年第一季度 至 2019 年第四季度		
	均值	中位数	标准差	均值	中位数	标准差	均值	中位数	标准差
中国	113.71	130.04	44.95	632.63	498.05	408.34	3101.29	3224.23	591.89
巴西	45.40	42.33	11.85	64.31	51.76	38.50	331.96	364.03	65.16
印度	25.38	25.06	6.42	118.09	116.01	61.04	332.96	314.36	54.94
南非	3.66	4.38	2.07	13.67	10.43	8.03	46.45	48.82	5.52
俄罗斯	12.07	11.95	5.40	147.85	88.54	130.59	462.95	464.84	59.82

1. 各阶段不同经济体"保险指数"状况的估计

从表 5 - 3 可以看出，在 1994—2000 年建设应急储备安排会使金砖国家均从中获益，因为只要 ρ 不为 0，他们的保险指数都会上升。CRA 各方在多大参与程度上受益最大呢？中国、南非在 100% 的参与程度下获取最大收益，印度、巴西、俄罗斯分别在 5%、20%、50% 的参与程度下获取最大收益。纵然如此，在不同参与程度下各国参与的积极性也存在差异，如中国在 ρ 为 10% ~20% 的情况下参与最为积极，因为这一阶段中国的边际收益递增。同样，巴西、印度在 0 ~1%，南非、俄罗斯在 1% ~5% 的参与程度下最为积极。

表 5 - 3　1994 年第一季度至 2000 年第四季度金砖国家的保险指数 C_i^P

国别	$\rho=0$	$\rho=1\%$	$\rho=5\%$	$\rho=10\%$	$\rho=20\%$	$\rho=30\%$	$\rho=40\%$	$\rho=50\%$	$\rho=60\%$	$\rho=70\%$	$\rho=80\%$	$\rho=90\%$	$\rho=100\%$
中国	2.5297	2.5433	2.5966	2.6617	2.7862	2.9039	3.0149	3.1197	3.2186	3.3120	3.4003	3.4837	3.5625
巴西	3.8302	3.9625	4.3978	4.7135	4.7878	4.5742	4.3344	4.1297	3.9645	3.8319	3.7244	3.6361	3.5625
印度	3.9543	3.9782	3.9950	3.9498	3.8429	3.7635	3.7072	3.6662	3.6351	3.6109	3.5915	3.5757	3.5625
南非	1.7657	2.2048	2.9231	3.1997	3.3850	3.4556	3.4927	3.5155	3.5310	3.5422	3.5506	3.5572	3.5625
俄罗斯	2.2330	2.4525	3.0185	3.3255	3.5129	3.5574	3.5695	3.5719	3.5711	3.5691	3.5669	3.5647	3.5625

注：假定 τ 为 0，下同。

从表 5 -4 可以看出，在 2000—2007 年国际金融形势相对稳定时期，除俄罗斯外其他经济体基本上没有动力建设外汇储备库。为何会出现这一景象？考虑到 1997—1998 年亚洲金融危机、2001—2002 年俄罗斯遭遇金融危机和 2000—2007 年平稳的国际金融形势，再结合金砖国家就外汇储备安排建设上的态度转变，我们猜想金砖国家的外汇储备安排建设存在明显的危机驱动特征，即在金融危机发生的短期内，金砖各国/经济体参与外汇储备库建设的热情高涨，但热情和意愿也会随着国际金融形势缓和而衰减，表现在外汇储备库建设参与个体减少、份额 ρ 和收益 C 下降。

表 5 – 4　2001 年第一季度至 2007 年第四季度金砖国家的保险指数 C_i^P

国别	$\rho=0$	$\rho=1\%$	$\rho=5\%$	$\rho=10\%$	$\rho=20\%$	$\rho=30\%$	$\rho=40\%$	$\rho=50\%$	$\rho=60\%$	$\rho=70\%$	$\rho=80\%$	$\rho=90\%$	$\rho=100\%$
中国	1.5493	1.5489	1.5475	1.5457	1.5424	1.5394	1.5365	1.5339	1.5315	1.5292	1.5271	1.5252	1.5233
巴西	1.6703	1.6647	1.6327	1.6027	1.5704	1.5541	1.5443	1.5379	1.5333	1.5298	1.5272	1.5250	1.5233
印度	1.9345	1.8977	1.7947	1.7199	1.6420	1.6019	1.5775	1.5610	1.5492	1.5404	1.5334	1.5279	1.5233
南非	1.7039	1.6324	1.5635	1.5448	1.5335	1.5294	1.5273	1.5260	1.5251	1.5245	1.5240	1.5236	1.5233
俄罗斯	1.1322	1.1510	1.2137	1.2720	1.3497	1.3992	1.4333	1.4584	1.4775	1.4926	1.5048	1.5149	1.5233

从表 5 – 5 可以看出，2008—2019 年，金砖国家的中国、巴西、俄罗斯三国将从外汇储备安排建设中获益，这一受益个体数量高于 2001—2007 年的一国，但低于 1994—2000 年的五国。这恰能体现外汇储备安排建设的危机驱动型特征：2007 年以来国际金融形势动荡不堪，先是美国次贷危机而后欧债危机导致全球经济衰退。各国尤其是外汇储备不足的经济体参与外汇储备库建设的热情再度高涨。那些参与热情不足的经济体如印度、南非多是较少受到国际金融危机影响的经济体。与 1994—2000 年相同的是，中国在 100% 储备库中依然受益，巴西同样也会从 100% 的储备库中获取最高的"保险指数"，但南非仅从 0 的外汇储备库中获益最大，一旦扩大参与程度 ρ，那么他们的保险指数将会下降。在各国参与外汇储备库建设的边际收益方面，中国参与储备库建设的边际收益在 20% 参与度之前始终递增，之后随边际收益递减，但总收益仍为正。印度、俄罗斯分别在 10%、5% 的参与度情况下所获边际收益最大。

表 5 – 5　　　　2008 年第一季度至 2019 年第四季度各经济体

在不同参与程度 ρ 情况下的"保险指数 C_i^P

国别	$\rho=0$	$\rho=1\%$	$\rho=5\%$	$\rho=10\%$	$\rho=20\%$	$\rho=30\%$	$\rho=40\%$	$\rho=50\%$	$\rho=60\%$	$\rho=70\%$	$\rho=80\%$	$\rho=90\%$	$\rho=100\%$
中国	5.2396	5.2527	5.3047	5.3687	5.4931	5.6130	5.7284	5.8396	5.9467	6.0498	6.1490	6.2446	6.3365
巴西	5.0944	5.2409	5.6154	5.8531	6.0692	6.1678	6.2237	6.2595	6.2844	6.3026	6.3166	6.3276	6.3365
印度	6.0598	6.4590	7.2164	7.3078	7.0497	6.8312	6.6831	6.5797	6.5042	6.4470	6.4021	6.3661	6.3365
南非	8.4064	7.4754	6.7042	6.5260	6.4246	6.3887	6.3703	6.3592	6.3517	6.3463	6.3422	6.3391	6.3365
俄罗斯	7.7388	8.4153	9.9303	9.8250	8.5842	7.7874	7.3104	7.0010	6.7859	6.6282	6.5078	6.4131	6.3365

　　图 5 – 2 显示了金砖国家在不同时期参与应急储备安排的收益变动情况。从收益水平上来看，各国在 2008 年之后建立储备库/储备安排的收益显著高于在 1994—2000 年和 2001—2007 年建立的储备库收益。如果各国在 1994—2000 年建立外汇储备安排的话，其收益也显著高于 2001—2007 年的收益。这事实上从侧面再次印证了各国参与外汇储备安排建设的危机驱动特征，同时也说明现阶段建立外汇储备安排正逢其时。但从图 5 – 2 中也可以看出，金砖国家应急储备安排存在两个亟待解决的问题：其一，如何吸引非受益国参与其中？其二，如何使受惠国达成一致的参与程度 ρ？这需要"较大受惠国"对"较少受惠国"进行补偿。

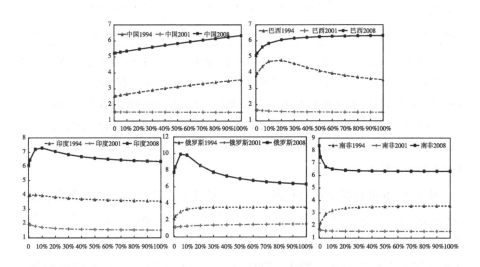

　　注："中国 1994"是指中国在"1994 年第一季度至 2000 年第四季度"期间在不同参与程度 ρ 下的保险指数，其余依次类推。

图 5 – 2　金砖经济体在各阶段参与应急储备安排的收益变化图

　　2. 各阶段不同经济体参与应急储备安排建设的盈亏分析

　　运用公式（5.4）、公式（5.5）可以计算出如果一国不参与 CRA 同时又想要达到参与 CRA 所获"保险指数"所需的外汇储备量，那么该假设的外汇储备量与该国实际外汇储备数量之差即构成一国参与外汇储备的实际损益。应急储备安排参与成员的收益情况如表 5 – 6 所示。

表5-6　　　　　不同时期外汇储备库参与者收益情况（$\tau=0$）

单位：十亿美元

国别	1994年第一季度 至2000年第四季度				2001年第一季度 至2007年第四季度				2008年第一季度 至2019年第四季度			
	R	R^H	G/L	C/B	R	R^H	G/L	C/B	R	R^H	G/L	C/B
中国	113.71	160.13^g	46.42	0.26	632.63	632.63^a	0.00	0.00	3101.3	3750.5^g	649.25	9.03
巴西	45.4	56.75^e	11.35	7.62	64.31	64.31^a	0.00	0.00	331.96	412.89^g	80.93	30.06
印度	25.38	25.65^e	0.26	0.01	118.09	118.09^a	0.00	0.00	332.96	401.49^d	68.53	4.43
南非	3.66	7.38^g	3.72	0.37	13.67	13.67^a	0.00	0.00	46.45	46.40^a	-0.05	0.00
俄罗斯	12.07	19.31^f	7.24	7.80	147.85	198.93^g	51.08	3.42	462.95	594.03^c	131.08	9.54
总计	200.22	168.53	68.99	16.06	976.55	207.22	51.08	3.42	4275.61	5205.35	929.74	53.07

注：此处 G/L 表示参与外汇储备库的收益与损失；C/B 表示前面"G/L"的财政成本/收益，其数值计算以 G/L 同美国与金砖国家之间的利差相乘得到，当其数值为正时，表示其参与外汇储备安排的收益为正，反之收益为负；由于各国货币市场利率、贴现利率数据缺失严重，为统一口径，使用各国的借款利率表示各自的利率水平；本表在计算某国 G/L 时以该国参与外汇储备库能获得的最大"保险指数"为依照，G/L 为正说明参加外汇储备库从中获益；a、b、c、d、e、f、g 分别表示各金砖经济体分别在 0、1%、5%、10%、20%、50%、100% 的参与程度下达到最高的保险指数。

　　从表5-6可以看出不同时期参与应急储备安排建设的经济体收益情况。1994—2000年，中国参与外汇储备库建设可以节约464.2亿美元，巴西、俄罗斯、南非分别可以节省113.5亿美元、72.4亿美元和37.2亿美元，印度收益仅为2.6亿美元；2001—2007年，如果俄罗斯参与外汇储备安排，其收益将增至510.8亿美元，而其他金砖国家却无动力参与储备安排，因为其不参与情况下的收益为最大收益；2008—2019年，中国参与储备库建设的收益飙升至6492.5亿美元，俄罗斯、巴西、印度分别以1310.8亿美元、809.3亿美元、685.3亿美元次之，而南非的收益为负；整体而言，中国在这三个阶段的应急储备安排建设中始终收益最大，因而中国最具参与动力。应急储备安排建设也存在机会成本/收益的问题。如果以美国利率同本国利率之差代表机会成本/收益的话，以中国第三阶段为例，中国平均实际外汇储备为31013亿美元，而要想达到100%外汇储备库下的"保险指数"，中国需要准备37505亿美元，这样中国节省了6474亿美元。节省的这部分资金是有一定成本的，至少包括外汇资产的收益率低于本国收益率所造成的机会成本。对于中国而言，参加应急外汇储备安排所节省资金的成本为90.3 亿美元，巴西为 300.6 亿美元，俄罗斯为 95.4 亿美元，印度为 44.3 亿美元。另外，从总量上来看，第三阶段节省的外汇储备总量为 9297.4 亿美元，远高于第二阶段的 2072.2 亿美元和第一阶段的 689.9 亿美元。同时从财政收益/成本角度来看，第三阶段金砖国家整体的财政收益为 530.7 亿美元，不同 τ 情况下的"保险指数"变动，也显著高于前两个阶段。

3. 不同情况下的"保险指数"变动

从图 5 - 3、图 5 - 4、图 5 - 5 三组图不难看出在考虑外汇储备库降低国际收支波动（τ）后各国的"保险指数"会呈上升态势，同时 2008—2019 年的组图中极端"保险指数"（指 ρ 为 1，τ 接近于 1 的情况下）均高于前面组图，这说明在此间通过外汇储备库建设能获取的降低国际收支波动、

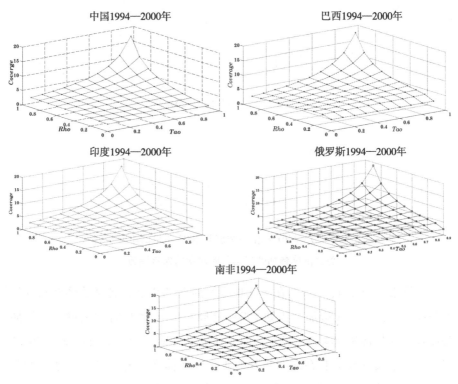

图 5 - 3　1994 年第一季度至 2000 年第四季度

各经济体参加外汇储备库建设的保险指数

提高风险应对水平方面的收益更高。同时从这三组图中可以看出中国的"保险指数"对比 2008—2014 年无论是增加 ρ 还是 τ 带来的"保险指数"上升的效果都超过了 1994—2000 年、2001—2007 年。那么在考虑了 τ 的情况下,各国参与外汇储备库的收益状况如何?具体请如表 5-7 所示。

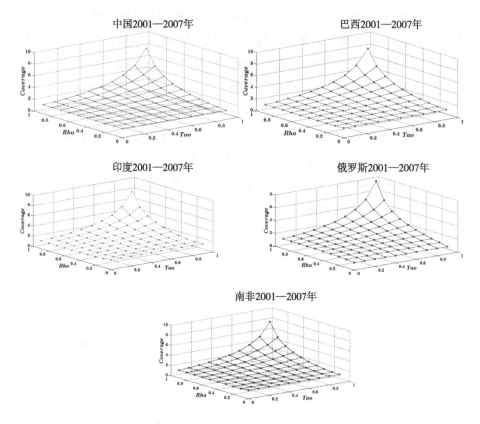

图 5-4 2001 年第一季度至 2007 年第四季度
各经济体参加外汇储备库建设的保险指数

对比表 5-6、表 5-7,在 τ 从 0 增加到 20% 以后,各经济体参与外汇储备库的收益也相应增加。比如 1994—2000 年,τ 为 0 时中国参与外汇储备库建设的收益为 464. 2 亿美元,而 τ 升至 20% 时,中国的收益增至 864. 6 亿美元,增长 86%。且在此期间其他 4 个经济体参与外汇储备库建设的收益在 τ 从 0 升至 20% 时均有不同程度的增长:巴西从 113. 5 亿美元增长至 137. 1 亿美元,增长 21%;印度从 2. 6 亿美元增长至 32 亿美元,增长

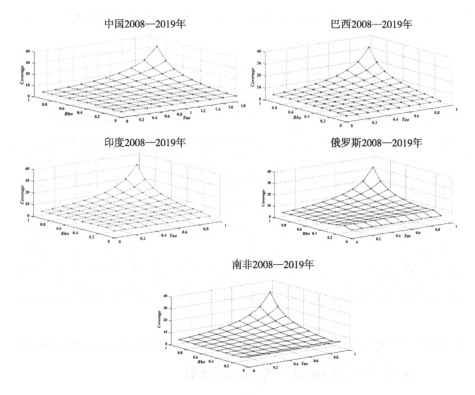

图 5-5 2008 年第一季度至 2019 年第四季度

各经济体参加外汇储备库建设的保险系数

1131%；南非从 37.2 亿美元增长至 55.7 亿美元，增长 50%，俄罗斯则从 72.4 亿美元增长至 120 亿美元，增长 66%。2001—2007 年，俄罗斯参与外汇储备库建设的收益在 τ 从 0 升至 20% 时从 510.8 亿美元增长至 1008.1 亿美元，增长 97%，南非增长 161%，中国增长 14490%，巴西增长 900%，印度无变化。2008—2019 年，τ 为 0 时中国参与外汇储备库建设的收益为 6492.5 亿美元，而 τ 升至 20% 以后其收益增至 15868.8 亿美元，增长 144%。这个阶段内巴西参与外汇储备库建设的收益在 τ 从 0 升至 20% 时收益从 809.3 亿美元增长至 2158 亿美元，增长 167%，俄罗斯在第三阶段参加应急储备安排建设的收益从 1310.8 亿美元增长至 1370.8 亿美元，增长 5%，印度从 685.3 亿美元增加至 1022 亿美元，增长 49%，而在此期间南非的亏损从 0.5 亿美元增加至 27.3 亿美元。从参加外汇储备安排所节省资金的收益来看，τ 上升到 20% 时，金砖经济体的财政收益也在各阶段显著上升。虽

然 τ 上升会增加金砖经济体的财政收益，但是也会使金砖经济体的财政亏损在扩大。

表 5-7 考虑 τ 的情况下不同时期外汇储备库
参与者收益情况 ($\tau=20\%$)

国别	1994 年第一季度 至 2000 年第四季度				2001 年第一季度 至 2007 年第四季度				2008 年第一季度 至 2019 年第四季度			
	R	R^H	G/L	C/B	R	R^H	G/L	C/B	R	R^H	G/L	C/B
中国	113.71	200.16^g	86.46	0.48	632.63	777.53^g	144.9	-0.41	3101.3	4688.2^g	1586.88	22.08
巴西	45.4	59.11^e	13.71	9.20	64.31	73.32^g	9	4.50	331.96	547.76^g	215.80	80.15
印度	25.38	28.58^g	3.2	0.18	118.09	118.09^a	0	0.00	332.96	435.16^a	102.20	6.61
南非	3.66	9.22^g	5.57	0.55	13.67	15.28^g	1.61	0.11	46.45	43.72^a	-2.73	-0.17
俄罗斯	12.07	24.06^g	12	12.94	147.85	248.66^g	100.81	6.76	462.95	600.03^b	137.08	9.98
总计	200.22	262.61	120.94	23.35	976.55	1115.97	256.32	10.96	4275.61	6314.85	2039.24	118.65

5.4.3 "清迈协议"（CMI）13 国家/经济体应急储备安排"保险指数"的实际测算

亚洲金融危机之后，亚洲多数国家经济遭受重创，国内金融市场岌岌可危，国内资产价格巨幅贬值，这些因素都使得国际资本从亚洲市场迅速撤出，进而造成各经济体汇率大幅贬值，影响了产出和就业。为了防范突然冲击带来的金融风险，完善国内金融政策，有效监控并且调节汇率波动，2000 年在泰国清迈举行的东盟 10+3 账长会议上签署的清迈倡议（Chiang Mai Initiative，CMI）。该倡议制定了监测资本流动、监测区域经济、建立双边货币互换网络和人员培训四个方面的合作，其中以双边货币互换网络的构成最为重要。清迈协议的缔结开启了东亚外汇储备库建设的先河。在全球金融危机肆虐的背景下，在 2010 年 3 月东盟 10+3 账长会议上，为加强东亚地区对抗金融危机的能力，各国决定将清迈倡议进一步升级为清迈倡议多边化协议（Chiang Mai Initiative Multilateralization，CMIM），建立一个资源巨大，多边与统一管理于一体的区域性外汇储备库，通过多边互换协议的统一决策机制，解决区域内国际收支不平衡和短期流动性短缺等问题。

由于清迈协议自 2000 年创建，所以本章使用 2001—2019 年的官方外汇储备
数据分析应急储备安排的建设效果见表 5 - 8。与金砖五国对应的按照全球
经济形势与 13 国的经济、金融发展状况将数据划分为 2001 年第一季度至
2007 年第四季度、2008 年第一季度至 2019 年第四季度两个阶段。

表 5 - 8　　　东亚外汇储备库各参与经济体的资金分担与借款分配

国别	出资额	借款系数	(1) 最大借款额	在 IMF 份额（％）	比重（％）	(2) 按 IMF 框架借款额	(1) - (2)
中国	34.20	0.50	17.10	3.81	25.10	30.12	-13.02
中国香港	4.20	2.50	2.10	—	—	—	2.10
日本	38.40	0.50	19.20	6.23	41.04	49.25	-30.05
韩国	19.20	1.00	19.20	1.37	9.03	10.83	8.37
印度尼西亚	4.77	2.50	11.93	0.86	5.67	6.80	5.13
泰国	4.77	2.50	11.93	0.6	3.95	4.74	7.19
新加坡	4.77	2.50	11.93	0.59	3.89	4.66	7.27
马来西亚	4.77	2.50	11.93	0.73	4.81	5.77	6.16
菲律宾	3.68	2.50	9.20	0.43	2.83	3.40	5.80
越南	1.00	5.00	5.00	0.21	1.38	1.66	3.34
柬埔寨	0.12	5.00	0.60	0.06	0.40	0.47	0.13
缅甸	0.06	5.00	0.30	0.13	0.86	1.03	-0.73
老挝	0.03	5.00	0.15	0.05	0.33	0.40	-0.25
文莱	0.03	5.00	0.15	0.11	0.72	0.87	-0.72
总　计	120.00		120.70	15.18		—	—

1. 各经济体在不同阶段"保险指数"状况的估计

表 5 - 9 显示，在 2001 年第一季度至 2007 年第四季度期间，中国、马
来西亚、缅甸、越南等经济体参与外汇储备库的热情高涨，而相较于这些
经济体，"清迈协议"其他经济体则没有动力建设外汇储备库。原因同上，
2001—2007 年，亚洲金融形势较为平稳，大部分亚洲经济体建设外汇储备
库会受到金融危机驱动，所以在这期间这部分经济体参与建设外汇储备库
的积极性减弱。随着参与程度 ρ 的扩大，中国、马来西亚、缅甸、越南等经
济体的保险指数会上升，在 100％的储备库中获益最大；而老挝在参与程度
为 1％时保险指数达到最大，之后随着参与程度的扩大，保险指数下降；而

"清迈协议"其他经济体在参与程度为 0 时保险指数才能达到最大，随着参与程度 ρ 的扩大，这些经济体的保险指数呈现递减态势。

表 5 – 9 　　　　2001 年第一季度至 2007 年第四季度"清迈协议"各经济体在不同参与程度 ρ 情况下的保险指数 C_i^P

国别	$\rho=0$	$\rho=1\%$	$\rho=5\%$	$\rho=10\%$	$\rho=20\%$	$\rho=30\%$	$\rho=40\%$	$\rho=50\%$	$\rho=60\%$	$\rho=70\%$	$\rho=80\%$	$\rho=90\%$	$\rho=100\%$
文莱	8.1613	2.4707	2.4542	2.4521	2.4510	2.4506	2.4505	2.4504	2.4503	2.4502	2.4502	2.4502	2.4501
柬埔寨	3.1076	2.4852	2.4572	2.4535	2.4516	2.4510	2.4507	2.4505	2.4504	2.4503	2.4502	2.4502	2.4501
中国	1.5826	1.5567	1.6506	1.7574	1.9373	2.0771	2.1839	2.2647	2.3254	2.3711	2.4053	2.4310	2.4501
印度尼西亚	4.7910	3.7243	2.8735	2.6701	2.5528	2.5111	2.4896	2.4766	2.4679	2.4616	2.4568	2.4531	2.4501
日本	3.3132	3.2909	3.2070	3.1136	2.9602	2.8416	2.7483	2.6734	2.6122	2.5613	2.5184	2.4818	2.4501
韩国	3.1351	3.0577	2.8613	2.7345	2.6142	2.5564	2.5224	2.5001	2.4842	2.4725	2.4633	2.4561	2.4501
老挝	2.3931	2.4521	2.4505	2.4503	2.4502	2.4502	2.4502	2.4502	2.4502	2.4502	2.4502	2.4501	2.4501
马来西亚	2.3504	2.3779	2.4174	2.4316	2.4410	2.4446	2.4465	2.4477	2.4485	2.4491	2.4495	2.4499	2.4501
缅甸	1.2425	2.3674	2.4336	2.4423	2.4466	2.4481	2.4488	2.4493	2.4496	2.4498	2.4499	2.4500	2.4501
菲律宾	3.9917	3.1585	2.6555	2.5537	2.4977	2.4782	2.4683	2.4623	2.4582	2.4554	2.4532	2.4515	2.4501
新加坡	4.1737	3.7889	3.1396	2.8637	2.6621	2.5805	2.5362	2.5085	2.4895	2.4756	2.4651	2.4568	2.4501
泰国	3.2599	3.0147	2.6952	2.5876	2.5174	2.4907	2.4767	2.4680	2.4622	2.4579	2.4547	2.4522	2.4501
越南	1.5306	2.0806	2.3481	2.3991	2.4268	2.4364	2.4413	2.4442	2.4462	2.4476	2.4487	2.4495	2.4501

表 5 – 10 显示，自 2008 年美国金融危机爆发以来，亚洲甚至全球的金融形势受到金融危机的重创，各经济体参与外汇储备库建设的热情相比前一阶段高涨许多，尤其以文莱、柬埔寨、菲律宾、韩国等经济体的改变程度最大。对比表 5 – 9 和表 5 – 10 两个时期所有经济体的收益变动，我们可以发现，在 2008 年之后"清迈协议"13 个经济体建设外汇储备库的收益显著高于 2008 年之前建设外汇储备库的收益。在 2008 年之前只有中国、老挝、马来西亚、缅甸、越南从外汇储备库的建设中获益，而在 2008 年之后，获益个体数量剧增：除了日本以外，其他经济体均或多或少从外汇储备库建设中获益。我们可以看出，即使在危机时期，能够以参与度 100% 参与到外汇储备库建设的国家也不超过参与国数目的 50%。虽然清迈协议在投票权制度和份额分配上要优于 IMF，但是清迈协议的一个缺陷在于清迈协议的监督职能需要依赖 IMF 进行，从而导致清迈协议与 IMF 捆绑化。IMF 的捆

绑化意味着当救助额度超过一定的限额后，就需要得到 IMF 的监督管理，这使得清迈协议丧失了部分区域储备库建设所独有的政策独立性。

表 5 - 10　　2008 年第一季度至 2019 年第四季度"清迈协议"各经济体在不同参与程度 ρ 情况下的保险指数 C_i^P

国别	$\rho=0$	$\rho=1\%$	$\rho=5\%$	$\rho=10\%$	$\rho=20\%$	$\rho=30\%$	$\rho=40\%$	$\rho=50\%$	$\rho=60\%$	$\rho=70\%$	$\rho=80\%$	$\rho=90\%$	$\rho=100\%$
文莱	2.8449	6.0504	6.3759	6.4202	6.4428	6.4503	6.4541	6.4564	6.4579	6.4590	6.4598	6.4604	6.4610
柬埔寨	1.6128	5.4862	6.2983	6.3875	6.4292	6.4426	6.4492	6.4532	6.4558	6.4576	6.4590	6.4601	6.4610
中国	5.2396	4.1716	4.3373	4.5407	4.9298	5.2859	5.5994	5.8639	6.0765	6.2380	6.3520	6.4242	6.4610
印度尼西亚	4.4251	5.1180	5.9585	6.2005	6.3412	6.3905	6.4155	6.4306	6.4407	6.4479	6.4534	6.4576	6.4610
日本	11.7748	11.4235	10.3233	9.4050	8.3321	7.7321	7.3506	7.0871	6.8945	6.7475	6.6317	6.5381	6.4610
韩国	5.8780	6.0693	6.4031	6.5030	6.5240	6.5123	6.4998	6.4895	6.4812	6.4746	6.4692	6.4647	6.4610
老挝	5.1311	6.4897	6.4667	6.4637	6.4622	6.4617	6.4614	6.4613	6.4612	6.4611	6.4610	6.4610	6.4610
马来西亚	6.6830	7.8334	7.5704	7.1159	6.7848	6.6565	6.5888	6.5471	6.5187	6.4983	6.4828	6.4707	6.4610
缅甸	4.9763	6.6276	6.5004	6.4801	6.4696	6.4660	6.4642	6.4631	6.4624	6.4619	6.4615	6.4612	6.4610
菲律宾	4.1946	4.9996	5.8858	6.1486	6.3114	6.3714	6.4026	6.4217	6.4347	6.4440	6.4510	6.4565	6.4610
新加坡	6.5496	6.6195	6.6450	6.6034	6.5471	6.5173	6.4994	6.4876	6.4791	6.4729	6.4680	6.4641	6.4610
泰国	5.5213	6.0002	6.5100	6.5638	6.5391	6.5149	6.4986	6.4873	6.4791	6.4729	6.4680	6.4641	6.4610
越南	1.9952	4.0553	5.9501	6.2567	6.3831	6.4185	6.4347	6.4438	6.4497	6.4538	6.4568	6.4591	6.4610

2. 各经济体在不同阶段参与应急储备安排建设的盈亏分析

表 5 - 11 显示了"清迈协议"各经济体在不同时期外汇储备库参与者的收益情况。在 2001 年第一季度至 2007 年第四季度期间，中国参与外汇储备建设节约资金最多，为 3663.2 亿美元；其次为日本、越南、马来西亚、韩国和新加坡，分别节约资金 128.1 亿美元、56.3 亿美元、35.6 亿美元、31.8 亿美元和 19.5 亿美元；相比较而言，文莱、老挝、柬埔寨节省资金最少，仅为 0.1 亿美元、0.1 亿美元、0.2 亿美元。在 2008 年第一季度至 2019 年第四季度期间，中国参与外汇储备建设的收益仍然最多，为 7229.1 亿美元；其他各国参与外汇储备库建设的收益也有较大增长，如柬埔寨、印度尼西亚、韩国、菲律宾、泰国和越南在 2008 年之后参与外汇储备库建设的收益分别为 214.1 亿美元、468.2 亿美元、367.3 亿美元、384.4 亿美元、320.8 亿美元和 735.3 亿美元。除此之外，老挝和缅甸的收益最小，它们参与外汇储备库建设的热情相较于其他经济体也很低。2008 年之后，在达到

100%外汇储备库的"保险指数"情况下,文莱、中国、印度尼西亚、菲律宾、越南分别省外汇储备 44.6 亿美元、7229.1 亿美元、468.2 亿美元、384.4 亿美元、735.3 亿美元,而这些经济体参与外汇储备库建设节省的成本分别为0.8 亿美元、100.6 亿美元、39.3 亿美元、10.6 亿美元、48.4 亿美元。从总量分析来看,2008 年之后各国参与外汇储备库建设节省的资金比 2008 年之前多了 6047.6 亿美元;2008 年之前各国整体的财政收益为负,其面临的机会成本为 6.7 亿美元,而在 2008 年之后各国整体收益为 210.8 亿美元,显著高于前一阶段。

表 5 –11　　　"清迈协议"各经济体在不同时期外汇储备库

参与者收益情况（$\tau=0$）　　　　单位:十亿美元

国别	2001 年第一季度至 2007 年第四季度				2008 年第一季度至 2019 年第四季度			
	R	R^H	G/L	C/B	R	R^H	G/L	C/B
文莱	0.49	0.50^a	0.01	0.00	2.75	7.21^g	4.46	0.08
柬埔寨	1.10	1.12^a	0.02	—	7.12	28.53^g	21.41	—
中国	635.28	1001.61^g	366.32	−0.54	3101.29	3824.19^g	722.91	10.06
印度尼西亚	36.51	37.18^g	0.67	0.07	101.76	148.58^g	46.82	3.93
日本	698.16	710.97^a	12.81	−0.54	1203.90	1203.90^a	0.00	0.00
韩国	173.45	176.64^a	3.18	0.01	334.26	370.99^e	36.73	0.31
老挝	0.26	0.27^b	0.01	0.00	0.87	1.10^b	0.23	0.05
马来西亚	57.79	61.35^g	3.56	0.01	111.29	130.45^b	19.16	0.21
缅甸	0.92	1.85^g	0.93	0.09	5.41	7.21^b	1.80	0.19
菲律宾	18.95	19.30^a	0.35	0.01	71.14	109.58^g	38.44	1.06
新加坡	106.08	108.02^a	1.95	−0.01	243.25	246.80^c	3.55	0.05
泰国	48.92	49.81^a	0.90	0.00	169.88	201.96^d	32.08	0.30
越南	8.94	14.57^g	5.63	0.23	32.85	106.39^g	73.53	4.84
总计	1786.84	2183.18	396.34	−0.67	5385.77	6386.87	1001.10	21.08

3. "清迈协议"各经济体在不同 τ 情况下的"保险指数"变动

对比表 5 –11 和表 5 –12,我们可以发现,若 τ 从 0 增加到 20%,经济体参加外汇储备库建设的收益也会随之增加。在 2008 年之前,τ 为 0 时,中国参加外汇储备库建设的收益为 3663.2 亿美元,当 τ 增加至 20% 时,中国参加外汇储备库建设的收益增加至 6167.3 亿美元,增长 68.36%;通过对比计算可得,当 τ 从 0 增加到 20% 时,老挝参加外汇储备库的建设的收益增加了

700%，马来西亚的收益增加了430.9%，缅甸的收益增加了49.46%，越南的收益增加了64.65%，总量上的收益则增加了68.10%。而在2008年之后，当τ从0增加到20%时，除日本的收益不变，其余各经济体参与外汇储备库建设的收益均有增长：其中新加坡增长率最大，为1497.18%；其次为韩国、泰国和中国，增长率分别为240.32%、145.04%、132.25%，在总量上则增加了124.86%。无论从收益增加的经济体数量来看，还是从收益总量的增加来看，相较于第一阶段平稳时期，第二阶段金融形势动荡时期的经济体在τ从0增加到20%时，各经济体参与外汇储备库建设的收益显著增加，在这其间中国参与外汇储备库建设的收益增量最大。

表 5 −12　　　　"清迈协议"各经济体考虑 τ 的情况下在
不同时期外汇储备库参与者收益情况（τ=20%）

国别	2001 年第一季度至 2007 年第四季度				2008 年第一季度至 2019 年第四季度			
	R	R^H	G/L	C/B	R	R^H	G/L	C/B
文莱	0.49	0.50[a]	0.01	0.00	2.75	9.02[g]	6.26	0.11
柬埔寨	1.10	1.12[a]	0.02	—	7.12	35.66[g]	28.54	—
中国	635.28	1252.01[g]	616.73	−0.91	3101.29	4780.24[g]	1678.96	23.36
印度尼西亚	36.51	37.18[a]	0.67	0.07	101.76	185.72[g]	83.96	7.05
日本	698.16	710.97[a]	12.81	−0.54	1203.90	1203.90[a]	0.00	0.00
韩国	173.45	176.64[a]	3.18	0.01	334.26	459.26[g]	125.00	1.07
老挝	0.26	0.34[g]	0.08	0.02	0.87	1.36[g]	0.50	0.10
马来西亚	57.79	76.69[g]	18.90	0.07	111.29	134.49[g]	23.20	0.25
缅甸	0.92	2.31[g]	1.39	0.13	5.41	8.78[g]	3.37	0.36
菲律宾	18.95	19.30[a]	0.35	0.01	71.14	136.97[g]	65.83	1.81
新加坡	106.08	108.02[a]	1.95	−0.01	243.25	299.95[g]	56.70	0.88
泰国	48.92	49.81[a]	0.90	0.00	169.88	248.49[g]	78.61	0.75
越南	8.94	18.21[g]	9.27	0.38	32.85	132.99[g]	100.13	6.59
总计	1786.84	2453.09	666.25	−0.78	5385.77	7636.83	2251.06	42.32

5.4.4　"拉丁美洲外汇储备基金"（FLAR）7 国/经济体应急储备安排"保险指数"的实际测算

除了清迈协议所建立的亚洲区域性外汇储备基金和金砖五国的应急储备安排，区域性国际货币储备还包括由委内瑞拉等南美洲国家组织建立的拉丁美洲外汇储备基金。拉丁美洲外汇储备基金相较于清迈协议最大的优点在于它不依赖 IMF 的监督，储备基金有着较为完善的内部管理。拉丁美洲储备基金的缺点在于，首先，储备基金的资金规模太小，如果同时出现较多的受援国，储备基金的资金规模会限制其支援能力，储备基金此时就会显得力不从心；其次，它在向受援国贷款时缺少明确的政策约束，这有可能会推迟受援国政策的调整。自 2000 年哥斯达黎加和乌拉圭先后加入拉丁美洲储备基金（FLAR）之后，拉丁美洲储备基金的七个成员参与国一直维持至今。因为拉丁美洲外汇储备基金一直为各成员国融资以促进其国际收支平衡，对拉丁美洲区域金融稳定起到了重要作用，所以我们把它加入与金砖五国的应急储备安排（CRA）和亚洲"清迈协议"（CMIM）的比较分析。根据其金融发展形势，这部分分析仍然分为两个阶段：2001 年第一季度至 2007 年第四季度和 2008 年第一季度至 2019 年第四季度。

1. 各经济体在不同阶段"保险指数"状况的估计

表 5 – 13 显示，在 2001 年第一季度至 2007 年第四季度期间，除了哥伦比亚以外的 6 个经济体均会从外汇储备库的建设中获益，而且它们的保险指数会随着参与程度的上升而增加。哥伦比亚在参与程度为 0 时参与外汇储备库建设的收益最大，乌拉圭在参与程度为 10% 时的收益最大，玻利维亚、哥斯达黎加、厄瓜多尔、秘鲁、委内瑞拉这五国则在参与程度为 100% 时收益最大。由此可以看出，玻利维亚、哥斯达黎加、厄瓜多尔、秘鲁、委内瑞拉参与外汇储备库建设的热情最为高涨，而哥伦比亚则没有动力参与外汇储备库的建设。

表 5 – 13   2001 年第一季度至 2007 年第四季度 FLAR

各经济体在不同参与程度 ρ 情况下的保险指数 $C_i^{\ P}$

国别	$\rho=0$	$\rho=1\%$	$\rho=5\%$	$\rho=10\%$	$\rho=20\%$	$\rho=30\%$	$\rho=40\%$	$\rho=50\%$	$\rho=60\%$	$\rho=70\%$	$\rho=80\%$	$\rho=90\%$	$\rho=100\%$
玻利维亚	1.4552	1.6834	2.2088	2.5029	2.7489	2.8561	2.9158	2.9538	2.9801	2.9994	3.0141	3.0258	3.0352
哥伦比亚	3.8845	3.8485	3.7232	3.6008	3.4308	3.3197	3.2419	3.1846	3.1407	3.1060	3.0779	3.0547	3.0352
哥斯达黎加	2.6340	2.7240	2.8787	2.9433	2.9891	3.0071	3.0167	3.0227	3.0268	3.0298	3.0320	3.0338	3.0352
厄瓜多尔	2.2016	2.3924	2.7169	2.8499	2.9428	2.9791	2.9984	3.0104	3.0185	3.0244	3.0289	3.0324	3.0352
秘鲁	2.7038	2.7222	2.7835	2.8396	2.9110	2.9528	2.9792	2.9970	3.0095	3.0187	3.0256	3.0309	3.0352
乌拉圭	2.7860	2.9391	3.1215	3.1329	3.1037	3.0820	3.0678	3.0580	3.0509	3.0455	3.0413	3.0379	3.0352
委内瑞拉	2.6864	2.6991	2.7452	2.7938	2.8677	2.9190	2.9553	2.9811	2.9997	3.0131	3.0229	3.0300	3.0352

从表 5 – 14 可以看出，在 2008 年第一季度至 2019 年第四季度期间，拉丁美洲外汇储备基金参与国参与外汇储备库建设的收益和受益个体数量均显著增加。与第一阶段相似的是，玻利维亚、哥斯达黎加、秘鲁在 100% 的参与程度下依然受益。其中，哥伦比亚和乌拉圭的变化最大；在 2008 年之前，哥伦比亚参与程度为 0 时，保险指数最大，乌拉圭在参与程度为 10% 时收益最大；而在 2008 年之后两者保险指数随参与程度的增加而增大，且在参与程度为 100% 时收益最大，这表明在 2008 年之后哥伦比亚和乌拉圭参与外汇储备库建设的动力显著增强。委内瑞拉则在参与程度为 50% 时收益最大，之后其参与外汇储备库建设的收益随着参与程度的增加而减少。对比表 5 – 13 和表 5 – 14 可以发现，使各经济体参与外汇储备基金建设的驱动力即为 2008 年的国际金融危机，金融危机之后拉丁美洲储备基金参与国对储备基金建设的参与动力会显著提升，而且相比清迈协议各参与国的参与程度，拉丁美洲储备基金各参与国对储备基金建设的参与程度明显要高很多。相比 IMF 各成员国份额和投票权的严重倾斜，拉丁美洲储备基金各成国的投票权不随其认缴资金的数额变化，各成员国拥有相同的投票权，这样明确的投票规则和完善的贷款支付公式使拉丁美洲储备基金能在危机时期对受援国的救助及时作出反应，使救援行动快速准确地进行，这也是促使拉丁美洲储备基金各成员国参与储备基金建设意愿相对较高的重要因素。

表 5 – 14 　　　　　　2008 年第一季度至 2019 年第四季度 FLAR

各经济体在不同参与程度 ρ 情况下的保险指数 C_i^P

国别	$\rho = 0$	$\rho = 1\%$	$\rho = 5\%$	$\rho = 10\%$	$\rho = 20\%$	$\rho = 30\%$	$\rho = 40\%$	$\rho = 50\%$	$\rho = 60\%$	$\rho = 70\%$	$\rho = 80\%$	$\rho = 90\%$	$\rho = 100\%$
玻利维亚	4.0119	4.2759	5.0325	5.5729	6.0914	6.3281	6.4592	6.5413	6.5971	6.6373	6.6675	6.6911	6.7099
哥伦比亚	3.8770	3.9552	4.2495	4.5779	5.1181	5.5305	5.8454	6.0875	6.2753	6.4227	6.5397	6.6336	6.7099
哥斯达黎加	3.8550	4.2837	5.2928	5.8448	6.2756	6.4485	6.5399	6.5960	6.6337	6.6608	6.6812	6.6971	6.7099
厄瓜多尔	3.7569	5.0430	7.3682	7.5407	7.2386	7.0504	6.9390	6.8666	6.8161	6.7790	6.7505	6.7281	6.7099
秘鲁	4.3290	4.3754	4.5537	4.7609	5.1281	5.4412	5.7089	5.9391	6.1378	6.3104	6.4610	6.5932	6.7099
乌拉圭	3.1796	3.3812	4.0390	4.6233	5.3498	5.7755	6.0523	6.2456	6.3879	6.4969	6.5829	6.6524	6.7099
委内瑞拉	1.7938	1.9416	2.5826	3.4969	5.5991	7.4945	8.4175	8.4440	8.0939	7.6772	7.2978	6.9767	6.7099

2. 各经济体在不同阶段参与应急储备安排建设的盈亏分析

从表5－15可以看出不同时期参与拉丁美洲外汇储备基金建设的经济体的收益情况。在2001年第一季度至2007年第四季度期间，所有经济体参与外汇储备库建设的总收益为89.1亿美元，其中委内瑞拉、玻利维亚、秘鲁、哥斯达黎加、厄瓜多尔从建设外汇储备库中分别获益20.2亿美元、33.4亿美元、18.8亿美元、3.8亿美元、6.9亿美元，这5个经济体2001—2007年在参与建设外汇储备库中的参与程度均为100%；乌拉圭在参与外汇储备基金建设中获得的收益为3.6亿美元，参与程度为10%；哥伦比亚在此期间在储备基金建设中的参与程度为0，获得的收益为2.4亿美元。在2008年第一季度至2019年第四季度期间，参与拉丁美洲外汇储备基金建设的经济体收益总量为1399.2亿美元，相较前一阶段增长1570.3%，增速十分迅猛。在此期间，所有经济体参与外汇储备库建设的个体收益相较于第一阶段也表现出显著的增长，其中哥伦比亚增长率最大，为11704.17%，其次是乌拉圭、秘鲁和委内瑞拉，增长率分别为3841.67%、1498.41%、1439.22%，即便是增速最低的经济体，如厄瓜多尔参与外汇储备基金建设的收益增长也达到了466.67%。而在2008年第一季度至2019年第四季度期间的参与程度方面，各个参与国也表现出了危机驱动的特征，表现较为明显的是哥伦比亚和乌拉圭，哥伦比亚参与程度从2008年以前的0上升为100%。乌拉圭则从10%上升至100%。整体来看，拉丁美洲外汇储备基金所有参与国在金融危机之后的参与程度均为100%，它们对储备基金的建设均表现出强烈的参与动力，而参与动力的显著增加会使得参与储备基金建设的财政收益显著提高。经过上述分析可以发现，2008年之后的第二阶段各经济体参与外汇储备库建设的收益无论是总体还是个体均显著高于2008年之前第一阶段的收益。遂于建设应急外汇储备库中存在的机会成本/收益，我们通过对比计算可以得出：在2008年之前的第一阶段，玻利维亚的平均外汇储备为18.0亿美元，而在外汇储备库建设中想要达到参与程度为100%的保险指数需要准备的外汇储备为38.1亿美元，节省了20.1亿美元的外汇储备，节省的机会成本为2.1亿美元；而在2008年之后，玻利维亚节省的外汇储备达到了73.1亿美元，节省的机会成本为4.5亿美元。表5－15显示，第二阶段各经济体在外汇储备库建设中分别节省了73.1亿美元、283.3亿美元、47.1亿美元、39.1亿美元、300.5亿美元、141.9亿美元、

514.1 亿美元，比 2008 年之前第一阶段节省的资金分别增加了 263.68%、11704.17%、1139.47%、466.67%、1498.40%、3841.67%、1439.22%，节省的外汇储备相较于上一阶段有显著增加。

表 5 –15　　　　"FLAR" 各经济体在不同时期外汇储备库

参与者收益情况（$\tau=0$）　　　　单位：十亿美元

国别	2001 年第一季度至 2007 年第四季度				2008 年第一季度至 2019 年第四季度			
	R	R^H	G/L	C/B	R	R^H	G/L	C/B
玻利维亚	1.80	3.81^g	2.02	0.21	10.87	18.18^g	7.31	0.45
哥伦比亚	13.20	13.44^a	0.24	0.02	38.77	67.10^g	28.33	2.44
哥斯达黎加	2.17	2.54^g	0.38	0.06	6.36	11.07^g	4.71	0.50
厄瓜多尔	1.71	2.40^g	0.69	——	3.89	7.80^d	3.91	——
秘鲁	13.16	15.05^g	1.88	0.33	54.64	84.69^g	30.05	4.47
乌拉圭	2.49	2.86^d	0.36	0.13	12.78	26.97^g	14.19	1.33
委内瑞拉	22.16	25.50^g	3.34	0.52	23.24	74.65^f	51.41	7.73
总计	56.69	65.60	8.91	1.27	150.55	290.47	139.92	16.93

3. 不同 τ 情况下的 "保险指数" 变动

我们结合表 5 –15 和表 5 –16 分析来看，发现随着 τ 从 0 增加到 20%，各经济体参与外汇储备基金的收益也会随之提高。在 2001 年第一季度至 2007 年第四季度期间，当 τ 为 0 时，玻利维亚参与外汇储备库建设节省的资金为 20.1 亿美元，而当 τ 增加至 20% 时，玻利维亚参与外汇储备基金建设节省的资金增加至 29.7 亿美元，增长 47.76%；其他各经济体如哥斯达黎加、厄瓜多尔、秘鲁、乌拉圭和委内瑞拉等在 τ 从 0 增加至 20% 时，参与外汇储备库建设节省的资金分别增长 165.8%、86.9%、200.53%、166.67%、190.72%，而哥伦比亚却没有增长，这是由于无论 τ 为 0 还是 20%，哥伦比亚在第一阶段外汇储备基金建设中参与度均为 0。在 2008 年第一季度至 2019 年第四季度期间，τ 从 0 增加到 20% 时，秘鲁参与外汇储备基金建设节省的资金增量最大，增长 70.45%，其次为玻利维亚、哥伦比亚、哥斯达黎加、乌拉圭、厄瓜多尔、委内瑞拉，增长依次为 62.24%、59.20%、58.60%、47.57%、22.51%、16.14%。从总量上来看，随着 τ 从 0 增加到 20%，第一阶段经济体节省的资金总量从 89.1 亿美元增加至 218.4 亿美元，增长 145.1%，而第二阶段收益从 1399.2 亿美元增加至 2010.9 亿美元,增长 43.7%,第二阶段总收益增长率虽然没有第一阶段高,但是第二阶段收益增量较高。

表 5-16 "FLAR"各经济体考虑 τ 的情况下在不同时期外汇储备库

参与者收益情况（$\tau=20\%$） 单位:十亿美元

国别	2001 年第一季度至 2007 年第四季度				2008 年第一季度至 2019 年第四季度			
	R	R^H	G/L	C/B	R	R^H	G/L	C/B
玻利维亚	1.80	4.77^g	2.97	0.31	10.87	22.73^g	11.86	0.73
哥伦比亚	13.20	13.44^a	0.24	0.02	38.77	83.87^g	45.10	3.88
哥斯达黎加	2.17	3.18^g	1.01	0.17	6.36	13.83^g	7.47	0.80
厄瓜多尔	1.71	3.00^g	1.29	—	3.89	8.68^g	4.79	—
秘鲁	13.16	18.81^g	5.65	0.98	54.64	105.86^g	51.22	7.62
乌拉圭	2.49	3.46^g	0.96	0.33	12.78	33.72^g	20.94	1.96
委内瑞拉	22.16	31.87^g	9.71	1.52	23.24	82.95^g	59.71	8.98
总计	56.69	78.53	21.84	3.34	150.55	351.64f	201.09	23.97

5.5 应急储备安排的制度缺陷与改革方向

韩国金融市场 2008 年 9 月持续动荡,其信贷违约风险升水上升 700 个基点。但韩国中央银行并未启动与 CRA 功能相似的清迈协议 CMI 框架下的救援方案,转而与美联储签署了总额 300 亿美元的货币互换协议。无独有偶,在 2013 年 8 月的"双 I 危机"中,印度尼西亚的本币汇率和资本市场大幅波动,但其并未利用 CMIM 机制来缓冲,印尼盾相对美元在 3 个月内贬值 20%,虽然曾经寻求其他新兴经济体在外汇方面协调干预,但最后却接受了日本的资助。这些事件引发公众对 CMIM 实际作用的质疑。那么,在 CRA 框架下是否存在与 CMIM 相同的阻碍缔约国融资的障碍?

5.5.1 贷款的规模与条件

从表 5-1 可知在 CRA 框架下中国最多能获得 205 亿美元的资金支持,而南非仅能获得 100 亿美元的借款。须知在 20 年前,在亚洲金融危机中国际社会对泰国的救援资金高达 200 亿美元，而现在的这一资金规模在国际金融市场每日数以万亿计的交易额面前不免有些势单力薄。然而比资金规模更致命的是其条件性。为了防止受援国道德风险，在 CRA 框架下受援国能无条件动用的资金仅为最高借款额的 30%，剩余资金的启用须得到援助国中央银行的批准并与 IMF 贷款挂钩，即在得到 IMF 援助的情况下才能得到余下的 70% 贷款。CRA 将贷款大部分与 IMF 贷款挂钩，事实上体现出其两难境地：一方面，作为新设机构的 CRA 试图通过自身的努力打破 IMF 的垄断地位，尤其是克服 IMF 贷款条件的苛刻性；另一方面，由于缺少健全的贷款风险评估和管理能力，出于资金安全考虑，而不得不将大部分贷款的发放与 IMF 贷款挂钩，进而使自身沦为 IMF 的附庸，这意味着当救助额度超过一定的限额后，就需要得到 IMF 的监督管理。这使得应急储备安排丧失了部分区域储备库建设所独有的政策独立性。CRA 一方面想要脱离 IMF 的垄断管理，进行区域金融自治；另一方面又摆脱不了对 IMF 监管权的依赖，这是 CRA 在未来需要改进的方面。

5.5.2 参与动力

从前面三个不同时期 CRA 参与国数量及参与收益可知，CRA 的创设存在明显的"危机驱动型"特征。金融危机爆发会推动金砖经济体外汇储备安排的进程，在危机后的平静期内各国的参与动力减弱。如 1994—2000 年，金砖国家普遍能从应急储备安排建设中获益，因而彼时建立应急储备安排难度不大，只面临一个参与程度 ρ 大小的问题。各国可以通过协商，确立以印度为底线的 5% 参与度，从而达到帕累托改进。但是 2008—2019 年，各国存在显著的受益差异，中国、巴西、印度、俄罗斯明显能从储备安排建设中受益，但南非会从中受损。同时中国、巴西、印度、俄罗斯在最大收益时参与度存在显著差异，其中，中国、巴西从 100% 的储备安排建设中获得最高收益，印度从 10% 的储备安排建设中获得最高收益，俄罗斯仅从 5% 的储备安排建设中获得最高收益。这就摆在金砖国家面前两个现实的问题：第一，如何有效地补偿南非，使其参与到储备安排的建设？第二，如何激励五国之间达成一致的参与程度？从已公布的信息来看，对南非的补偿可能来自其最高的贷款系数。当然，对前两者的补偿还可以通过 NDB 的投资部署来实现。就第二个问题，从各国在 CRA 中出资额占各自外汇储备总量来看，中国的占比仅为 1.02%，俄罗斯、巴西、印度分别为 4.15%、4.85%、6.02%，南非则高达 11.44%。由此可见，金砖国家在外汇储备安排上并未达成一致的参与度 ρ。

5.5.3　治理结构

中国在 CRA 中出资最多，理应由中国主导应急储备安排。但 CRA 的制度设计上又消除了中国主导的可能性。根据 CRA 条约规定，应急储备安排的治理结构由部长理事会（以下简称理事会）及常务委员会（以下简称常委会）组成。理事会以共识而非投票的方式作出有关应急储备安排的高级别和战略性决策。常委会负责应急储备安排的行政性和操作性决策。常委会除了在批准通过流动性工具或预防性工具获得支持、展期的申请上以提供方的加权票简单多数作出决定，其余事项应共识决策。按照条约规定，当以投票作出决策时，5% 的总投票权将在各方平均分配，剩余部分将按各方承诺出资额相对规模分配。中国最终拥有的投票权为 39.95%，印度、俄罗斯、巴西分别为 18.1%，南非为 5.75%。在简单多数的原则下，任何一个金砖国家都不具有否决权。这种制度设计使中国的"大股东"权力无法充分展现。在监管机制方面，应急储备安排应设定一个可以通过严格的条款来判断求援国流动性困难的成因、明确不同情形下的处置方案（包括是否予以贷款、贷款条件）的监管机构。只有这样才能有效地识别并规避潜在借款者的道德风险问题，确保资金提供国的资金安全和资金需求国短期资金的充足供应。但从实际情况来看，条约仅授权部长理事会创建专门的监督小组，但具体的机构工作内容、任务、权限尚未公布。由此可知，CRA 尚缺少一个稳健的监管机构，而有了稳健的监管机构可以帮助 CRA 摆脱对 IMF 的依赖，解决其两难的困境。

5.5.4　未来的改革方向

按照目前 CRA 存在的机制性问题，未来应急储备安排的改革、完善应从扩大规模、提升动力、强化监管、完善治理四个方面入手，其中核心在于监管体制和治理结构的完善。

目前应急储备安排的规模仅为 1000 亿美元，相对于金砖国家 5.16 万亿美元的外汇储备和国际金融市场数以万亿美元的日交易额而言显得单薄。金砖国家领导人会议应在储备库规模上进一步协调，争取进一步将规模提高至 3000 亿美元（清迈协议缔约国的"体量"与金砖国家相仿，在推行清迈协议多边化之后，其协议金额从最初的 1200 亿美元扩大到 2400 亿美元）。这一数额无论与金砖经济体的经济实力、自身的储备水平和干预市场的现实需要都是相应的。

在治理结构方面，中国应以提供储备库的资金换取储备库的领导权。CRA 有效运转离不开中国，但既有储备安排的制度设计中并未赋予中国与其份额相应的地位，这势必会影响储备库规模的扩大。在未来的框架改造中，CRA 应给予中国更多的领导权。具体来讲，在重大问题决策中逐步从"协商一致"过渡到多数票一致。另外，应急储备安排自身的评估、监督机制缺失问题也不容忽视。CRA 贷款的 70% 之所以与 IMF 贷款挂钩就是因为缺乏独立评估、监管风险的能力。

第6章 外汇储备库建设与跨国风险分担

——基于 PVAR 模型的动态考察

6.1 引言

自 2015 年开启加息通道以来，美联储已连续多次加息，仅 2018 年加息 4 次，联邦基金利率由 0 ~ 0.25% 上调至 2% ~ 2.25%，致使美元持续走强，新兴市场经济体面临的经济不确定性和金融风险与日俱增。自 2018 年以来，阿根廷比索贬值幅度超过 50%，阿根廷爆发严重金融危机。比索的持续贬值导致资本严重外流，并进一步引发国内通货膨胀，甚至引起全国性罢工，威胁国家政治经济稳定。随后，受土美贸易关系恶化、国内通货膨胀失控以及外债高筑等综合因素影响，土耳其爆发货币危机，里拉兑美元于 2018 年底下跌超过 40%，国内通货膨胀水平达 15 年以来新高。受中美贸易摩擦和新冠肺炎疫情影响，人民币汇率从 2020 年初的 1 美元兑 6.96 元人民币贬值至 7.11 元人民币。与此同时，中国 2019 年经济增长率为 6.1%，而在 2020 年政府工作报告中，备受关注的 GDP 增速预期目标并未出现，这从侧面印证了全球疫情的严峻性、国际经贸环境的不确定性对中国经济带来的负面冲击。基于日益复杂多变的国际经济环境，新兴经济体遭遇危机的风险剧增。因此通过建立、强化风险分担机制，缓冲金融外部冲击变得至关重要。

外汇储备作为防范金融冲击、维护金融稳定的工具，可以在一国面临金融风险时起到平抑汇率冲击、减轻国际收支波动、降低产出下降风险的关键作用。受土耳其货币危机的影响，印度卢比下跌，为此印度官方动用 230 亿美元外汇储备遏制汇率市场的波动。但土耳其危机愈演愈烈，原因在于土耳其的外汇储备不足以为其庞大的外债"埋单"。同样阿根廷身陷囹圄的部分原因也在于其外汇储备不足,缺乏像巴西、俄罗斯等国家一样的缓冲能力,最后只能求助于国际货币基金组织。但 IMF 的贷款通常附加涉及经济结构、财政、税收、货币等方面的限制条件。因此,建立外汇储备库对于缓冲新兴经济体外汇储备不足进而防范金融危机意义深远。目前最具有代表性的两个储备库分别为 1997 年亚洲金融危机后,东盟与中国、日本、韩国所成立的总额为 1200 亿美元的东亚外汇储备库——清迈协议(Chiang Mai Initiative,CMI)。这一协议在 2010 年东盟"10 + 3"财长会议上升级为清迈协议多边化机制(CMIM),并在 2012 年将额度扩大为 2400 亿美元。另一个是 2014 年 7 月金砖五国成立的初始额度为 1000 亿美元的金砖经济体外汇储备库——应急储备安排(Contingent Reserve Arrangement,CRA)。建设区域外汇储备库既是发展中经济体尝试构建外部金融安全网、打破既有不合理金融秩序的一种尝试,也体现出各国对"国际公共产品"的迫切需求。然而,一直困扰实务界的问题是这种区域外汇储备库的作用如何? 是否如其设计初衷"提振市场信心、联合应对外部冲击、促进金融稳定"? 基于此,本章将选取金砖外汇储备库以及东亚外汇储备库作为研究对象,采用面板向量自回归模型(PVAR),从动态的角度具体考察外汇储备库对经济体间风险分担的影响,为经济体更好地防范金融风险、深入加强合作提供依据。

6.2　文献综述

风险分担(Risk Sharing)是指个体在面临特定产出冲击时,通过相互联系形成多种渠道分散风险,减轻消费波动,实现跨期消费平滑(Asdrubali 和 Sorensen,1996;何青等,2014;Rangvid 等,2016)。

有关风险分担问题的研究,可以追溯至 20 世纪 90 年代。学者们分别从家庭(Mace,1991)、城镇(Townsend,1994)以及国家(Canova 和 Ravn,1996)三个不同层面对风险分担程度进行了研究,并普遍认为不存在完全风险分担。此后学者更是从区域差异的角度对风险分担程度进行了进一步研究。Crucini(1999)通过研究美国 50 个州、加拿大 13 个省以及 G7 国家发现，美国各州及加拿大各省间有 2/3 的风险得到分担，而 G7 国家间仅有 1/3 的风险得到分担。Kim 和 Sheen（2007）通过研究澳大利亚国家内部以及澳大利亚和新西兰之间的风险分担程度发现，澳大利亚国家内部可实现 90% 左右的风险分担，而与新西兰之间仅能实现 34% 左右的风险分担。这充分印证国家内部比国家间的风险分担程度高（Asdrubali 和 Kim，2008）。此外，学者们还发现与工业国和发达经济体相比，发展中地区和新兴经济体的风险分担程度普遍偏低。Sørensen 和 Yosha（1998）研究 32 个经济合作与发展组织（OECD）国家和 6 个欧盟国家时发现，两者均有 40% 左右的风险得到分担；国外学者 Kose 等（2009）以及国内学者俞颖（2011）均发现东亚国家风险分担程度在 30% 左右；Yehoue（2011）发现西非经济和货币同盟以及中非经济和货币共同体两地区在 1980—2000 年的风险分担程度仅为 20% 左右。

在研究风险分担程度的过程中，学者们开创了很多测度方法。Obstfeld（1994）采用线性回归方法，通过一国的消费增长对整个世界消费增长或世界收入进行回归测度一国的风险分担程度；Callen 等（2015）沿用此方法对 74 个国家所构成的不同规模进行研究，发现少数国家（通常少于 10 个）所组成的组织体能够获得较大的风险分担福利；Rangvid 等（2016）同样采用 Obstfeld 的方法对 16 个国家资本市场一体化与风险分担的时变特征进行了考察，发现区域资本市场一体化程度越高，消费风险分担程度越大。此外，Asdrubali 和 Sorensen（1996）基于国际收支关系，首次采用横截面方差分解方法对风险分担渠道进行分析，发现美国各州之间有 23% 左右的风险通过信贷市场渠道得到分担。国内学者郑海青（2008）、姜贵渝（2012）、朱孟楠和侯哲（2014）、何青等（2014），国外学者 Yehoue（2005）、Kim 和 Sheen（2007）均采用 Asdrubali 的横截面方差分解方法对区域风险分担研究。在 Poncela（2019）针对欧盟的国际风险分担研究中，作者采用 Asdrubali 的横截面方差分解方法，考虑了资本市场渠道（通过跨境证券投资）、国际转移支付和信贷市场渠道（通过储蓄）三种风险分担渠道。研究发现，欧洲约 80% 的冲击仍未消除，而只有约 18% 的冲击传递给了美国境内的消费者。从数据上看，欧盟的风险分担还有改进的空间，尤其是欧洲的跨境投资渠道，银行和资本市场联盟的成立有望促进整个欧洲成员国之间的风险分担。Crucini（1999）创立了部分风险分担模型，即假设各经济体贡献

相同比例的收入构成一个资金池（Pool）进行风险分担。Asdrubali 和 Kim
（2008）、Artis 和 Hoffmann（2008）、Hoffmann 和 Stewen（2011）以及封福育
和赵梦楠（2014）均沿用此方法进行相关研究。特别是 Ha 和 Alex Ho
（2014）以及 Hevia 和 Servén（2018）在 Crucini 的部分风险分担模型的基础
上放宽了各经济体出资比例相同的假设，再一次证明国家内部的风险分担
程度比国家间的风险分担程度高，发达经济体间的风险分担程度高于发展
中经济体间的分担程度，并且这种差异随着时间的推移而扩大。同时他们
发现，在其他条件相同的情况下，规模较小、金融开放程度较高的经济体
和拥有灵活汇率制度的经济体的风险分担程度较高。

除对风险分担程度的研究，学者们还从影响因素的角度对风险分担进
行了考察。Kose 等（2006）、Sørensen 等（2007）以及 Bai 和 Zhang（2012）
通过研究发现金融一体化并未提高国际风险分担水平，但更多如 Giannone
和 Reichlin（2006）、Artis 和 Hoffmannn（2007）以及 Yasin Mimir（2016）
对 21 个来自欧盟、G7 以及 OECD 的经济体研究发现，经济体间的风险分担
程度与金融一体化程度成正比，与一国金融发展程度成反比；Asdrubali 和
Sørense（1996）利用横截面方差分解方法发现，美国有 23% 左右的风险可
以通过信贷市场渠道得到分担。Kim 和 Sheen（2007）对澳大利亚和新西兰
的研究发现，分别有 33.38% 和 32% 的风险通过信贷市场渠道实现分担。洪
勇（2016）则从微观层面发现，信贷市场的发展对中国省际消费风险分担
具有积极的促进作用。此外，Yehoue（2011）基于西非经济和货币同盟
（WAEMU）以及中非经济和货币共同体（CEMAC）的特殊性，考察了法国
外资救助、中央银行补贴以及外汇储备对风险分担的影响，研究发现 44%
的风险通过法国外资救助得到分担，5% 的风险通过中央银行补贴得到分担，
而外汇储备没有任何的风险分担作用。薛伟和陈奉先（2018）基于 2004—
2016 年金砖经济体的数据，将外汇储备库因素引至方差分解模型中，通过
研究发现外汇储备库能够实现 0.39% 左右的风险分担。

但对风险分担程度还是影响因素的研究，无论是采用 Obstfeld 的线性回
归方法还是 Asdrubali 的横截面方差分解方法，抑或是 Crucini 的部分风险分
担模型，上述文献均是对风险分担的静态研究。而基于常识可知，经济体
跨国风险分担会伴随金融一体化程度而发生变化，而以往静态分析中难以

捕捉这种变化。即使 Asdrubali 和 Kim（2009）通过构建动态模型对美国和欧洲国家的风险分担作用进行了动态考察，但他们未考虑外汇储备库的风险分担作用。因此本章采用 PVAR 模型，将外汇储备库因素引入分析跨国风险分担框架中，具体考察外汇储备库因素对经济体间风险分担的动态影响，为定量评估储备库建设的作用提供可资借鉴的思路。

6.3 理论模型

6.3.1 静态风险分担模型

根据薛伟和陈奉先（2018）的理论推导可知，存在外汇储备库情形下风险分担水平的静态测度模型为

$$\Delta\log GDP_j - \Delta\log GNI_j = \delta_{k,t} + \lambda_k\Delta\log GDP_j + \varepsilon_{k,t}$$

$$\Delta\log GNI_j - \Delta\log GNIR_j = \delta_{r,t} + \lambda_r\Delta\log GDP_j + \varepsilon_{r,t}$$

$$\Delta\log GNIR_j - \Delta\log DNI_j = \delta_{g,t} + \lambda_g\Delta\log GDP_j + \varepsilon_{g,t}$$

$$\Delta\log DNI_j - \Delta\log(C_j + G_j) = \delta_{c,t} + \lambda_c\Delta\log GDP_j + \varepsilon_{c,t}$$

$$\Delta\log(C_j + G_j) = \delta_{u,t} + \lambda_u\Delta\log GDP_j + \varepsilon_{u,t} \tag{6.1}$$

其中，GDP、GNI、$GNIR$、DNI 分别代表国内生产总值、国民总收入、存在储备库下的国民总收入、国民可支配收入。C 和 G 分别代表国内消费和政府购买，$\delta_{.,t}$ 反映了时间固定效应。系数 λ_k、λ_r、λ_g、λ_c 分别代表经济体借助跨国资本市场、区域外汇储备库、经济体间转移支付和区域信贷市场所实现的风险分担程度。

6.3.2 动态风险分担模型

本章构建如下简化形式的面板向量自回归（PVAR）模型：

$$y_t^i = a + B(L)y_{t-1}^i + \mu_t^i \tag{6.2}$$

其中，a 为 $m \times 1$ 阶常数矩阵；y_t^i 为 $m \times 1$ 的数据向量；$B(L)$ 为滞后算子 L 构成的多项式矩阵；m 为模型中变量个数；u_t^i 为残差项，且 $var(u_t^i)$ $= \sum$。本章为区分与风险分担相关的特殊冲击以及各变量的特殊反应，所有变量均取各变量与其总量值的离差值（Hsiao，1986）。基于简化形式的 VAR 模型，本章在实证过程中将其还原为公式（6.2）结构形式方程。

$$C_0 y_t^i = d + C(L) y_{t-1}^i + \varepsilon_t^i \tag{6.3}$$

其中，C_0 为对角线 $m \times 1$ 阶同期结构参数矩阵；$C(L)$ 为滞后算子 L 构成的多项式矩阵；d 为 $m \times 1$ 阶常数矩阵；ε_t^i 为 $m \times 1$ 的结构扰动向量，且 ε_t^i 序列不相关，$Var(\varepsilon_t^i) = \Lambda$。$\Lambda$ 为对角线元素为结构扰动项方差的对角矩阵，因此认为结构扰动项互不相关。如果 $C_0 - LC(L)$ 可逆，结构形式方程公式（6.3）可写成如下移动平均形式：

$$y_t^i = d^* + C(L)^* \varepsilon_t^i \tag{6.4}$$

其中，$d^* = (C_0 - LC(L))^{-1} \cdot d$，$C(L)^* = (C_0 - LC(L))^{-1} \cdot C(L)$，且 $C(0)^* = C_0^{-1}$。

本章采用两种方法将简化形式的估计方程还原为结构形式方程。第一种方法是对同期结构参数 C_0 施加约束，即短期约束（Short – Run Restriction）；第二种方法是对长期结构参数 $C(1)^*$ 施加约束，即长期约束（Long – Run Restriction）。

1. 短期约束模型

基于公式（6.1）和公式（6.4），可识别的短期约束模型为

$$\begin{bmatrix} 1 & 0 & 0 & 0 & 0 \\ c_{21} & 1 & 0 & 0 & 0 \\ c_{31} & c_{32} & 1 & 0 & 0 \\ c_{41} & c_{42} & c_{43} & 1 & 0 \\ c_{51} & c_{52} & c_{53} & c_{54} & 1 \end{bmatrix} \begin{bmatrix} \Delta \log GDP_t^j \\ \Delta \log GDP_t^j - \Delta \log GNI_t^j \\ \Delta \log GNI_t^j - \Delta \log GNIR_t^j \\ \Delta \log GNIR_t^j - \Delta \log DNI_t^j \\ \Delta \log DNI_t^j - \Delta \log(C_t^j + G_t^j) \end{bmatrix}$$

$$= d + C(L) \begin{bmatrix} \Delta \log GDP_{t-1}^j \\ \Delta \log GDP_{t-1}^j - \Delta \log GNI_{t-1}^j \\ \Delta \log GNI_{t-1}^j - \Delta \log GNIR_{t-1}^j \\ \Delta \log GNIR_{t-1}^j - \Delta \log DNI_{t-1}^j \\ \Delta \log DNI_{t-1}^j - \Delta \log(C_{t-1}^j + G_{t-1}^j) \end{bmatrix} + \begin{bmatrix} \varepsilon_{GDP,t}^j \\ \varepsilon_{k,t}^j \\ \varepsilon_{r,t}^j \\ \varepsilon_{g,t}^j \\ \varepsilon_{c,t}^j \end{bmatrix} \tag{6.5}$$

公式（6.5）中的数据向量分别是 $\Delta \log GDP_t^j, \Delta \log GDP_t^j - \Delta \log GNI_t^j$，$\Delta \log GNI_t^j - \Delta \log GNIR_t^j, \Delta \log GNIR_t^j - \Delta \log DNI_t^j, \Delta \log DNI_t^j - \Delta \log(C_t^j + G_t^j)$。根据 Asdrubali 和 Kim（2004）构建的动态模型，本章将 $\Delta \log GDP_t^j - \Delta \log GNI_t^j$，$\Delta \log GNI_t^j - \Delta \log GNIR_t^j$，$\Delta \log GNIR_t^j - \Delta \log DNI_t^j$ 以及 $\Delta \log DNI_t^j - \Delta \log(C_t^j + G_t^j)$ 由 $\Delta \log GDP_t^j$ 受外生冲击反应所引起的变化作为通过资本市场（KAP）、外汇储备库（RES）、政府转移支付（GOV）以及信贷市场（CRE）所实现的风险分担情况。

动态模型是将 ε_{GDP} 视为外生的，考察由 ε_{GDP} 所引起的 GDP 变动如何通过各渠道实现平滑；而静态模型是将 $\Delta \log GDP$ 视为外生变量，考察 $\Delta \log GDP$ 如何通过各种渠道实现平滑。因此动态模型比静态模型更具适用性和一般性。特别是当 C_{32}、C_{42}、C_{43}、C_{52}、C_{53}、C_{54} 以及 $C(L)$ 均为 0 时，公式（6.5）变为静态模型式公式（6.1）。此外，ε_k、ε_r、ε_g 和 ε_c 分别是对资本市场、外汇储备库、政府转移支付以及信贷市场的冲击。

2. 长期约束模型

基于公式（6.1）和公式（6.4），可识别的长期约束估计模型为

$$
\begin{bmatrix}
\Delta \log GDP_t^j \\
\Delta \log GDP_t^j - \Delta \log GNI_t^j \\
\Delta \log GNI_t^j - \Delta \log GNIM_t^j \\
\Delta \log GNIM_t^j - \Delta \log DNI_t^j \\
\Delta \log DNI_t^j - \Delta \log(C_t^j + G_t^j)
\end{bmatrix}
= d^* +
\begin{bmatrix}
1 & 0 & 0 & 0 & 0 \\
c_{21}^* & 1 & 0 & 0 & 0 \\
c_{31}^* & c_{32}^* & 1 & 0 & 0 \\
c_{41}^* & c_{42}^* & c_{43}^* & 1 & 0 \\
c_{51}^* & c_{52}^* & c_{53}^* & c_{54}^* & 1
\end{bmatrix}
\begin{bmatrix}
\varepsilon_{GDP,t}^j \\
\varepsilon_{k,t}^j \\
\varepsilon_{r,t}^j \\
\varepsilon_{g,t}^j \\
\varepsilon_{c,t}^j
\end{bmatrix}
$$

$$(6.6)$$

此模型的数据向量与短期约束模型相同。等号右侧的 5×5 矩阵即为长期结构系数 $C(1)^*$。因此 ε_{GDP} 能够在长期对所有变量产生冲击影响，而 ε_k、ε_r、ε_g 以及 ε_c 并不能长期对区域产出水平产生冲击影响，即 ε_{GDP} 是对 GDP 的永久性冲击，ε_k、ε_r、ε_g 和 ε_c 是对 GDP 的暂时性冲击。长期约束模型仅对长期结构系数 $C(1)^*$ 而非多项式矩阵 $C(L)^*$ 施加了约束，因此所有变量均为考虑到同期以及滞后期相互作用的内生变量。

6.4　数据选取及描述

本章选取 1998—2018 年金砖五国以及东亚 13 个国家和地区（东亚 9 国 + 中日韩 3 国以及中国香港地区)[①] 的数据作为研究对象，根据国民收支账户的等式关系，存在外汇储备库情形下的变量定义如下：

$$
\left\{
\begin{array}{l}
\text{GDP（国内总产出）}\\
\text{GNI（国民总收入）} = \text{GDP} + \text{国外净要素收入}\\
\text{GNIR（存在储备库下国民总收入）} = \text{GNI} + \text{实际外汇储备借款额}\\
\text{DNI（国民可支配收入）} = \text{GNIR} + \text{国外净转移支付}\\
\text{C} + \text{G（总消费）} = \text{DNI} - \text{总储蓄}
\end{array}
\right.
$$

对于实际外汇储备借款额，由于金砖外汇储备库[②]以及东亚外汇储备库[③]成立时间较短，数据样本较少，难以直接考察外汇储备的风险分担作用。因此根据比例分析法，本章选取东亚 2400 亿美元的储备库规模（2012 年）以及金砖国家 1000 亿美元的储备库规模（2014 年）作为基期，并将各经济体出资额占 2012 年和 2014 年各国外汇储备总额之比作为固定比例，倒推至 1998 年求出每一年的出资额，并保持每一年出资比例、借款系数固定不变，以此构建样本期间内外汇储备库解决数据受限问题。表 6 – 1 和表 6 – 2 分别为两个外汇储备库资金承担与借款额分配情况。

---

① 由于印度尼西亚数据缺失严重，故本章将其剔除。

② 金砖外汇储备库，即金砖国家应急外汇储备安排（简称 CRA），于 2014 年 7 月 15 日在巴西福塔莱萨签署成立，并承诺初始规模为 1000 亿美元。

③ 东亚外汇储备库由 2000 年中日韩三国与东盟 10 国间的"清迈倡议"演化而来，于 2009 年 12 月 24 日正式签署多边化协议，建立规模为 1200 亿美元的外汇储备库；并于 2012 年 5 月 3 日在马尼拉会议上将储备金额扩大至 2400 亿美元。

表 6-1 金砖外汇储备库资金承担与借款额分配 单位：亿美元

年份	巴西		中国		印度		俄罗斯		南非	
	出资额	最大借款额	出资额	最大借款额	出资额	最大借款额	出资额	最大借款额	出资额	最大借款额
1997	25.6	25.6	15.2	7.6	14.6	14.6	6.8	6.8	5.4	10.8
1998	21.5	21.5	15.8	7.9	16.2	16.2	4.1	4.1	4.9	9.8
1999	17.6	17.6	16.8	8.4	19.4	19.4	4.5	4.5	7.2	14.4
2000	16.2	16.2	17.9	8.9	22.5	22.5	12.9	12.9	6.9	13.7
2001	17.7	17.7	22.9	11.5	27.2	27.2	17.3	17.3	6.8	13.7
2002	18.7	18.7	30.9	15.5	40.1	40.1	23.4	23.4	6.7	13.3
2003	24.4	24.4	43.4	21.7	58.7	58.7	38.8	38.8	7.3	14.7
2004	26.2	26.2	65.3	32.6	75.1	75.1	64.1	64.1	14.8	29.7
2005	26.6	26.6	87.3	43.6	78.3	78.3	93.3	93.3	21.0	42.0
2006	42.5	42.5	113.5	56.8	101.3	101.3	156.8	156.8	26.0	52.1
2007	89.5	89.5	162.6	81.3	158.4	158.4	247.6	247.6	33.4	66.8
2008	96.2	96.2	207.1	103.5	146.8	146.8	218.4	218.4	34.5	69.1
2009	118.4	118.4	256.7	128.3	157.3	157.3	221.0	221.0	39.8	79.6
2010	142.7	142.7	304.1	152.0	162.7	162.7	235.3	235.3	43.1	86.2
2011	174.7	174.7	340.3	170.1	160.9	160.9	240.8	240.8	48.1	96.2
2012	184.3	184.3	353.9	176.9	160.5	160.5	258.1	258.1	49.7	99.4
2013	177.6	177.6	407.9	204.0	164.0	164.0	249.1	249.1	50.7	101.3
2014	180.0	180.0	410.0	205.0	180.0	180.0	180.0	180.0	50.0	100.0
2015	176.6	176.6	355.4	177.7	198.3	198.3	169.6	169.6	47.0	94.0
2016	180.8	180.8	321.9	160.9	202.4	202.4	168.4	168.4	48.1	96.2
2017	185.1	185.1	335.6	167.8	231.0	231.0	188.9	188.9	51.4	102.8
2018	185.5	185.5	328.5	164.2	222.1	222.1	202.4	202.4	52.5	105.0

数据来源：WDI 数据库，经作者整理所得。

表 6-2　　　　　　　　　东亚外汇储备库借款额分配　　　　　　　单位：亿美元

年份	中国	中国香港	日本	韩国	新加坡	泰国	马来西亚	菲律宾	文莱	越南	老挝	缅甸	柬埔寨
1997	14.7	61.4	68.7	24.2	65.6	36.0	35.9	18.3		0.5	0.3	17.1	0.8
1998	15.3	59.3	67.4	61.8	69.0	39.6	44.2	23.3		0.5	0.3	21.5	0.9
1999	16.2	63.7	89.8	87.9	70.8	46.8	52.9	33.3	0.4	0.8	0.3	18.2	1.1
2000	17.3	71.2	111.1	114.2	73.5	44.0	49.0	32.8	0.3	0.8	0.4	15.3	1.4
2001	22.1	73.6	123.7	122.1	69.4	44.5	51.0	33.8	0.3	0.9	0.4	27.4	1.7
2002	29.9	74.1	144.3	144.2	75.4	52.3	57.7	33.4	0.3	1.0	0.6	32.2	2.2
2003	41.9	78.4	207.6	184.5	88.3	56.5	75.8	34.2	0.3	1.5	0.6	37.6	2.3
2004	63.1	81.8	260.9	236.4	103.3	66.9	113.9	32.9	0.4	1.7	0.7	46.0	2.7
2005	84.3	82.3	261.1	249.9	106.6	69.7	120.8	39.9	0.4	2.1	0.7	52.7	2.7
2006	109.7	88.2	275.3	283.8	125.1	89.7	142.0	50.2	0.4	3.1	1.0	84.5	3.3
2007	157.1	101.1	298.1	311.5	149.6	117.1	174.6	75.7	0.5	5.5	1.6	211.3	5.1
2008	200.1	120.8	315.9	239.0	160.0	149.3	157.6	83.2	0.5	5.6	1.9	254.3	6.4
2009	248.1	169.3	320.7	320.7	172.5	186.2	165.0	97.2	1.0	3.9	1.8	359.3	8.0
2010	293.9	177.9	332.2	346.3	207.3	230.2	181.3	138.8	1.1	2.9	2.1	391.1	9.2
2011	328.8	188.9	393.7	361.5	218.4	230.0	227.8	168.7	1.8	3.2	2.2	479.1	9.7
2012	342.0	210.0	384.0	384.0	238.2	238.2	238.2	184.2	2.4	6.0	2.4	476.4	12.0
2013	394.2	205.9	387.2	405.9	250.9	221.7	230.7	189.7	2.5	6.1	2.2	585.2	12.7
2014	396.2	217.4	385.2	426.3	235.9	207.9	198.1	180.6	2.5	8.0	2.6	289.2	15.8
2015	343.4	237.5	377.7	431.5	227.6	207.9	162.5	185.4	2.3	6.6	3.1	297.6	19.4
2016	311.1	255.7	371.9	435.2	226.5	228.3	160.9	184.1	2.4	8.6	2.5	316.0	23.6
2017	324.3	285.5	385.6	456.8	257.1	269.5	174.4	183.6	0.3	11.5	3.7	336.0	31.7
2018	257.0	317.4	473.8	37.6	178.1	281.1	172.6	273.9	264.3	0.3	13.0	2.8	365.8

数据来源：WDI 数据库，经作者整理所得。

　　此外，其他所有变量的数据主要来自世界银行 WDI 数据库，采用现价美元（Current US $）计值。根据各国 GDP 平减指数（2010＝100）进行调整，然后利用各经济体总人口（Total Population）转换为人均值。根据 Beyer 等（2001）对总量值构造的讨论，本章各变量的总量值由该地区各国家的变量值按照上一年各国真实 GDP 占该地区总的真实 GDP 比例加权得到，如金砖五国变量 $\Delta\log GDP$ 的总量值为 $\Delta\log GDP_t = \sum_{j=0}^{5} \delta_t^j \cdot \Delta\log GDP_t^j$，其中，

$\delta_t^j = \dfrac{GDP_{t-1}^j}{\sum_{j=1}^{5} GDP_{t-1}^j}$，$j=1，2，\cdots，5$。特别强调，本章估计模型中的所有变量

都是对数差分形式上总量值与原值的差。表 6 - 3 为各变量的描述性统计。

表 6 - 3 变量的描述性统计

类别	变量	计算公式	均值	中值	最大值	最小值	标准差	偏度	峰度	样本数
金砖经济体	GDP	$\Delta\log GDP_t^j$	-0.0141	0.0003	0.4825	-0.5246	0.1524	0.0728	5.6284	105
	KAP	$\Delta\log GDP_t^j - \Delta\log GNI_t^j$	-0.0005	-0.0003	0.0170	-0.0173	0.0059	-0.2037	3.6502	103
	RES	$\Delta\log GNI_t^j - \Delta\log GNIM_t^j$	-0.0002	-0.0001	0.0045	-0.0038	0.0015	0.1506	4.3293	103
	GOV	$\Delta\log GNIM_t^j - \Delta\log DNI_t^j$	0.0000	0.0000	0.0060	-0.0039	0.0018	0.6862	4.2164	103
	CRE	$\Delta\log DNI_t^j - \Delta\log(C_t^j + G_t^j)$	-0.0009	-0.0007	0.0916	-0.0867	0.0270	0.3384	5.4792	103
东亚经济体	GDP	$\Delta\log GDP_t^j$	-0.0124	-0.0012	0.3407	-0.8179	0.1097	-2.8351	20.0202	268
	KAP	$\Delta\log GDP_t^j - \Delta\log GNI_t^j$	0.0058	-0.0015	0.1625	-0.0786	0.0344	3.3372	15.3136	266
	RES	$\Delta\log GNI_t^j - \Delta\log GNIM_t^j$	-0.0022	-0.0002	0.3129	-0.2559	0.0332	0.6706	51.3099	266
	GOV	$\Delta\log GNIM_t^j - \Delta\log DNI_t^j$	-0.0011	-0.0003	0.0289	-0.0553	0.0084	-1.5417	12.6188	241
	CRE	$\Delta\log DNI_t^j - \Delta\log(C_t^j + G_t^j)$	0.0029	0.0010	0.2400	-0.3020	0.0487	-0.0453	13.7665	228

6.5 实证结果分析

6.5.1 单位根检验

为保证回归及 VAR 分析的有效性，模型中所有变量必须满足平稳性，否则可能导致"伪回归"。表 6 - 4 为金砖外汇储备库与东亚外汇储备库的相关变量单位根检验结果。从检验结果来看，各变量的水平值均通过不同标准的单位根检验，因此变量为 $I(0)$ 过程。

表 6 – 4　　金砖外汇储备库与东亚外汇储备库相关变量单位根检验

类别	变量	计算公式	检验形式 (C, T, N)	LLC	Breitung	IPS	ADF	PP
金砖经济体应急储备安排 CRA	GDP	$\Delta\log GDP_t^j$	(C T 1)	−7.2399***	−1.8654**	−5.1354***	41.1942***	26.535**
	KAP	$\Delta\log GDP_t^j - \Delta\log GNI_t^j$	(C T 4)	−6.5833***	−3.0319***	−7.3110***	57.0714***	102.435***
	RES	$\Delta\log GNI_t^j - \Delta\log GNIM_t^j$	(C T 4)	−8.6151***	−7.6864***	−6.5690***	52.3456***	51.5759***
	GOV	$\Delta\log GNIM_t^j - \Delta\log DNI_t^j$	(C T 0)	−6.1639***	−3.7785***	−5.1062***	40.0104***	40.7420***
	CRE	$\Delta\log DNI_t^j - \Delta\log(C_t^j + G_t^j)$	(C T 1)	−6.4355***	−4.8992***	−4.7129***	37.8891***	39.0411***
东亚外汇储备库 CMIM	GDP	$\Delta\log GDP_t^j$	(C T 4)	−8.2619***	−3.5424***	−7.0737***	91.0979***	116.082***
	KAP	$\Delta\log GDP_t^j - \Delta\log GNI_t^j$	(C T 4)	−36.3739***	−0.5034	−34.7592***	818.489***	1603.82***
	RES	$\Delta\log GNI_t^j - \Delta\log GNIM_t^j$	(C T 3)	−28.6906***	−4.6194***	−18.6671***	396.80***	493.935***
	GOV	$\Delta\log GNIM_t^j - \Delta\log DNI_t^j$	(C T 1)	−9.6912***	0.9395	−7.5410***	116.231***	223.96***
	CRE	$\Delta\log DNI_t^j - \Delta\log(C_t^j + G_t^j)$	(C T 2)	−7.2388***	−2.4123***	−4.3767***	83.298***	120.177***

注：C、T、N 分别代表单位根检验的截距项、趋势和滞后阶数，其中最优滞后阶数 N 由软件根据 Schwarz 信息准备确定。上述 LLC 等 5 种面板单位根检验的原假设 H_0：存在单位根过程。***、**、* 分别表示 $p < 0.01$、$p < 0.05$、$p < 0.1$。

6.5.2　PVAR 模型滞后阶数选择

VAR 模型需要选择合适的滞后阶数，PVAR 也不例外。如表 6 – 5 所示，根据 AIC、SC 以及 HQIC 信息准则可知，金砖外汇储备库与东亚外汇储备库情形下 PVAR 模型的最佳滞后阶数分别是 1 阶、4 阶。

表 6 – 5　　　　　　　Panel – SVAR 模型滞后阶数选择

类别	Lag	LogL	LR	FPE	AIC	SC	HQ
金砖经济体应急储备安排 CRA	1	1454.022	54.4928**	8.63e−22**	−34.3138**	−33.4395	−33.9626
	2	1470.476	28.5455	1.07E−21	−34.1079	−32.505	−33.4639
	3	1487.178	26.9649	1.33E−21	−33.9079	−31.5765	−32.9713
	4	1502.515	22.9128	1.73E−21	−33.6751	−30.6151	−32.4457
东亚外汇储备库 CMIM	1	2128.0860	78.4394	0.0000	−23.8419	−23.3015	−23.6227
	2	2155.5240	51.4451	0.0000	−23.8696	−22.8788	−23.4677
	3	2193.6160	69.2590	0.0000	−24.0184	−22.5772	−23.4339
	4	2262.9220	122.0724*	1.55e−17*	−24.52184*	−22.6304	−23.75466*

注：LogL 为最大似然估计函数的对数值，LR 为序列调整的 LR 检验统计量（5% 显著性水平），FPE 为最后预测误差，AIC 为赤池信息准则，SC 为施瓦茨信息准则，HQ 为汉南 – 奎因信息准则。

6.5.3 脉冲响应分析

通过上述模型的检验与设定后，还需进一步检验 PVAR 系统的稳定性。通常根据 AR 根模倒数来判断 PVAR 的稳定性。如果被估计的 VAR 模型所有根的模的倒数小于 1，即位于单位圆内，则其是稳定的。从图 6 – 1 不难看出，无论是 CRA 还是 CMIM 的 PVAR 系统所有的单位根的模大于 1，其倒数小于 1，位于单位圆内。因此基于上面 5 个变量构建的 PVAR 系统是稳定的，可以进行脉冲响应分析。

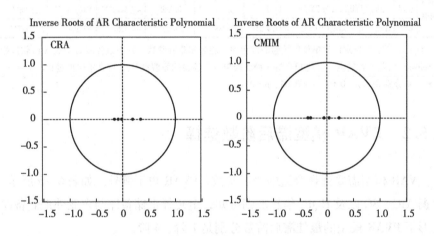

图 6 – 1　CRA 和 CMIM 的 PVAR 根模倒数

图 6 – 2 为金砖经济体各变量在短期约束下对 $\Delta\log GDP_t^j$ 冲击的脉冲响应情况。当 $\Delta\log GDP_t^j$ 受到自身一个标准差新息的冲击后，立即产生正向的响应，并且响应幅度在第一期最大（11.1%），随后响应幅度不断减小，并在第4、第 5 期出现轻微负向响应，于第 6 期回归稳态，这说明 $\Delta\log GDP_t^j$ 会受到自身前期较大的影响。但由于脉冲响应在第 4、第 5 期出现负值，则意味着累计脉冲响应并不会一直增加，所以 $\Delta\log GDP_t^j$ 的冲击是暂时而非永久性的。对于资本市场（*KAP*）这一风险分担渠道，当受到 $\Delta\log GDP_t^j$ 一个标准差新息的冲击后，在第 1 期呈现负向响应且响应幅度不断减小，到第 1 期结束后转为正向响应，并在第 3 期达到最大值（0.11%）后开始缓慢减少，直到第 5 期趋近于 0，回归稳态，这表明短期内资本市场渠道并不能起到实现风险分担的作

用。对于外汇储备库（RES）渠道，其脉冲响应变化与 $\Delta\log GDP_t^j$ 大致相同，当受到 $\Delta\log GDP_t^j$ 一个标准差新息的冲击后，立即产生正向的响应，并且响应幅度在第 1 期达到最大（虽然仅有 0.065%），随后响应幅度不断减小，在第 3、第 4 期出现轻微负向反应，并于第 5 期基本回归稳态，表明外汇储备渠道能够实现风险分担，但其风险分担作用并不是长期的。对于政府转移支付（GOV）渠道其受到冲击后的脉冲响应变化同外汇储备库渠道基本相同。但对于信贷市场（CRE）渠道，当受到 $\Delta\log GDP_t^j$ 一个标准差新息的冲击后，迅速产生负向响应且响应幅度不断扩大，在第 2 期达到最大（约 -0.59%）后迅速减小，于第 4 期基本回归稳态。这表明对于金砖经济体而言，无论是短期还是长期信贷市场均没有实现风险分担的作用。

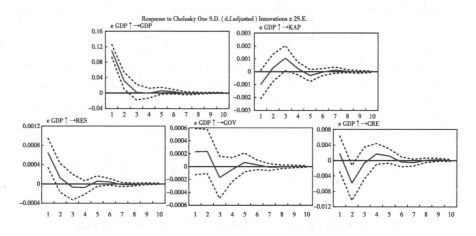

注：图中 GDP、KAP、RES、GOV、CRE 分别代表变量 $\Delta\log GDP_t^j$，$\Delta\log GDP_t^j - \Delta\log GNI_t^j$，$\Delta\log GNI_t^j - \Delta\log GNIM_t^j$，$\Delta\log GNIM_t^j - \Delta\log DNI_t^j$，$\Delta\log DNI_t^j - \Delta\log(C_t^j + G_t^j)$。下述图均同。

图 6 - 2　短期约束下金砖经济体各变量对 GDP 冲击的脉冲响应

继而我们进一步分析金砖经济体应急储备安排（外汇储备库）渠道与其他风险分担渠道之间的关系（见图 6 - 3）。首先国外净要素收入的增加，即给资本市场（KAP）渠道一个正向冲击，在第 1 期基本上不会对外汇储备库（RES）的作用造成显著影响，因为第 1 期外汇储备库渠道对资本市场渠道冲击的响应幅度仅有 0.001%。而外汇储备库的增加在第 1 期也并未影响国外净要素收入的作用，因为资本市场渠道对外汇储备库渠道冲击的响应幅度为 0。在第 2 期，国外净要素收入的增加会使外汇储备库的作用减少

0.015%，但储备库的增加会使国外净要素收入的作用减少 0.031%。因此外汇储备库渠道会对资本市场渠道实现风险分担起到一定促进效应。对于政府转移支付（GOV）渠道以及信贷市场（CRE）的冲击基本上未对外汇储备库渠道产生影响。如果给外汇储备库一个新息标准差应对冲击，会给政府转移支付带来负向冲击，给信贷市场带来正向冲击，因此外汇储备库作用的增强会导致政府转移支付渠道作用的减少，信贷市场渠道作用的增加，而且外汇储备库作用的增加幅度（0.14%）远大于政府转移支付渠道作用的减少幅度（−0.025%），故外汇储备库渠道对政府转移支付渠道具有一定的替代效应，而对于信贷市场渠道具有一定的促进效应。

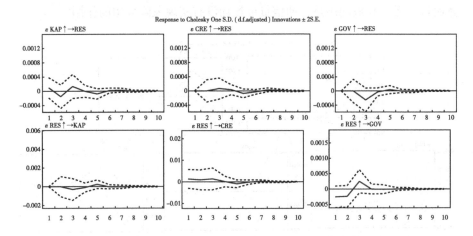

图 6−3　短期约束下金砖外汇储备库与其他渠道之间的脉冲响应

图 6−4 为东亚经济体各变量在短期约束下对 $\Delta \log GDP_t^j$ 冲击的脉冲响应情况。当 $\Delta \log GDP_t^j$ 受到自身一个标准差新息的冲击后，立即产生正向的响应，并且响应幅度在第 1 期达到最大（6.5%），随后响应幅度不断减小，于第 3 期基本回归稳态。与金砖外汇储备库相同的是，GDP 自身的脉冲响应在第 6、第 7 期为负值，意味着累计脉冲响应不会一直增加，所以 $\Delta \log GDP_t^j$ 的冲击也是暂时性的。对于资本市场（KAP）这一风险分担渠道，当受到 $\Delta \log GDP_t^j$ 一个标准差新息的冲击后，立刻产生显著的正向响应，并且响应幅度在第 1 期达到 0.5%，随后响应幅度迅速减小，并于第 2 期基本回归稳态。这表明相较于金砖经济体，东亚经济体间的资本市场渠道能够在短期内实现风险分担，但在长期中风险分担作用不强。对于外汇储备库（RES）渠道，

当受到 $\Delta\log GDP_t^j$ 一个标准差新息的冲击后，会产生轻微的正向响应，随后出现负向响应且响应幅度不断增加，在第 8 期达到最大（0.3%），这说明东亚经济体间外汇储备库渠道能够在短期内起到一定的风险分担作用。对于政府转移支付（GOV）渠道，当受到 $\Delta\log GDP_t^j$ 一个标准差新息的冲击后，立即产生轻微正向的响应，随后响应幅度不断减小，在第 2、第 5 期均呈现负向反应，于第 5 期基本回归稳态。这表明东亚经济体间通过政府转移支付渠道进行风险分担的作用并不稳定也不持久。但对于信贷市场（CRE）渠道，当受到 $\Delta\log GDP_t^j$ 一个标准差新息的冲击后，第 1 期达到 1.6% 的峰值，随后响应幅度急剧减小，在第 2 期转为负向响应，后其负向响应幅度不断减小，经过波动后于第 5 期基本回归稳态。这表明经济刚受到冲击时，信贷市场渠道能够实现部分风险分担，但这种风险分担作用随时间推移趋于消失。

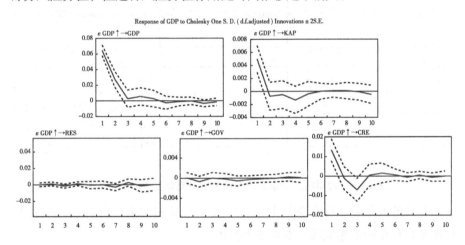

图 6 - 4　短期约束下东亚经济体各变量对 GDP 冲击的脉冲响应

进一步，我们分析外汇储备库渠道与其他风险分担渠道之间的关系（见图 6 - 5）。首先国外净要素收入的增加，即给资本市场（KAP）渠道一个正向冲击，在第 1 期会使外汇储备库的作用增强 0.1%，之后这种影响还有放大趋势，而外汇储备库的增加在第 1 期并未影响国外净要素收入。但在第 3 期，国外净要素收入的增加会削弱外汇储备库 0.112% 的风险分担作用，而外汇储备库作用的加强会使资本市场渠道的作用增加 0.03%。第 2 期两者之间的挤出效应大于第 1 期的正向反应。因此与金砖经济体间的情况不同，东亚经济体的外汇储备库渠道与资本市场渠道存在替代效应。对于政府转移支付（GOV）渠道以及信贷市场（CRE）渠道，当给外汇储备库一个正向冲击，政府转移支付渠道的风险分担作用在第1期会减少0.11%，之后不断放大，最高至0.3%，而信贷市场渠道会增强（0.5%）。给政府转移支付渠道以及信贷市场渠道一个正向冲击，会使外汇储备库的作用在第3期分别减少0.24%、增加0.17%，故外汇储备库渠道与政府转移支付渠道存在一定的替代作用。而对于信贷市场渠道，由于信贷市场作用增强的幅度大于外汇储备库减少的幅度，所以认为外汇储备库渠道对信贷市场渠道具有一定的促进作用。

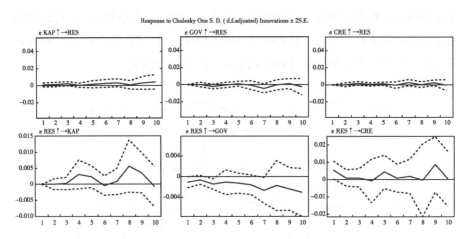

图6-5 短期约束下东亚外汇储备库与其他变量间脉冲响应

金砖外汇储备库与东亚外汇储备库变量间长期约束的脉冲响应变化与短期变化存在一定相似性，本章不予赘述。

6.5.4 方差分解

方差分解能够分析内生变量变化对于特定结构冲击的贡献程度。为明确体现各渠道所能实现的风险分担程度，即各变量对GDP标准差的贡献程度，我们对GDP冲击进行方差分解，结果如表6-6所示。首先，对于金砖经济体而言，GDP对其自身冲击的贡献程度最大，第10期后方差仍能解释冲击的88.15%，说明金砖经济体的风险分担程度很低，有88.15%左右的冲击无法通过其他渠道实现平滑。其次，对GDP标准差贡献程度较大的是资本市场

（KAP）渠道。根据上文的脉冲响应结果，尽管资本市场渠道在第 1 期是负向反应，但从第 2 期开始至第 10 期，资本市场渠道均为正向反应，且贡献度保持在 6.46%，说明资本市场渠道在后期能够为金砖经济体实现部分风险分担。再次，对于信贷市场（CRE）渠道和外汇储备库（RES）渠道而言，其脉冲响应均为正向，所以两者分别能够实现 3.76% 以及 1.98% 左右的风险分担程度。最后，对于政府转移支付（GOV）渠道而言，虽然对 GDP 冲击的脉冲响应为负，但贡献程度为 0.03%，故可认为其并无明显的风险分担作用。

　　对于东亚经济体，GDP 自身对冲击的贡献程度为 75.06%，表明东亚经济体间的动态风险分担程度显著高于金砖经济体。结合脉冲响应图可以发现，资本市场渠道、外汇储备库渠道、政府转移支付以及信贷市场渠道分别能够实现 1.54%、15.89%、6.61% 以及 1.49% 的风险分担程度。不仅东亚经济体间的风险分担程度整体上高于金砖经济体，而且东亚外汇储备库所能实现的风险分担程度较金砖外汇储备库高 17.9%。另外，政府转移支付渠道方面，金砖经济体间转移支付渠道几乎无风险分担作用，但东亚经济体间可通过转移支付实现 6.61% 左右的风险分担。然而，较之 2015 年才成立的金砖经济体应急储备安排，2000 年诞生的东亚经济体外汇储备库——清迈协议，在信贷市场分担渠道、资本市场分担渠道方面显著低于前者，这两项仅为前者的 44% 和 24%。

表 6-6　　　　　金砖经济体与东亚外汇储备库 GDP 方差分解

类别	Period	S. E.	GDP	KAP	RES	GOV	CRE
金砖经济体应急储备安排 CRA	1	0. 1244	100. 00	0	0	0	0
	2	0. 1378	90. 7547	5. 9337	1. 6747	0. 0100	1. 6268
	3	0. 1401	88. 5843	6. 3438	1. 9681	0. 0241	3. 0798
	4	0. 1405	88. 2136	6. 4432	1. 9810	0. 0308	3. 3314
	5	0. 1406	88. 1626	6. 4542	1. 9830	0. 0310	3. 3693
	6	0. 1406	88. 1557	6. 4557	1. 9831	0. 0311	3. 3744
	7	0. 1406	88. 1548	6. 4559	1. 9832	0. 0311	3. 3751
	8	0. 1406	88. 1547	6. 4559	1. 9832	0. 0311	3. 3751
	9	0. 1406	88. 1547	6. 4559	1. 9832	0. 0311	3. 3752
	10	0. 1406	88. 1547	6. 4559	1. 9832	0. 0311	3. 3752

续表

类别	Period	S. E.	GDP	KAP	RES	GOV	CRE
东亚 外汇 储备库 CMIM	1	0.0636	100	0.0000	0.0000	0.0000	0.0000
	2	0.0700	97.7671	0.2729	0.7461	0.6947	0.5193
	3	0.0708	95.5562	1.2325	0.7402	0.7838	1.6873
	4	0.0717	94.0092	1.2996	1.4596	1.5759	1.6557
	5	0.0745	87.4477	1.5088	4.0027	5.2764	1.7645
	6	0.0759	84.1848	1.4889	6.9438	5.6715	1.7110
	7	0.0762	83.5142	1.5158	6.9981	6.2742	1.6977
	8	0.0781	79.6435	1.5780	10.5758	6.5452	1.6575
	9	0.0805	75.0615	1.5206	15.2777	6.5771	1.5632
	10	0.0831	70.4728	1.5424	19.8903	6.6060	1.4886

6.6 小结

本章基于金砖五国以及东亚十三个国家和地区 1998—2018 年的面板数据，采用面板向量自回归模型（Panel – VAR），通过脉冲响应以及方差分解考察外汇储备库对金砖和东亚经济体的风险分担程度以及其他各风险分担渠道的动态影响变化。研究结论如下：

（1）金砖经济体间的风险分担程度较低，有 86.20% 左右的风险通过各渠道实现分担，其中资本市场渠道所能实现的风险分担程度最大（6.46%），其次是信贷市场渠道（3.38%），最后是外汇储备库渠道（1.98%），而政府转移支付渠道没有风险分担的作用。金砖经济体应急储备安排对资本市场渠道风险分担作用的发挥具有促进效应，对于政府转移支付渠道则具有替代效应。

（2）对于东亚经济体，其风险分担程度较金砖经济体高，有 29.53% 左右的冲击能实现平滑。结合脉冲响应与方差分解的结果，东亚经济体的各风险分担渠道均能实现风险分担，首先是外汇储备库（清迈协议）所能实现的风险分担程度最高（19.89%），其次为政府转移支付渠道（6.61%），最后为资本市场渠道（1.54%）和信贷市场渠道（1.49%）。此外，东亚经济体的外汇储备库渠道与资本市场渠道和政府转移支付渠道均存在替代效应，而对信贷市场渠道具有一定的促进效应。

总体而言，无论金砖经济体还是东亚经济体，其风险分担程度都很低，而且储备库的风险分担作用也不够充分。特别是两个外汇储备库自成立以来，尚未有成员国真正启用过。尽管区域外汇储备库的作用在于"防患于未然"，然而储备库长期束之高阁这一事实，也从背后说明外汇储备库的治理结构、资金额度、启动条件方面仍需不断完善，这也是外汇储备库实现风险分担程度较低的原因之一。基于各组织经济体间的异质性，金砖与东亚经济体要因地制宜，进行合理的风险分担布局。对于金砖经济体而言，要重点加强外汇储备库与资本市场渠道的建设，不断推进金砖经济体多层次、高质量的资本市场合作，尝试通过债券发行为支点建立资本市场区域一体化机制等；而对于东亚经济体而言，除要加强储备库建设外，则要重点关注信贷市场的完善，建立经济体间优先贷款机制以及相应降低主权经济体间的贷款利率，进一步推动经济体间信贷融资业务的创新，发挥信贷市场的主导作用等。面对不断抬头的贸易保护势力、暗潮涌动的国际经济环境，金砖经济体和东亚经济体不应独善其身，而应加强合作，共同抵御金融风险，共同带动整个新兴市场经济体的进步和发展。

第7章　应急储备安排的
风险分担与福利收益：动态分析

7.1　引言

　　2017年9月5日，金砖国家领导人第九次峰会在厦门圆满落幕，标志着金砖国家合作进入第二个"黄金十年"。纵览金砖国家十年发展历程，金砖国家的经济总量占世界经济总量之比从12%上升至23%。作为新兴经济体代表，金砖国家日益成为世界经济不可忽视的中坚力量。但在以美国为主导的现行国际经济体系下，金砖经济体所面临的经济不确定性和金融风险与日俱增。2014年，以美国为首的西方国家对俄罗斯采取经济制裁，导致卢布暴跌50%以上，资本外流高达2220亿美元。2015年和2016年，巴西国内生产总值连续两年下跌，致使失业率在2016年飙升至11.5%。南非与印度的经济增长也日渐式微。与此同时，美联储启动了"缩表"计划，并在2015年12月相继6次加息后，于2018年6月14日再次宣布加息25个基点。在这样的背景下，新兴经济体面临着货币贬值以及资本外流的巨大压力。因此，对于金砖经济体而言，通过成员国之间的风险分散缓冲金融冲击显得尤为重要。

　　在防范金融危机冲击、维护金融稳定的"工具箱"中，外汇储备甚为关键。当面临金融风险时，一国可通过外汇储备平抑汇率冲击，减轻国际收支波动，降低国内产出下降风险。建立外汇储备库相较于各自持有的储备而言更能起到节约储备、缓解储备不足的作用。1989年，拉丁美洲储备基金正式成立，并在2000年后扩至8个成员国。2010年，东盟与中国、日本、韩国三国成立了1200亿美元的东亚外汇储备库，并于2011年将储备库规模扩大至2400亿美元。鉴于此，金砖经济体于2014年7月成立了初始额度为 1000 亿美元的外汇储备库。金砖国家外汇储备库的建立，可预防短期美元流动性风险，改善现存的不合理的国际金融体系，扩大发展中国家在国际事务中的"话语权"和"自主权"。因此，本章以金砖外汇储备库为研究对象，考察外汇储备库对经济体风险分担及其福利收益的影响，为经济体更好地防范金融风险提供依据。

7.2　文献研究

20 世纪 90 年代以来，风险分担的相关问题一直受到国内外学者的广泛关注。早期研究主要集中于检验完全风险分担假设。Cochrane（1992）、Townsend（1994）以及 Crucini（1999）等学者分别从家庭、城镇和国家三个层面否定了实现完全风险分担的可能性。对于不完全风险分担，国内外学者主要从影响因素、福利收益以及区域差异等三个角度进行了大量实证考察。

从影响因素的角度而言，现有文献主要从以下方面进行研究：（1）金融市场一体化程度。Kose 等（2006）以及 Sørensen 等（2007）通过研究发现金融一体化并未提高国际风险分担水平，但 Yasin Mimir（2016）通过对欧盟、G7 以及 OECD 各国的研究发现，经济体间的风险分担程度与金融一体化程度成正比。（2）信贷市场。Asdrubali 等（1996）利用横截面方差分解法发现，23% 左右的风险通过美国信贷市场渠道得到分担。Kim 和 Sheen（2007）对澳大利亚和新西兰研究时发现，分别有 33.38% 和 32% 风险依靠信贷市场渠道实现分担。洪勇（2016）发现，信贷市场的发展对中国省际消费风险分担具有积极的促进作用。（3）其他特殊因素。Yehoue（2011）基于西非经济和货币同盟（WAEMU）以及中非经济和货币共同体（CEMAC）的特殊性，对法国外资救助、中央银行补贴以及外汇储备因素进行了考察，发现 44% 的风险通过法国外资救助得到分担，5% 的风险通过中央银行补贴得到分担，而外汇储备没有任何风险分担作用。

从福利收益的角度考察，国内外学者普遍认为，风险分担程度高的国家和地区在实现完全风险分担后所获得的潜在福利收益较低。Lucas（2003）发现 1953—2003 年，美国从完全风险分担中所获得的潜在福利收益仅有

0.6%，并认为原因在于美国已实现的风险分担程度很高。Rangvid 等（2016）通过对 16 个发达国家进行分析发现，1991—2012 年，他们从完全风险分担中可获得 0.3%的福利收益。Prasad 等（2003）采用常数相对风险厌恶效用函数（CRRA）计算发现，OECD 国家在 50 年内福利改进小于 3%。但Wincoop（1994）利用相同的方法发现，OECD 国家实现完全风险分担后的长久福利改进在 50 年内可提高 1%~3.5%，在 100 年内可提高 2.5%~7.4%。Kim 等（2006）发现，东亚国家在完全风险分担情况下的福利收益 30 年可提高 4.81%，50 年可提高 8.94%，远远高于 OECD 国家和欧盟国家。

此外，很多学者还从区域差异的角度对风险分担进行了考察，并认为：（1）国家内部比国家间的风险分担程度高。Crucini（1999）通过研究美国 50 个州，加拿大 13 个省、区以及 G7 国家发现，美国各州及加拿大各省间有 2/3 的风险得到分担，而 G7 国家间仅为 1/3。Asdrubali 和 Kim（2008）对美国、OECD 以及欧盟国家的研究也证实了国家内部比国家间风险分担程度高。（2）与工业国和发达经济体相比，发展中地区和新兴经济体间的风险分担程度低。Sørensen 和 Yosha（1998）通过研究 32 个 OECD 国家和 6 个欧盟国家时发现，两者均有 40%左右的风险得到分担。国外学者 Kose 等（2009）和国内学者黄涛（2009）、俞颖（2011）则发现东亚国家风险分担程度在 30%左右。Yehoue（2011）对西非经济和货币同盟 7 个国家以及中非经济和货币共同体 6 个国家进行研究时发现，1980—2000 年两地区的风险分担程度仅有 20%左右。对于金砖经济体，仅有朱孟楠和侯哲（2014）对其进行了研究，发现 1990—2012 年金砖经济体并未实现有效的风险分担。

从上述文献梳理可知：绝大部分学者集中于研究金融一体化、信贷市场等因素对风险分担的影响，鲜有学者考虑外汇储备库因素。对风险分担的福利分析，大部分学者都是测算完全风险分担后的福利收益，忽视了对现有风险分担水平下已实现福利收益的测度。且国内外学者主要集中于考察欧盟、OECD 等发达国家以及东亚和非洲等新兴经济体，缺乏对近年来迅速发展的金砖经济体的研究。因此本章将外汇储备库因素引至横截面方差分解模型中，通过对比当前规模外汇储备库与模拟规模外汇储备库，来考察外汇储备库对金砖经济体风险分担的影响；同时测度存在外汇储备库情形下已实现的福利收益和潜在的福利收益，以补充当前研究文献的缺失。

7.3　风险分担水平的测度

风险分担（Risk Sharing），是个体在面临特定产出冲击时，通过个体间的相互联系形成多种渠道分散风险，减轻消费波动，实现跨期消费平滑。一直以来，很多国家和经济体通过加入各类基金组织、货币联盟或者成立外汇储备库来寻求风险分担。例如，1989 年成立的拉丁美洲储备基金（FLAR），1991 年成立的欧洲货币联盟以及 2010 年成立的东亚外汇储备库（CMIM）等。为测度金砖经济体的风险分担程度以及外汇储备库规模对风险分担程度的影响，本章从以下三种情形展开分析。

7.3.1　不存在外汇储备库

根据一国国民收支账户有如下等式关系：GDP = GNI −国外净要素收入，GNI = DNI −国际净转移支付，DNI = C + G + 总储蓄，因此一个国家的 GDP 可分解为

$$GDP_j = \frac{GDP_j}{GNI_j} \cdot \frac{GNI_j}{DNI_j} \cdot \frac{DNI_j}{C_j + G_j} \cdot (C_j + G_j) \tag{7.1}$$

根据 Asdrubali 等（1996）的横截面方差分解法，可将 GDP 分解为各种风险分散的渠道。并假设若 GDP 冲击可以通过某一渠道实现风险分担，则代表该渠道的影响因素与 GDP 成正比。例如，某国的 GDP 冲击可以通过国外净要素收入实现部分风险分担，则分解公式中的 $\frac{GDP}{GNI}$ 与 GDP 成正比，其他影响因素依此类推。

将公式（7.1）取对数做差分，在等式两边同时乘以 $\Delta \log GDP_j$ 并减去各自均值，然后对等式两边取截面均值得到如下方程：

$$Var\left[\Delta \log GDP_j\right] = Cov\left[\Delta \log GDP_j, \Delta \log GDP_j - \Delta \log GNI_j\right]$$
$$+ Cov\left[\Delta \log GDP_j, \Delta \log GNI_j - \Delta \log DNI_j\right]$$
$$+ Cov\left[\Delta \log GDP_j, \Delta \log DNI_j - \Delta \log(C_j + G_j)\right]$$

$$+ Cov[\Delta \log GDP_j, \Delta \log(C_j + G_j)] \quad (7.2)$$

将公式（7.2）两边同时除以 $Var[\Delta \log GDP_j]$ 可得

$$1 = \lambda_f + \lambda_t + \lambda_s + \lambda_u \quad (7.3)$$

其中，$\lambda_f = \dfrac{Cov[\Delta \log GDP_j, \Delta \log GDP_j - \Delta \log GNI_j]}{Var[\Delta \log GDP_j]}$，代表 GDP 冲击通过资本市场渠道（净国外要素收入）所实现的分担比例；$\lambda_t = \dfrac{Cov[\Delta \log GDP_j, \Delta \log GNI_j - \Delta \log DNI_j]}{Var[\Delta \log GDP_j]}$，代表 GDP 冲击通过国家政府渠道（国际转移支付）所实现的分担比例；$\lambda_s = \dfrac{Cov[\Delta \log GDP_j, \Delta \log DNI_j - \Delta \log(C_j + G_j)]}{Var[\Delta \log GDP_j]}$，代表 GDP 冲击通过信贷市场渠道（储蓄）所实现的分担比例；$\lambda_u = \dfrac{Cov[\Delta \log GDP_j, \Delta \log(C_j + G_j)]}{Var[\Delta \log GDP_j]}$，代表 GDP 冲击未能实现分担的比例。理论上，所有 λ_j 相加等于1，但本章并未对 λ_j 进行约束。若 λ_j 为负值，则意味风险无法通过该渠道实现分散。

整理后风险分担的结果可以通过以下回归式得到

$$\Delta \log GDP_j - \Delta \log GNI_j = \delta_{f,t} + \lambda_f \Delta \log GDP_j + \varepsilon_{f,t}$$

$$\Delta \log GNI_j - \Delta \log DNI_j = \delta_{t,t} + \lambda_t \Delta \log GDP_j + \varepsilon_{t,t}$$

$$\Delta \log DNI_j - \Delta \log(C_j + G_j) = \delta_{s,t} + \lambda_s \Delta \log GDP_j + \varepsilon_{s,t}$$

$$\Delta \log(C_j + G_j) = \delta_{u,t} + \lambda_u \Delta \log GDP_j + \varepsilon_{u,t} \quad (7.4)$$

其中，$\delta_{.,t}$ 反映时间固定效应。

7.3.2 存在当前规模外汇储备库

2014年7月15日，金砖经济体于巴西福塔莱萨签署了《关于建立金砖国家应急储备安排的条约》（CRA，即外汇储备库）用于提供流动性应急支持，确保成员国之间的金融稳定。该储备安排的初始承诺资金总额为1000亿美元，其中，中国出资410亿美元，巴西、印度、俄罗斯分别出资180亿美元，南非出资50亿美元。表7-1为金砖经济体具体的出资额、出资比例、借款系数以及最大借款额度。

表 7 - 1　　　　金砖经济体外汇储备库资金分担与借款分配　　单位：亿美元

成员国	出资额	出资比例	借款系数	最大借款额
中国	410	0.41	0.5	205
印度	180	0.18	1	180
巴西	180	0.18	1	180
俄罗斯	180	0.18	1	180
南非	50	0.05	2	100
总计	1000	—	—	845

数据来源：根据《关于建立金砖国家应急储备安排的条约》整理所得。

由于外汇储备库的成立时间较短，数据样本较少，难以直接判断外汇储备库成立后的效果。因此本章将上述 1000 亿美元规模的外汇储备库作为基期（2015 年），按照各国出资额占 2015 年各国 GDP 之比作为固定比例，倒推至 2004 年（为与后文模拟规模外汇储备库形成对比，故取到 2004 年）求出每一年的出资额，并保持每一年出资比例、借款系数固定不变，以此构建当前规模外汇储备库解决数据受限问题。具体出资额及最大借款额如表 7 - 2 所示。

表 7 - 2　　　　当前规模外汇储备库资金分担与借款分配　　单位：亿美元

年份	巴西		中国		印度		俄罗斯		南非	
	出资额	最大借款额	出资额	最大借款额	出资额	最大借款额	出资额	最大借款额	出资额	最大借款额
2004	66.8	66.8	72.5	36.2	60.3	60.3	77.9	77.9	36.0	72.1
2005	89.0	89.0	84.7	42.4	69.7	69.7	100.7	100.7	40.6	81.1
2006	110.5	110.5	102.0	51.0	79.3	79.3	130.5	130.5	42.8	85.6
2007	139.4	139.4	131.6	65.8	103.5	103.5	171.3	171.3	47.1	94.2
2008	169.2	169.2	170.4	85.2	102.2	102.2	218.9	218.9	45.2	90.4
2009	166.4	166.4	189.3	94.7	114.0	114.0	161.1	161.1	46.8	93.6
2010	220.4	220.4	226.1	113.0	142.7	142.7	201.0	201.0	59.1	118.2
2011	261.1	261.1	280.6	140.3	157.0	157.0	270.4	270.4	65.6	131.3
2012	246.0	246.0	317.2	158.6	157.4	157.4	291.3	291.3	62.4	124.8
2013	246.8	246.8	356.0	178.0	159.9	159.9	302.7	302.7	57.7	115.5
2014	245.1	245.1	388.4	194.2	175.3	175.3	272.0	272.0	55.3	110.6
2015	180.0	180.0	410.0	205.0	180.0	180.0	180.0	180.0	50.0	100.0
2016	179.3	179.3	415.0	207.5	195.0	195.0	169.1	169.1	46.5	93.0

数据来源：数据来自 WDI 数据库，并结合表 7 - 1 通过计算得出。

根据应急外汇储备安排的协议，各国对其所承诺的应急储备下的资金拥有全部所有权和控制权，即危机发生前外汇储备库并无实质性外汇储备，各国承诺资金仍归各国所有，一旦 j 国发生危机，提出借款申请，该应急储备机制才会启动。因此 j 国所能获得的实际借款额为 $RE_j^r = \sum_{j \neq i} \pi_i \mathrm{Max}M_j$，其中 $\mathrm{Max}M_j$ 为承诺给借款国的最大借款额，π_i 为其他四国的出资比例。这就意味着 j 国可以将该部分实际借款额直接用于平滑产出波动，即相当于通过国际间借贷增加国民收入以实现风险分担。因此加入借款额后的各经济体的国民生产总值 GNI 满足等式 $GNIR_j = GNI_j + RE_j^r$，其中 RE_j^r 为实际外汇储备借款额。因此当前规模外汇储备库下各经济体的 GDP 可被重新分解为

$$GDP_j = \frac{GDP_j}{GNI_j} \cdot \frac{GNI_j}{GNIR_j} \frac{GNIR_j}{DNI_j} \cdot \frac{DNI_j}{C_j + G_j} \cdot (C_j + G_j) \qquad (7.5)$$

经过与未纳入外汇储备库因素相同的处理后，可得

$$1 = \lambda_f + \lambda_r + \lambda_t + \lambda_s + \lambda_u \qquad (7.6)$$

其中，λ_f、λ_r、λ_s 和 λ_u 与不存在外汇储备库情形下的含义相同，$\lambda_r = \dfrac{Cov\left[\Delta \log GDP_j, \Delta \log GNI_j - \Delta \log GNIR_j\right]}{Var\left[\Delta \log GDP_j\right]}$，代表产出冲击通过外汇储备库因素所能实现的分担比例。

因此，当前规模外汇储备库下的风险分担结果可由下列回归式得到

$$\Delta \log GDP_j - \Delta \log GNI_j = \delta_{f,t} + \lambda_f \Delta \log GDP_j + \varepsilon_{f,t}$$

$$\Delta \log GNI_j - \Delta \log GNIR_j = \delta_{r,t} + \lambda_r \Delta \log GDP_j + \varepsilon_{r,t}$$

$$\Delta \log GNIR_j - \Delta \log DNI_j = \delta_{t,t} + \lambda_t \Delta \log GDP_j + \varepsilon_{t,t}$$

$$\Delta \log DNI_j - \Delta \log(C_j + G_j) = \delta_{s,t} + \lambda_s \Delta \log GDP_j + \varepsilon_{s,t}$$

$$\Delta \log(C_j + G_j) = \delta_{u,t} + \lambda_u \Delta \log GDP_j + \varepsilon_{u,t} \qquad (7.7)$$

其中，$\delta_{.,t}$ 反映时间固定效应。

7.3.3 存在模拟规模外汇储备库

近年来，很多国家不断增持外汇储备，虽然外汇储备能够平衡国际收支，减少汇率波动，但是过多的外汇储备会给国家造成福利损失。Dodsworth（1978）将俱乐部理论应用于外汇储备库研究，认为外汇储备库有助

于成员国减少外汇储备持有量，从而将节省的外汇储备进行再支配。基于上述思想，本章假设各金砖经济体将节省的超额外汇储备用于构建更大规模的外汇储备库，与当前规模形成对比，进一步考察外汇储备库规模对经济体风险分担的影响。根据陈奉先（2016，2017）对金砖经济体最优外汇储备量的测算可知，巴西、中国、印度、俄罗斯以及南非的最优外汇储备量分别占各国 GDP 总量的 12.63%、24.15%、12.21%、14.25% 和 16.01%。超额外汇储备量即为当期实际外汇储备量减去最优外汇储备量（见表7-3）。

表7-3　　　　　　　　　金砖经济体超额外汇储备量　　　　　单位：亿美元

年份	巴西	中国	印度	俄罗斯	南非	总量
2004	0.00	1422.83	411.61	365.89	50.00	2250.33
2005	0.00	2694.53	331.58	670.19	50.00	3746.30
2006	0.00	4038.53	583.67	1545.02	50.00	6217.23
2007	29.81	6724.30	1203.33	2815.42	50.00	10822.86
2008	0.00	8387.93	1024.92	1750.79	50.00	11213.64
2009	268.20	11819.90	1035.29	2424.22	50.00	15597.61
2010	70.90	13889.76	719.87	2262.85	50.00	16993.38
2011	199.30	13740.17	486.91	1615.86	50.00	16092.24
2012	582.13	12637.48	474.32	1716.15	50.00	15460.08
2013	438.99	15194.03	497.88	1422.62	50.00	17603.51
2014	507.73	13276.75	549.33	452.98	50.00	14836.79
2015	1263.74	6730.77	791.38	1252.00	50.00	10087.88
2016	1356.47	3251.82	647.36	1346.94	50.00	6652.58

注：数据来自 WDI 数据库，并通过计算所得。2004 年以前各经济体的超额外汇储备均为负值，所以取 2004—2016 年时间段进行考察，其中巴西 2004 年、2005 年、2006 年、2008 年均为负值，取值为 0。南非作为唯一没有超额外汇储备的国家，考虑到其经济体量，故设置为与当前储备库相同规模：50 亿美元。

本章拟将各经济体超额外汇储备量作为出资额，并保持与当前规模外汇储备库相同的出资比例、借款系数。则存在模拟规模外汇储备库情形时，金砖经济体的实际借款额为 $MOFX_j^r = \sum_{j \neq i} \pi_i \mathrm{Max} M_j$，国民生产总值 GNI 变为 $GNIM_j = GNI_j + MOFX_j^r$。

整理后的回归式为

$$\Delta \log GDP_j - \Delta \log GNI_j = \delta_{f,t} + \lambda_f \Delta \log GDP_j + \varepsilon_{f,t}$$

$$\Delta \log GNI_j - \Delta \log GNIM_j = \delta_{r,t} + \lambda_r \Delta \log GDP_j + \varepsilon_{r,t}$$

$$\Delta \log GNIM_j - \Delta \log DNI_j = \delta_{t,t} + \lambda_t \Delta \log GDP_j + \varepsilon_{t,t}$$

$$\Delta \log DNI_j - \Delta \log(C_j + G_j) = \delta_{s,t} + \lambda_s \Delta \log GDP_j + \varepsilon_{s,t}$$

$$\Delta \log(C_j + G_j) = \delta_{u,t} + \lambda_u \Delta \log GDP_j + \varepsilon_{u,t} \qquad (7.8)$$

其中, $\delta_{\cdot,t}$ 反映了时间固定效应。

7.3.4 数据和实证结果

本章数据主要来自世界银行 WDI 数据库,采用现价美元(Current US \$)计值。考虑到折算汇率已体现各经济体的相对通货膨胀,因此选取美国 GDP 平减指数(2010 = 100)进行调整,然后利用各经济体总人口(Total Population)转换为人均值。所有数据均经过取对数做差分处理。表 7 – 4 为各变量的描述性统计情况。由表 7 – 4 可知,无论是存在当前规模外汇储备库还是模拟规模外汇储备库,$\Delta \log GDP$ 与 $\Delta \log GNI$ 均不受影响,只有 $\Delta \log DNI$ 和 $\Delta \log(C + G)$ 会因引入储备库因素而改变。存在当前规模外汇储备库情形时,各变量的数值变化微弱,尤其是 $\Delta \log GNI$ 和 $\Delta \log GNIR$ 在保留小数点后四位的情况下是相同的。原因在于当前 1000 亿美元规模的外汇储备库在人均水平下体量过小。但是存在模拟规模外汇储备库情形时,各变量变化较大,$\Delta \log GNIM$ 的均值相比 $\Delta \log GNI$ 增加 0.08%,$\Delta \log(C + G)$ 也增加了 0.1%。由此可见,模拟规模外汇储备库比当前规模外汇储备库的影响大。

表 7 – 4   变量的描述性统计

三种情形	变量名称	观测值	均值	标准差	最小值	最大值	偏度	峰值
不存在外汇储备库	$\Delta \log GDP$	115	0.0202	0.0658	−0.1856	0.1663	−0.7832	4.1865
	$\Delta \log GNI$	115	0.0201	0.0663	−0.1883	0.1653	−0.7929	4.2489
	$\Delta \log DNI$	115	0.0200	0.0662	−0.1885	0.1650	−0.7935	4.2485
	$\Delta \log(C + G)$	114	0.0207	0.0653	−0.2070	0.1696	−0.9363	5.0663

续表

三种情形	变量名称	观测值	均值	标准差	最小值	最大值	偏度	峰值
存在当前规模外汇储备库	$\Delta\log GDP$	115	0.0202	0.0658	-0.1856	0.1663	-0.7832	4.1865
	$\Delta\log GNI$	115	0.0201	0.0663	-0.1883	0.1653	-0.7929	4.2489
	$\Delta\log GNIR$	115	0.0201	0.0663	-0.1882	0.1654	-0.7929	4.2484
	$\Delta\log DNI$	115	0.0200	0.0662	-0.1884	0.1650	-0.7935	4.2481
	$\Delta\log(C+G)$	114	0.0207	0.0653	-0.2060	0.1694	-0.9341	5.0506
存在模拟规模外汇储备库	$\Delta\log GDP$	115	0.0202	0.0658	-0.1856	0.1663	-0.7832	4.1865
	$\Delta\log GNI$	115	0.0201	0.0663	-0.1883	0.1653	-0.7929	4.2489
	$\Delta\log GNIM$	115	0.0209	0.0654	-0.1883	0.1653	-0.6352	4.0255
	$\Delta\log DNI$	115	0.0208	0.0652	-0.1885	0.1650	-0.6356	4.0227
	$\Delta\log(C+G)$	114	0.0217	0.0646	-0.2069	0.1696	-0.7286	4.8226

表 7-5 是对金砖经济体不存在外汇储备库时风险分担程度的整体及分时段测度。整体时间跨度选取 1994—2016 年，并以 2006 年 9 月（首次金砖国家外长会晤）为时间节点，将整体时间跨度细分为 1994—2006 年，2007—2016 年两个子样本。通过表 7-5 的实证结果发现，1994—2016 年，金砖经济体整体上实现了 3.73% 左右的风险分担，且主要通过信贷市场渠道（3.55%），未实现风险分担程度仍然高达 97.1% 左右。由此可见整个金砖经济体的风险分担水平较低。从时间维度看，金砖经济体在 1994—2006 年未实现的风险分担比例为 99.9%，在 2007—2016 年未实现的风险分担比例为 89.9%。可见，金砖经济体的风险分担程度有了很大提高，但是总体水平仍然偏低。这也从侧面说明，伴随着金砖经济体合作的不断深入发展，其风险分担程度将会不断提高。

表 7-5 不存在外汇储备库情形下
金砖经济体风险分担实证结果（1994—2016 年）

时间	1994—2016 年（总体）		1994—2006 年（子样本Ⅰ）		2007—2016 年（子样本Ⅱ）	
方法	GLS	OLS	GLS	OLS	GLS	OLS
λ_f	-0.0073**	-0.0072***	-0.00841	-0.0108**	0.000611	-0.00299
	(-2.05)	(-3.83)	(-1.58)	(-2.33)	(0.15)	(-0.90)

时间	1994—2016 年 （总体）		1994—2006 年 （子样本Ⅰ）		2007—2016 年 （子样本Ⅱ）	
方法	GLS	OLS	GLS	OLS	GLS	OLS
λ_t	0.00176 (1.32)	0.00175*** (5.34)	0.00253 (1.36)	0.00241** (2.65)	0.00105 (0.82)	0.00116 (0.81)
λ_s	0.0355** (1.70)	0.0355** (2.03)	−0.00205 (−0.07)	0.00968 (0.46)	0.115*** (4.40)	0.0797*** (3.89)
λ_u	0.971*** (48.63)	0.970*** (55.83)	1.017*** (36.12)	0.999*** (51.85)	0.899*** (36.51)	0.922*** (44.21)
样本数	115		65		50	

注：括号中的数值为 t 统计量，" * "" * * "" * * * "分别代表 $p < 0.1$、0.05 和 0.01。根据 B-P 检验结果，模型变量均为混合回归（POOL MODEL），且考虑到变量的异方差，故采用 GLS 估计法进行修正。为体现结果的稳健性，表 7-1 进行了两种结果的报告。同时本章还运用了稳健标准误，与上述结果基本一致，故未进行报告。

表 7-6 是对金砖经济体存在当前规模外汇储备库以及模拟规模外汇储备库情形下风险分担程度的测度。由于受到数据限制，本文选取了 2004—2016 年数据。为体现结果的可比性，此处又对不存在外汇储备库情形下的数据进行了 2004—2016 年时间段的回归。通过表 7-6 的回归结果可以看到，存在当前规模外汇储备库时，金砖经济体的风险分担程度并没有显著的提高，未实现风险分担的比重仍然维持在 90.8% 左右，而且通过外汇储备库所实现的分担比重仅占 0.0039%。但是存在模拟规模外汇储备库时，金砖经济体的风险分担程度有了大幅提高。未实现风险分担的比重由 90.8% 下降到 83.0%，且通过外汇储备库渠道所实现的风险分担程度提高到 4.83%。这说明外汇储备库对于金砖经济体确实有一定的风险分担作用，只是当前外汇储备库规模仍然较小，导致风险分担效果并不明显。同时根据结果也可以看出，不存在外汇储备库的情况下，金砖经济体主要通过信贷市场（储蓄渠道）进行风险分担，实现了约 9.84%。但在模拟规模外汇储备库下，金砖经济体可通过储蓄渠道实现 16.5% 的风险分担，还可以通过外汇储备库渠道实现 4.83% 的风险分担。因此引入外汇储备库因素打破了金砖经济体由单一的储蓄渠道实现风险分担的境况，拓展了风险分担的渠道。

表 7 - 6　　　　　　　　加入外汇储备库前后金砖经济体
风险分担程度的实证对比（2004—2016 年）

时间	不存在外汇储备库		存在现期规模外汇储备库		存在模拟规模外汇储备库	
方法	GLS	OLS	GLS	OLS	GLS	OLS
λ_f	0.00133	-0.00134	0.00133	-0.00134	0.00133	-0.00134
	(0.36)	(-0.44)	(0.36)	(-0.44)	(0.36)	(-0.44)
λ_r			0.000039	-0.0000004	0.0483**	0.0631***
			(0.50)	(-0.02)	(2.46)	(3.30)
λ_t	0.00109	0.00114	0.00109	0.00114	0.00130	0.00131
	(0.78)	(1.01)	(0.80)	(1.02)	(1.06)	(1.31)
λ_s	0.0984***	0.0782***	0.0973***	0.0772***	0.165***	0.0877***
	(4.05)	(3.93)	(4.05)	(3.94)	(5.30)	(4.33)
λ_u	0.908***	0.922***	0.908***	0.923***	0.830***	0.849***
	(39.43)	(44.72)	(40.01)	(45.47)	(27.66)	(23.90)
样本数	60		60		60	

注：括号中的数值为 t 统计量，"*""**""***"分别代表 $p < 0.1$、0.05 和 0.01。根据 B - P 检验结果，模型变量均为混合回归（POOL MODEL），且考虑到变量的异方差，故采用 GLS 估计法进行修正。为体现结果的稳健性，本章报告了两种结果；同时本章还运用了稳健标准误，与上述结果基本一致，故未进行报告。

7.4　福利收益分析

建立外汇储备库能在一定程度上实现金砖经济体之间的风险分担。为衡量风险分担所带来的福利收益，学者大多采用 Wincoop 模型研究 OECD 国家的福利收益。该模型采用标准冯·诺伊曼—摩根斯坦效应函数，通过测算封闭金融市场（无风险分担情况）和完备金融市场（完全风险分担的情况）情形下各经济体的居民消费效用水平之差，来刻画各经济体完全风险分担后的福利收益。但 Wincoop 模型并没有测度当前风险分担程度下已实现的福利收益和潜在的福利收益。而这对考察外汇储备库的作用和潜力是不可或缺的。因此，本章拟在 Wincoop 模型的基础上进一步考察这两种福利收益。

假设储备库各成员国具有相同偏好，各国居民均以实现下列效用函数最大化为目标：

$$U_j = E \int_0^T e^{-\beta t} \frac{c_{jt}^{1-\gamma}}{1-\gamma} dt \tag{7.9}$$

其中，T 为时间长度，γ 为相对风险厌恶系数，c_{jt} 为各国人均消费量，β 为时间贴现因子。

各国人均禀赋（人均产出）服从带漂移的随机游走过程 $dy_{jt} = \mu_j y_{jt} dt + \sigma_j y_{jt} d\eta_j y_j$，其中 η 是标准布朗运动，$\rho = d\eta_j \eta_i$（$j \neq i$）是一国与他国人均产出增长率之间的相关系数，μ_j 是一国人均产出增长率，σ_j 是一国人均产出增长率的标准差。

假设外汇储备库成立以前，经济体之间不能实现风险分担（处于自给自足的封闭状态），则一国消费就等于本国的经济禀赋，即 $c_{jt}^A = y_{jt}$，代入公式（7.9）可得期望效用：

$$U^A = E \int_0^T e^{-\beta t} \frac{y_{jt}^{1-\gamma}}{1-\gamma} dt = \frac{y_{j0}^{1-\gamma}}{1-\gamma} \cdot \frac{1 - e^{-vT}}{v} \tag{7.10}$$

其中，$v = \beta + (\gamma - 1) \cdot \left(\mu - \frac{1}{2}\gamma \sigma^2 \right)$。

外汇储备库各成员国间的借款会增加一国的禀赋水平。因此存在外汇储备库情形下，一国最大消费可以表示为 $c_{jt}^R = y_{jt} + R_{jt}$，将其代入公式（7.10），可得到存在外汇储备库情形下的效用函数：

$$U^R = E \int_0^T e^{-\beta t} \frac{c_{jt}^{1-\gamma}}{1-\gamma} dt = \frac{(y_0 + R)_{j0}^{1-\gamma}}{1-\gamma} \cdot \frac{1 - e^{-vT}}{v} \tag{7.11}$$

当经济体间实现完全风险分担，各经济体的国别风险得到完全分散，此时各经济体的消费等于全部储备库成员的平均禀赋，即 $c_{jt}^F = \frac{1}{J} \sum_{j=1}^5 y_{jt}$。将其代入公式（7.11）可得完全风险分担下的效用函数 U^F。但根据Wincoop模型可直接得到完全无风险分担到完全风险分担两种情况下的全部福利收益：

$$Gain = -\frac{0.5\gamma d\sigma^2}{r - \mu} \left[1 - T(r - \bar{\mu}) \frac{e^{-T(r-\bar{\mu})}}{1 - e^{-T(r-\bar{\mu})}} \right] \tag{7.12}$$

其中，$\bar{\mu} = \mu - 0.5\sigma^2$ 是完全风险分担后的人均产出增长率，$d\sigma^2 = \sigma_p^2 -$

σ^2 是从完全无风险分担到完全风险分担后产出增长率方差的变化值，而 $\sigma_p^2 = \sigma^2 \left[\frac{1}{J} + (1 - \frac{1}{J})\rho \right]^2$ 是完全风险分担后的方差，r 是无风险利率。

因此，存在外汇储备库情形下，已实现的福利收益可通过公式（7.11）与公式（7.10）相减得到，潜在的福利收益可通过公式（7.12）减已实现的福利收益得到。如图 7 - 1 所示。

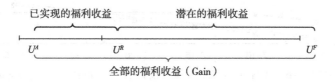

图 7 - 1　福利收益计算示意

根据 Wincoop（1994）等相关文献，上述公式中的时间贴现因子 β 取值 0.96，风险厌恶系数 γ 取值 3，无风险利率 r 取各国 1993—2016 年经 GDP 通货膨胀指数调整过的真实借款利率的均值，时间跨度 T 分别取值 5 年、10 年、15 年、20 年、25 年、30 年。通过计算，结果如图 7 - 2、图 7 - 3 所示。

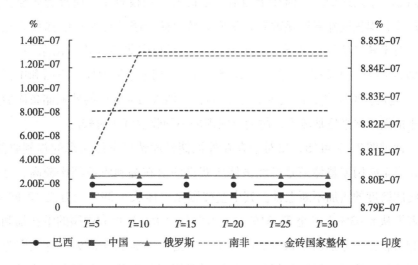

图 7 - 2　金砖经济体已实现的福利收益（$U^R - U^A$）

（数据来源：WDI 数据库，并经笔者计算所得；印度为右轴）

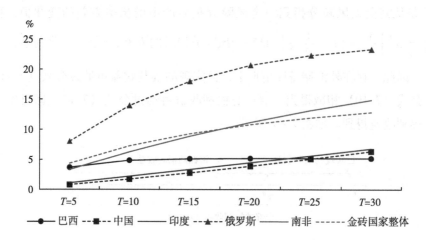

图7-3 金砖经济体潜在的福利收益（UF-UR）

（数据来源：WDI 数据库，并经笔者计算所得）

通过图7-2可知，整体上金砖经济体已实现的福利收益在5~10年间增加了一倍（由8.0474E-08%增加到8.1024E-08%），呈现轻微的上升趋势，但仍然较小。从个体角度而言，印度所实现的福利收益最大，其次为南非，中国最少。原因在于当前外汇储备库规模较小，使得金砖经济体的风险分担程度并未明显改善，从而导致金砖经济体已实现的福利收益甚微。对于各经济体的差异，主要是由于印度和南非的人均产出水平较低，分别为1649美元和5312美元（2015年值），相较于俄罗斯、巴西和中国的8721美元、8057美元以及7424美元而言，加入当前规模的外汇储备库后所带来的效用水平增加较大，故而已实现的福利收益就相对较高。

通过图7-3可知，相对于存在外汇储备库情形下已实现的福利收益，无论是金砖国家整体还是各经济体所获得的潜在福利收益都比较高，且均随时间跨度的增加不断上升。其中金砖国家整体从4.39%上升至12.82%；俄罗斯从8.03%上升至23.31%，上升空间最大；印度和中国的潜在福利收益相对较少，分别由1.08%、0.79%上升至6.79%和6.37%。这是因为当各经济体实现完全风险分担后，各国所能消费的禀赋等于整个金砖经济体的平均禀赋。在消费禀赋相同的条件下，由于中国和印度的人口总量庞大，导致人均潜在福利收益较小。但是相较于OECD国家在50年时间跨度下的潜在福利收益小于 3%（Prasad，2003）以及澳大利亚和新西兰在 30 年时间跨度下的潜在福利收益分别为 0 和 0.5%（Kim 和 Sheen，2007），金砖经济体的潜在福利收益的确很高。这为金砖经济体进一步合作发展提供了依据。

7.5 小结

本章采用横截面方差分解法具体研究了 1994—2016 年外汇储备库因素对金砖经济体的风险分担及其福利收益的影响。主要结论如下。

1. 金砖经济体的风险分担程度总体偏低，而且在当前规模外汇储备库下风险分担程度的提高并不明显。但用各经济体的超额外汇储备模拟构建一个外汇储备库，就会发现金砖经济体的风险分担程度显著提升，同时金砖经济体的风险分担渠道也得到拓展。因此外汇储备库有实现风险分担的作用，只是限于当前规模，其作用无法得到充分发挥。

2. 由于在当前规模外汇储备库情形下金砖经济体的风险分担程度并未明显改善，因此，金砖经济体在引入外汇储备库因素后已实现的福利收益很小，但是实现完全风险分担后所能获得的潜在福利收益很大，特别是相较于 OECD 国家以及发达国家而言。

基于以上结论，为更好地发挥外汇储备库的作用，促进金砖经济体之间的合作发展，本章提出如下建议。

1. 适时扩大金砖经济体外汇储备库规模。通过本章的实证结果可知，金砖经济体可以通过外汇储备库实现风险分担，而且获得巨大的潜在福利收益。从当前的储备库规模来看，中国的最大借款额仅占全国 GDP 的 0.00185，印度也仅占 0.0086，一旦发生经济危机，当前规模下外汇储备库的作用仅仅是杯水车薪。所以随着经济的发展，金砖经济体可以相应考虑吸纳更多的合作伙伴，扩大外汇储备库规模，以便更好地发挥外汇储备库实现风险分担的作用。

2. 深入加强金砖经济体间信贷市场（储蓄渠道）建设。风险分担的实证结果表明，金砖经济体之间的大部分风险主要通过储蓄渠道实现分担。完备的信贷市场能够让金砖经济体之间的金融冲击得到更好的平滑，因此，金砖经济体应该完善各国银行体系建设，加强银行体系管理；推动五国信贷融资业务创新，最大限度地发挥信贷市场的主导作用；同时积极推动金砖国家新开发银行建设，逐步扩大新开发银行的投资范围，简化金砖经济体货币互换与借款业务，辅助信贷市场发展。

由于受到数据以及考察时间的限制，本章根据应急外汇储备安排协议所规定的固定比例倒推出协议签订前的外汇储备库规模，存在一定的局限性。因此今后的研究可以在本章的思想上使用实际外汇储备库规模进行检验考察。此外，虽然外汇储备库的规模对经济体实现风险分担的能力至关重要，但并不意味着储备库规模越大，所能实现的风险分担程度越高。因此，未来的研究还可以进一步考察经济体所能实现的最大风险分担程度以及最大风险分担程度下的最优外汇储备库规模。

第8章 应急储备安排的机制完善与治理优化

8.1 CRA 崛起背后的国际金融治理结构

治理结构是组织中必不可少的重要组成要素，它确定了组织的管理架构和对事项、决议的决策规则，对于多个国家之间的协作具有重要的意义。良好稳健的治理结构和决策机制能够确保组织合理、有效地运行，对组织的工作效率、治理能力有直接的影响，也在全球治理中起到关键的作用。

随着国际金融市场的联动性不断增强，各国之间的经济金融也在不断地融合，同时不确定性带来的风险也在增加，在此背景下，当外部经济环境受到冲击时，几乎没有经济体能够独善其身。在1997年亚洲金融危机和2008年国际金融危机发生之后，相关国家（地区）的经济遭到重创，除了股市暴跌、资本外逃之外，官方储备大量减少、货币也有大幅的贬值和通货膨胀的现象发生。作为世界性的金融机构——国际货币基金组织（IMF）主要通过向国际收支困难的国家提供贷款来帮助其重建国际储备、稳定本币，恢复经济增长条件，以确保国际货币体系的稳定。

但IMF本身在治理机制方面存在一些缺陷，其在救助的过程中暴露出了很多问题。由于在IMF中各国所占份额及投票权的不同、治理结构和贷款条件等因素，像欧美等发达的经济体在IMF中的话语权较强，而新兴经济体的话语权较弱，IMF对于新兴经济体的救助难以起到有效的作用。同时，IMF的改革不力也使得新兴经济体为探寻全球经济治理结构重塑带来了契机。而且又由于新兴经济体所面临的外部经济、政治环境，内部经济发展的基础条件和发展阶段比较类似，同时在国际治理体系中有相近的愿景及促使其改革的需求，一些新兴经济体开始了区域间的货币合作。

2009 年，新兴经济体中的主要国家巴西（Brazil）、俄罗斯（Russia）、印度（India）和中国（China）组成金砖四国，2010 年，南非（South Africa）加入，成立为金砖国家（BRICS）。金砖国家在新兴市场中经济发展较快，成为世界经济的重要参与者，是全球经济治理中不可或缺的力量。虽然五国具有不同的国情、文化，地理距离甚远，但其在一些国际议题上有相似的看法和立场，有较高的经济互补及对全球治理改革方面的诉求。为了联合应对外部冲击及挑战，缓解短期内国际收支压力，金砖国家在 2012 年提出要建立应急储备安排（Contingent Reserve Arrangement，CRA），并于 2014 年 7 月缔结了《关于建立金砖国家应急储备安排的条约》。应急储备安排相比其他国际组织，其治理结构和决策机制是对全球经济金融治理改革的一次创新性突破。通过建立这一应急储备安排，不仅加强了金砖国家之间的联系、提升了金砖国家共同防御外部冲击的能力，而且深化了国家间的货币合作，并为未来合作打下了好的基础、开辟了新的思路。这一条约的签署为金砖五国在金融方面提供了相互的支持，在一定程度上可以增加 IMF 及中央银行间双边货币互换协议等形成的全球金融安全网，而且有利于深化巴西、俄罗斯、印度、中国和南非间的金融合作以及促进各国乃至全球的金融稳定。

8.2 应急储备安排的运行模式与治理机制

8.2.1 应急储备安排的运行模式分类及比较

根据资本金缴纳方式以及是否单独设立实体机构两个特征，我们将全球和区域的应急储备安排归纳为实缴制实体式、承诺制自我管理式、实缴制嵌入式三种模式。

1. 实缴制实体式，简称"实体式"。主要代表有国际货币基金组织（IMF）、欧洲稳定机制（The European Stability Mechanism，ESM）、拉丁美洲储备基金组织（Fondo Latinoamericano de Reservas，FLAR）、阿拉伯货币基金组织（Arab Monetary Fund，AMF）。该模式中的各成员国用实际缴纳的出资额构成一个储备资金池，由单独的国际性金融组织负责资金的运作与管理，对资金具有独立的控制权与管理支配权，约束力强。以 IMF 为例，其资金以部分实缴的形式由各成员国缴纳。在加入 IMF 时，各成员国将认缴份额的 1/4 以特别提款权（SDR）形式实缴，剩余部分由各成员国的中央银行以各成员国本币的形式代为保管；专门设立区域秘书处负责资金管理与运作并决定是否提供流动性支持。此外，为向各成员国提供足够的资金支持，IMF 还通过借款安排、发行债券的方式补充资金。

2. 承诺制自我管理式，简称"承诺式"。金砖国家应急储备安排（Contingent Reserve Arrangement，CRA）、清迈倡议多边化（The Chiang Mai Initiative Multilateralization，CMIM）、北美框架协定（North American Framework Agreement，NAFA）实行承诺。相较于实体式，承诺式未建立专门的国际性金融机构，不具有独立的国际法人地位，故其约束力较弱，属于浅层次的国际金融合作。同时，由于缺乏独立的国际性实体机构，资金构成一般采取承诺制，即国际储备不进行直接转移，而是由各成员国的中央银行将本国一定比例的外汇储备视为要缴纳的储备基金，在非危机时期，自行管理本国出资，在危机时期，以发放贷款的方式向申请国提供资金支持，提供救助。可见，承诺式的应急储备安排事先不会形成资金池，是各成员国之间通过签订货币互换协议而作出的一种在发生危机时提供救助的资金承诺，如 NAFA，它由美国、墨西哥和加拿大三国之间的货币互换协议构成。

3. 实缴制嵌入式模式，简称"嵌入式"。实行该模式的代表为欧亚稳定和发展基金（Eurasian Fund for Stabilization and Development，EFSD）。欧亚反危机基金于 2009 年 6 月成立，后更名为欧亚稳定和发展基金，其 6 个成员国包括俄罗斯、哈萨克斯坦和白俄罗斯等，本身不是法人实体或组织。EFSD 资本金采取实缴制，10% 由各成员国以美元或欧元付现，其余部分以不可兑换的无息汇票进行缴纳，根据缴纳份额对各成员国排序如下：俄罗斯（75 亿美元），哈萨克斯坦（10 亿美元），白俄罗斯（1000 万美元），亚美尼亚、塔吉克斯坦和吉尔吉斯斯坦（各 100 万美元），共计 85.13 亿美元。根据议定书，基金秘书处的职能从欧亚经济共同体一体化委员会转交欧亚开发银行（Eurasian Development Bank，EDB），由欧亚开发银行代为行使金融稳定和经济发展的职能，故被称为"嵌入式"。基金资源管理协定表明，EDB 代替 EFSD 承担资源管理与运作的职能，通过各种贷款和对社会领域的国家规划进行拨款等行为，降低国际金融危机给各成员国带来的不利影响，实现该基金新名称反映出的构想和方向——确保金融稳定和促进经济发展与融合。

如上所述，实体式预先形成储备资金池，在危机发生时可以快速、足额地提供流动性支持，提振信心，避免发生系统性风险。同时，实体式的优点还在于基金运行有组织保障，国际性组织享有政府间国际机构的权利与义务，使其具有在国际市场发行债券进行融资、对违约国提起诉讼降低违约风险、与其他国际机构开展合作的能力。弊端主要体现在较短的危机时期导致资金利用效率下降，资金运营成本提高，造成资源浪费。此外，当要求各成员国缴纳的资金较多时，各成员国负担较重，基金发起设立难度加大；在承诺式下，各成员国只需提供货币互换的承诺而不涉及资金的实际转移，这种做法的优点在于可以降低资金运营成本、降低国际组织发起组建的难度，但是当成员国有实际需要时，临时性的筹资可能无法迅速汇集足额资金从而导致救助不及时，影响救助效率；嵌入式未设立独立的国际性金融机构，节约了机构设置和运行成本，同时，被"嵌入"的国际性金融机构又能够发挥向成员国借款、在国际市场上以发债方式进行融资和开展国际性合作等机构性职能，此外，资金采取实缴制，预先形成的资金池可以在危机时迅速提供资金，提高救助的时效性，但是，如何平衡经济发展与金融稳定两大目标是国际性金融机构面临的巨大挑战，若处理不当则会适得其反，加大资金管理成本。

表 8-1　　　　　　　　　应急储备安排一览　　　　　　　　单位：亿美元

机构简称	发起时间	成员国	份额/资本金	运行模式	优点	缺点
IMF	1944 年	188	3270	实体式	避免临时筹资带来的救助时滞性和不确定性，保障救助资金的扩张与偿还	难发起，有运营成本
ESM	2012 年	17	7000	实体式		
FLAR	1978 年	7	25	实体式		
AMF	1976 年	22	27	实体式		

机构简称	发起时间	成员国	份额/资本金	运行模式	优点	缺点
CMIM	2010 年	13	2400	承诺式	易发起，无运营成本	临时筹资带来的救助时滞性和不确定性，因未设机构而难以增资与违约维权
NAFA	1994 年	3	90	承诺式		
CRA	2014 年	5	1000	承诺式		
EFSD	2009 年	6	85	嵌入式	节约运营成本，避免临时筹资带来的救助时滞性和不确定性，保障救助资金的扩张与偿还	将发展与稳定功能置于同一机构将产生资金来源、运用和管理职能上的功能冲突

资料来源：汤凌霄，欧阳峣，黄泽先. 国际最后贷款人视角下金砖国家应急储备安排的运行模式分析 [J]. 财政研究，2016 (6).

8.2.2 CRA 运行模式的优劣分析

2014 年 7 月 15 日，金砖五国代表签署了《关于建立金砖国家应急储备安排的条约》（以下简称《条约》）。根据《条约》，金砖国家应急储备安排中，中国初始的互换承诺金额为 410 亿美元，其次为巴西、印度和俄罗斯，均为 180 亿美元，最后为南非，初始承诺金额为 50 亿美元，共计 1000 亿美元。该安排的建立并不意味着国际储备的直接转移，在应急储备安排中承诺的资金仍归各成员国所有，各成员国具有控制权和支配权，只有在有关国家因国际收支压力提出申请且满足审批条件并提供安全保证的基础上，其他成员国才通过货币互换协议为其提供资金，故 CRA 是典型的"承诺式"。基于上述"承诺式"的利弊分析可知，虽然 CRA 具有容易发起设立、节约大量非危机时期资金运营和管理成本的优点，然而，发起时不涉及资金的实际转移使得 CRA 面临严重的资源约束问题。

1. 金砖国家经济特点的高度相似性和系统性风险特征使得该模式下的 CRA 临时筹资带来的救助时滞性和不确定性问题更加突出。[①] IMF 有 188 个成员国，各成员国之间的经济发展水平、政治体制、历史文化、地理环境

---

① 汤凌霄，欧阳峣，黄泽先. 国际最后贷款人视角下金砖国家应急储备安排的运行模式分析 [J]. 财政研究，2016 (6).

等存在差异，差异的存在使得各成员国面临的往往是非系统性风险，发生危机时，没有面临风险的国家救助面临风险的国家，互帮互助，共渡难关。金砖国家除经济发展水平和经济发展速度相近外，在其他方面也具有类似的宏观经济特征，比如，金砖五国在金融结构、贸易开放度、金融风险和面临的国际金融秩序等方面具有很高的相似性。未来随着金砖国家经济往来和国际合作的不断深入，政治经济联系将不断增强，金砖五国就像是一个整体，经济相关性和风险系统性特征将更加显著。由于投资者将其视为一个整体，一个金砖国家发生金融风险时，投资者会认为其他金砖国家也会发生类似的问题，在这种心理预期中，面临金融风险的金砖国家虽然可以依据事先的承诺通过货币互换协议获得救助，获取一种强制性的道德风险溢价，但是由于所有的金砖国家都会面临系统性风险，金砖国家之间也会进行资源的竞争，最终导致道德风险溢价消失，即所有金砖国家可能违背事先作出的资金承诺，不足额购买甚至不购买基金份额，从而导致没有足够的资金来源作为救援保障，危机救助的时间不确定性和规模不确定性问题凸显，最终影响 CRA 实现区域金融安全网的设置目标。

2. 金砖国家的救助资金面临供需矛盾，资金有限性问题突出。CRA 只有 6 个成员国，成员国个数少，国家经济体量大，经济增长速度较快，快速粗放的经济发展模式隐含着巨大的潜在风险，经济金融系统的不稳定性和脆弱性程度高，尤其在以美元为中心的国际货币体系下，发达国家货币政策的溢出效应导致大量的国际资本流入和流出金砖国家。在危机发生时，金砖国家需要足额的资金保障，对救助资金需求大。中国人民银行原行长周小川认为，当金砖国家之间发生一般性金融冲击时，1000 亿美元的初始承诺资金足以应对冲击，但是与金砖五国的外汇储备和经济总量相比，该储备基金持续提供应对外部冲击甚至金融危机所需资金的可能性较小。具体来说，一是 CRA 的初始承诺资金总规模为 1000 亿美元，《条约》规定各成员国的最大借款额为其出资额的倍数，其中，中国的借款乘数为 0.5，南非为 2，其他三个国家均为 1，即中国在危机时能够获得的救助资金为 205 亿美元、南非为 100 亿美元，其他三个金砖国家均为 180 亿美元。为了避免资金损失和道德风险，CRA 将 70% 的资金提取与 IMF 的贷款条件挂钩，即仅有 30% 的资金能够立即提取，这远低于危机国的资金需求，而且贷款的发放往往附加推动贸易自由化、调整经济结构等条件，这大大降低了救助效果。二是 CRA 是一个不具有独立法人地位的多边货币互换框架，故无法像 IMF 等国际组织那样享有国际性机构的权利与义务，无法向成员国借款或在国际市场上以发行债券的方式进行融资，融资渠道受限，融资成本提高；一旦出现借款国违约甚至扰乱 CRA 正常运行的行为时，由于缺乏独立的法律地位，CRA 无法通过提起诉讼解决违约问题，复杂耗时的多边谈判严重影响资金及时、顺利的偿还，CRA 的合法权益得不到保障，降低了资金运作的效率；更为重要的是，由于 CRA 无权同其他国际组织签订协议，这大大限制了 CRA 资金来源的多样性和灵活性，通过协力合作应对全球性重大冲击的惯用操作无法实现；同样地，由于缺乏独立的国际机构进行系统性的信息收集和分析，使得无法根据金砖五国的实际宏观经济运行状况进行决策制定与调整，CRA 在提供救助时可能与实际状况相背离，如借款乘数未根据成员国之间的经济指标的差异程度进行调整而保持不变、惩罚性利率未考虑成员国的实际承受能力等，上述情形都将加剧救助资金的供需矛盾。

8.2.3　CRA 的治理机制

1. 治理结构及职责。CRA 的治理结构主要包括部长理事会和常务委员会。部长理事会是最高级别及战略性决策的制定机构，主要负责：①借款条件与借款额度、购买与回购的利息、提款与展期期限、次数等运行制度的审议与修改；②修改初始承诺资金额，批准各成员国承诺金额的变更；③批准新成员国的加入；④审议违约制裁的相关规定；⑤决定理事会、常务委员会的人事任命、权利与义务以及运作的程序规则；⑥审议和修改最大借款额与 IMF 贷款安排的脱钩比例；⑦决定设立永久秘书处和专门的监督小组。常务委员会为执行机构，负责执行理事会相关的安排，主要的职责有：①制定本机构的运作程序及规则并提交理事会审议；②批准通过流动性工具、预防性工具及对应的展期工具获得支持的申请，即对是否给予流动性支持作出决议；③对不履行义务的行为进行事后制裁；④批准成员国提前赎回的申请；⑤对豁免事项作出规定，决定是否免除《条约》中规定的审批条件、安全保障以及所需要的文件；⑥执行理事会赋予的其他职责。

2. 决策制度。治理机构的决策方式主要包括共识与加权票简单多数。《条约》中规定各成员国的投票权，其中 5% 的投票权在成员国之间平均分配，剩余 95% 的投票权根据承诺出资额依比例进行分配，即中国的总投票权为 39.95%、巴西的总投票权为 5.75%，其他三国均为 18.10%（见表 8 – 2）。在进行简单多数投票时，可以避免"一家独大"的局面，保障应急储备安排的公平性。

表 8 – 2   应急储备安排中的承诺出资额和投票权分配

指标	承诺出资（亿美元）	承诺出资比例（%）	投票权比重（%）
中国	410	41	39.95
印度	180	18	18.10
巴西	180	18	18.10
俄罗斯	180	18	18.10
南非	50	5	5.75

资料来源：中央政府门户网站，www.gov.cn。

理事会作出高层级及战略性决策时，理事会的决策方式只有共识一种，即成员国之间友好协商，一致通过，形成统一结论；常务委员会通过加权票简单多数的方式进行事项②的决议，提高了决策效率，保障了应急救援的顺利展开，对于事项③、④、⑤，以贷款提供方共识的方式作出，对于其他事项，常务委员会展开协商，以常务委员会共识的方式通过决定。常务委员会综合使用多种决策方式，既保障了各方权益的实现，又保证了各方利益的均衡。

表 8 – 3   CRA 的决策机制

获胜规则	说明	使用议题
简单多数	投赞成票的成员所代表的投票权占总投票权的半数以上	常务委员会作出的行政性和操作性决策，如批准获得流动性工具或预防性工具支持的申请、批准延长流动性工具或预防性工具支持的申请等
共识/一致	全体成员一致同意	部长理事会以共识方式作出有关应急储备安排的高级别和战略性问题的决策，包括修改《关于建立金砖国家应急储备安排的条约》、更改承诺资金规模和各方承诺出资额、批准新成员加入、审议和修改应急储备安排的工具等；除明确规定外，常务委员会决定的其他重要性问题

资料来源：罗杭，杨黎泽. 国际组织中的权力均衡与决策效率——以金砖国家新开发银行和应急储备安排为例 [J]. 世界经济与政治，2019 (2).

8.3   应急储备安排的权力均衡与决策效率

决策机制是国际组织最核心的机制，投票权分配以及决策规则的设置是国际组织决策机制的重要组成部分，不同的投票权分配方式以及决策通过的比例变化直接影响决策结果，进而影响国际组织的工作效率和治理能力。

8.3.1　决策机制历史演变及 CRA 的决策机制设计

早期国际组织的决策机制主要特征为："一国一票"的平等投票权和"一致通过"的表决机制。但是，随着世界经济政治格局的变化，在国际交往和国际合作不断深入、全球治理需求不断变化的背景下，这一传统的决策机制受到了冲击。一方面，世界银行和 IMF 创新决策机制，确立了根据各成员国的经济实力分配股份、根据各成员国认缴的出资额确定投票权的加权投票机制，被称为"布雷顿森林模式"；另一方面，出于决策效率的考虑，联合国大会调整决策规则，设定了有效多数的比例，用有效多数表决制代替了一致通过制，在国际组织的决策规则创新方面起到了示范作用，后被绝大部分的国际组织所采用。例如，以世界银行和 IMF 为代表的国际金融组织更是全部采用有效多数制，抛弃了一致性原则，保证了决策效率。

CRA 在决策机制的设计上体现出"不同寻常"的新特点：基于承诺资金额分配投票权（名义投票权）（见表 8 - 2），但是通过"共识"的方式进行战略性和最高性问题的决策（见表 8 - 3），真实的权力分配实际上是"一国一票"的平权制度，在此，我们称为"准平权"。这一新特点引发我们对国际金融组织的两个重要特征——权力均衡和决策效率的思考。权力均衡主要指成员国之间的权力分配处于一个均衡的状态，任何一个国家不具有凌驾于其他成员国之上的权力，不具有主导地位。决策效率指的是对事件形成决策的能力。一般而言，决策效率受决策规则影响，决策规则所要求的有效多数的比例越高，决策通过的难度越大，就无法通过决议、采取措施为全球治理发挥作用，反之，决策就越容易通过决策。此外，决策效率还与投票权分配有关。因此就目前 CRA 的投票权分配格局和决策规则，从成员国个体和组织整体的角度出发，进行权力均衡和决策效率的精确测算，并系统地阐述两者间的关系。

8.3.2 个体投票权力、组织权力均衡和决策效率的测算指标

（1）个体投票权力的测算指标。第一，绝对班扎夫（Banzhaf）指数测算的是在所有可能的投票选择下，某一成员国成为"一锤定音者"的可能性，即某一成员国的投票直接决定决策结果，该国同意，则决议通过；不同意，则决议不通过。因此指标测算的是一种概率型权力，故该权力指数的变化区间为 [0，1]，值越大，权力越大，当值为 1 时，说明该成员国"一家独大"，拥有绝对的权力；当值为 0 时，则说明该成员国完全无权力，如在欧洲经济共同体中卢森堡被认为在投票权分配中"占尽便宜"，但其真实权力为 0，也就是我们所说的"卢森堡悖论"。第二，通过科尔曼（Coleman）指数进行个体投票权力的测算。实际上，绝对 Banzhaf 指数衡量的是成员国同时左右表决结果的综合性能力，主要包括两个维度，其一为因其反对使得表决不能通过的能力，其二为因其赞成决议通过的能力。Coleman 指数分别对上述两个维度进行衡量，形成 Coleman 阻止权力指数和 Coleman 倡议权力指数。Coleman 阻止权力指数衡量的是成为"关键反对票"的概率，Coleman 倡议权力指数衡量的是成为"关键赞成票"的概率，因 Coleman 指数衡量的是一种概率型权力，所以其变化区间也为 [0，1]，权力值变化的含义同绝对 Banzhaf 指数。

（2）组织权力均衡的测算指标。制衡权力指数从权力均衡的核心特征——没有一国处于核心领导地位——出发，通过衡量国际组织中其他成员国避免权力最大国"独揽大权"的制衡能力，精确测算国际组织的权力均衡状态。指标的分子为除权力最大国以外其他国家的实际权力值之和，分母为除权力最大国以外其他国家在理论上可以达到的权力值之和的最大值。制衡权力指数的变化区间为 [0，1]，当值为 0 时，意味着权力最大国拥有绝对的权利，其他国家的权力均为零，权力失衡最为严重，其他国家无论通过何种努力都无法扭转权力最大国为"独裁者"的局面；当制衡权力指数为 1 时，意味着权力分配处于绝对均衡的状态，每个国家地位平等，处于"平权"模式。当值位于 [0，1] 之间时，意味着权力分配不完全均

衡，虽然权力最大国处于优势地位，但是其不再具有成为"关键票"的可能，其他国家之间通过合作制衡权力最大国，权力最大国与其他国家联合或者分化，最终形成决策结果。制衡权力指数越低，达到权力均衡状态的难度越大，反之则相反。

（3）组织决策效率的测算指标。Coleman 全体权力指数计算使得表决通过的投票组合数占所有可能的投票选择组合的比例，该指数衡量了国际组织通过决策并发挥职能的能力。从理论上讲，全体权力指数越小，则越难形成决策；反之，则越容易形成决策。因此可以将此指数当作决策效率的衡量指标，用于衡量形成决策的能力。Coleman 全体权力指数的变化区间为 $[0，1]$，值越大，说明决策效率越高，当值为 1 时，说明在所有投票组合下表决都能通过；值为 0 时，说明在任何投票组合下表决都无法通过。当值位于 0 和 1 之间时，说明一部分的投票选择组合可以使得表决通过，而其他的投票组合不能使表决通过。

8.3.3　金砖国家应急储备安排的权力分配

基于绝对 Banzhaf 权力指数、Coleman 阻力权力指数和 Coleman 倡议权力指数，在简单多数和共识的决策规则下，对 CRA 各成员国真实的权力分配格局进行测算，结果如表 8 - 4 所示。由于各成员国的名义投票权存在差异，其真实的权力分配也呈现出差异化。

1. 简单多数制下的投票权分配格局。在简单多数制下，中国的权力指数在金砖五国中位居第一，为 75%，其次为印度、巴西和俄罗斯，为 25%，而南非的权力指数为 0。尽管南非投票权分配过高（其经济规模占金砖五国总经济规模的 2%，却享有 5.75% 的投票权比例），但是在加权票简单多数的决策规则下，其投票权不会对表决结果产生实质性影响，是新的"卢森堡悖论"。组织整体的制衡权力指数为 62.25%，决策效率为 50%。

2. 共识规则下的"准平权"。常务委员会在进行部分操作性问题决策时，采取的是简单多数的决策规则，如上所述，在这种决策规则下，各个成员国的真实权力存在差异，但是在战略性和最高性问题决策时，采用的是共识原则，在这种原则下，各成员国投票权分配之间的差距会被忽略，真实权力都将完全平等。无论哪个成员国拥有超过简单多数的投票权，也不能左右决策结果，只有当所有国家全部赞同某一决策时，该决策才能被通过，因此在共识规则下的权力分配成为"准平权"，此时各个国家的绝对Banzhaf权力指数、Coleman阻力权力指数和Coleman倡议权力指数一致，分别为6.25%、100%和3.23%。组织整体的制衡权力指数为100%，达到绝对的权力均衡状态，其背后的代价就是组织整体的决策效率骤降，为3.13%（见表8-4）。

表8-4　　金砖国家应急储备安排在不同决策规则下的权力分配

成员	简单多数（%）			共识/一致（%）		
权力指数	绝对 Banzhaf	Coleman 阻力	Coleman 倡议	绝对 Banzhaf	Coleman 阻力	Coleman 倡议
中国	75.00	75.00	75.00	6.25	100.00	3.23
印度	25.00	25.00	25.00	6.25	100.00	3.23
巴西	25.00	25.00	25.00	6.25	100.00	3.23
俄罗斯	25.00	25.00	25.00	6.25	100.00	3.23
南非	0.00	0.00	0.00	6.25	100.00	3.23
权力均衡	62.25			100.00		
决策效率	50.00			3.13		

资料来源：罗杭，杨黎泽. 国际组织中的权力均衡与决策效率——以金砖国家新开发银行和应急储备安排为例［J］. 世界经济与政治，2019（2）.

3. 中国在应急储备安排中的投票权。综合考虑中国的经济体量和承诺出资额，CRA赋予中国最大的投票权比重，为39.95%，一方面，在加权票简单多数的决策机制下，只有当有效的投票比例低于39.95%时，中国才具有绝对权力；另一方面，在共识原则下，中国更不具有"一票通过权"或者"一票否决权"，真实的权力分配是"五国平权"。总体来看，CRA的决策机制设计损害了中国的利益，表现为：投票权权重最大，但是在共识原则下，中国的实际投票权与其他国家一致，有失公平。

8.3.4　CRA 在现实格局和假设实验中的权力对比

目前，大部分的国际组织按照各成员国的经济发展水平和认缴的出资额比例确定投票权重，按照上述的普遍做法进行假设实验，基于绝对Banzhaf 权力指数、Coleman 阻力权力指数和 Coleman 倡议权力指数，与现实格局下的投票权分配情况进行对比（见表 8 – 5）。

表 8 – 5　　CRA 在不同决策规则下现实格局与假设实验的权力对比

成员	简单多数（%）			共识／一致（%）		
权力指数	绝对 Banzhaf	Coleman 阻力	Coleman 倡议	绝对 Banzhaf	Coleman 阻力	Coleman 倡议
中国	75.00/100.00	75.00/100.00	75.00/100.00	6.25/6.25	100.00/100.00	3.23/3.23
印度	25.00/0.00	25.00/0.00	25.00/0.00	6.25/6.25	100.00/100.00	3.23/3.23
巴西	25.00/0.00	25.00/0.00	25.00/0.00	6.25/6.25	100.00/100.00	3.23/3.23
俄罗斯	25.00/0.00	25.00/0.00	25.00/0.00	6.25/6.25	100.00/100.00	3.23/3.23
南非	0.00/0.00	0.00/0.00	0.00/0.00	6.25/6.25	100.00/100.00	3.23/3.23
权力均衡	62.25/0.00			100.00/100.00		
决策效率	50.00/0.00			3.13/3.13		

注：a/b，其中 a 代表现实格局下的权力指数值，b 代表假设实验下的权力指数值。

资料来源：罗杭，杨黎泽．国际组织中的权力均衡与决策效率——以金砖国家新开发银行和应急储备安排为例［J］．世界经济与政治，2019（2）．

第一，在假设实验中，简单多数制下中国拥有绝对权力，居于优势地位，其他国家无任何权力。从数据来看，中国的权力指数值为 100%，而其他成员国的权力指数值为 0，整个的权力分配格局处于完全失衡的状态。此时组织整体的制衡权力指数为 0，远低于现实格局的 62.25%，决策效率由50% 下降到 0。

第二，在共识原则下，无论是按照现行的制度模式还是按照经济实力分配投票权，各成员国的 Coleman 阻力权力指数和 Coleman 倡议权力指数都保持不变，真实权力完全相等，依然处于"平权"模式。组织整体的制衡权力指数和决策效率保持不变，分别为 100% 和 3.13%。

基于以上分析可以发现，如果按照经济规模分配投票权，在采用简单多数制进行操作性和行政性问题决策时，成员国之间的真实权力会出现较大的悬殊，权力最大国居于主导地位；但在采用共识原则进行高层级和战略性问题决策时，成员国之间的真实权力不受投票权分配格局的影响。总体而言，相较于按照经济实力分配投票权而言，中国在现实格局中的实际权力状况受到损害，主要体现在：在简单多数制下，中国在现实格局中拥有的投票权力远远低于按照经济规模分配投票权时的投票权力，在行政性和操作性问题决策时拥有的话语权减少；而其他四国的状况恰好相反，在简单多数制下，他们在现实格局中的投票权更大，即在现行的决策机制下，中国是唯一的受损者，其他四国都是受益者。

8.3.5　国际组织中权力均衡与决策效率的关系

国际组织组建过程中，成员国间权力结构的均衡程度与决策效率的高低都是国际组织制度设计中需要考虑的重要因素，这些因素将直接影响到国际组织的治理能力。本节利用制衡权力指数和 Coleman 全体权力指数，分析国际组织中权力均衡和决策效率两个重要的指标及其之间的关系。

1. 在简单多数制下权力均衡与决策效率的关系。图 8-1 对比了在现实格局与假设实验中的权力均衡与决策效率，从图 8-1 中可以看出，在简单多数制下，制衡权力指数从现实格局中的 62.25% 下降到假设实验中的 0，即金砖五国的权力格局从不完全失衡的状态变为完全失衡的状态；全体权力指数恒为 50%，即决策效率保持不变。故权力平衡和决策效率两者之间的关系为权力平衡性的调整并不会改变决策效率。

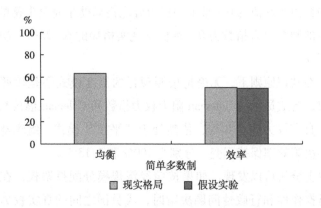

图 8-1　简单多数制下 CRA 在现实格局和假设实验中的权力对比

［资料来源：罗杭，杨黎泽. 国际组织中的权力均衡与决策效率——
以金砖国家新开发银行和应急储备安排为例［J］. 世界经济与政治，2019（2）］

2. 在共识规则下权力均衡和决策效率的关系。如前所述，无论是在现实格局中还是在假设实验中，无论名义上的投票权分配格局如何，无论金砖五国的投票权重相差如何悬殊，在共识（一致）的决策规则下，每个国家的真实权力是平衡的，都处于"一国一票"的平等地位，此时的制衡权力指数都为 100%，即权力格局达到了完全均衡状态。但是，决策效率在现实格局和假设实验中都为 3.13%，比起简单多数制下的 50%，呈现出骤降的趋势。金砖国家应急储备安排采用加权的投票权分配方式和共识（一致）的决策规则，在这种决策机制设计中，强行拉平金砖五国的真实权力，名义上的加权投票制如同虚设。在真实的决议过程中，五国须一致通过，增加了形成决策的难度，决策效率下降，造成决议"久拖不决"，严重影响了治理功能的发挥。

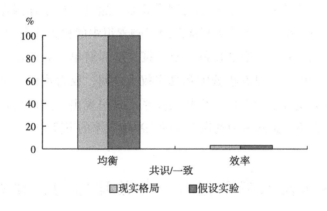

图 8 – 2　共识原则下 CRA 在现实格局和假设实验中的权力对比

[资料来源：罗杭，杨黎泽. 国际组织中的权力均衡与决策效率——
以金砖国家新开发银行和应急储备安排为例 [J]. 世界经济与政治，2019 (2)]

3. 在共识原则下权力绝对均衡且保持不变，但决策效率随着成员国数量的变化而变化。如前文所述，若一个国际组织采取共识原则，没有一个成员国处于优势或者主导地位，则任何一个国家的制衡权力指数恒为 100%，处于权力绝对均衡状态，而且这一指数与成员国的数量无关，与成员国投票权的分配格局也无关。共识原则要求全体成员国一致同意，但是随着新的成员国不断加入，形成决议的协调成本将会越来越高，达成共识也越来越难，决策效率不断降低，经过计算，决策效率随着成员国数量的增加呈负指数级下降。若未来新成员国不断加入 CRA，则在共识规则下的决策效率将会不断恶化。

人们往往认为国际组织投票权分配的平权模式会使得决策效率下降。一部分学者也得出 CRA 中的"准平权"模式会损害决策效率的结论（王中美，2005；蔡高强，2017）。在 CRA 中，名义投票权分配采用的是加权投票制，中国拥有最大的投票比重，但是在高级别和战略性问题的决策上，共识原则使得金砖五国的权力处于"平权"状态，达到了实际权力的绝对平衡与完全对等，严重损害了组织的决策效率。可见，不仅投票权的分配格局对权力均衡和决策效率有影响，组织决策规则的设计也会对两者产生影响。从逻辑上来讲，投票权分配格局和决策规则设置都会影响权力均衡程度和决策效率，故权力均衡和决策效率是两者的"果"，权力均衡和决策效率之间具有相关关系，而非明确的因果关系。通过上述指标测算结果，我们可以得出以下结论：决策规则深深地影响着组织的权力均衡和决策效率。由于决策规则中有效多数的比例以及决策类型（简单多数还是共识）的不同，国际组织的名义投票权分配和真实权力之间、权力均衡和决策效率之间的关系并未呈现出简单的线性相关关系而是呈现出复杂的变化规律，如在简单多数制下，追求权力均衡并未带来决策效率的下降。

8.4 金砖国家应急储备安排治理结构方面的缺陷

8.4.1 人员选举及任期

目前，金砖国家应急储备安排采用双层治理结构，首先，其负责高级别和战略性事项的最高决策机构部长理事会并没有规定理事、副理事的选举和任期的相关事项，只是对理事出任人员的资格身份进行了限定，可能是考虑到理事应为各成员国中央银行行长或者财长所致，但理事会对副理事并未作出有出任人员资格的要求。其次，对于应急储备安排的执行机构常务委员会，其对董事、副董事的出任要求只是各成员国的中央银行官员，并且每个成员国选派两人分别出任董事和副董事，并无换届选举以及出任任期的要求。这样设置可能是由于应急储备安排并不是一个常规性的机构，而只是对未来发生金融风险的一个预防性安排，对于日常具体事务的管理和执行鲜有涉及，所以对于董事、副董事的换届选举及任期未有规定。

8.4.2 常设机构缺失

除此之外，在部长理事会及常务委员会中，没有设置固定的理事长及董事长，而且秘书处的设置也是空缺的。应急储备安排只是规定理事会和常务委员会协调国以及秘书处的职责由当时负责举办金砖国家领导人会晤的成员国来承担，但是由于每次的主办国可能不同，这样会使得理事长、董事长及秘书处在履行相关职责时不具有连续性，而且一旦触发了应急储备安排的救助条件后，新出任的协调国或许缺乏从事理事长、董事长和秘书处相关的经验，进而难以胜任。

8.4.3 缺乏监督机构

应急储备安排对于决策机构和执行机构均有设立，不过理事会和常务委员会在预防性阶段往往很少需要发挥他们的职能，但是负责评估及监管的部门却时时需要。应急储备安排对于监督机构的设立也是较为空缺，《条约》规定理事会有权设立一个监督小组，不过《条约》并未对监督小组的职责、权力范围、具体工作内容和遵守的规则进行进一步规定。稳健的监管部门对于一个组织来说必不可少，如果没有一个专门的监督机构，不利于金砖国家应急储备安排的长久发展。

8.4.4 决策效率不足

对于决策机制，共识的这种决策方式是金砖国家应急储备安排中的一大特色，其设立的初衷也是为了避免不公平，保护跨区域的国际组织中拥有少数投票权的国家的话语权。采取共识的方式来对某事项作出决策，能够极大地保障各金砖成员国的利益，具有公平性，但是这种做决策的方式的不足是会降低做决策的效率。最高决策机构中的理事会的共识决策方式主要负责的是战略性的重大事项的决策，如果各成员国对某事项的意见无法达成一致，那么决策将无法作出。重大事项的拖延决定将不利于金砖国家应急储备安排的顺利发展及正常运行。执行机构中的借款提供方共识以及常委会共识主要是对日常具体的事项作决策的方式，同理，如果行政性和操作性的事务迟迟不决，应急储备安排的日常运行即会受到影响。

8.4.5　自我管理式承诺制模式的不确定性及时滞性

在金砖五国商议集体防范金融风险，维护金融稳定的情形下，金砖国家应急储备安排应运而生，根据《条约》规定，为具有国际收支困难的成员国提供短期的流动性支持，但此资金的提供是一种承诺，既有优点，又有不足。虽然应急储备安排可以通过预防性工具使各成员国的预期稳定，缓解不确定性，但是金砖国家的应急储备安排没有像 IMF 一样设立一个实体的国际机构，其承诺的出资额在批准借款申请前分别存放于各成员国的中央银行进行管理，只有当其中一个成员国发生实际困难需要救助时才集中履行出资承诺，其也面临着由于临时筹集资金所带来的时滞性的影响。

8.5　优化建议

金砖国家应急储备机制是新兴经济体在经济治理机制尤其是金融治理方面的一次创新性尝试，是对全球经济治理机制的一个有益补充，对 IMF 可能顾及不到的新兴经济体的短期国际收支压力进行了保障，顺应全球经济治理改革的潮流。根据应急储备安排既有的缺陷，从以下几个方面提出完善建议。

8.5.1　完善应急储备安排的运行机制

金砖国家的经济特点高度相似，且随着国家间的投资、贸易往来以及金融联系不断增强，经济协动性增强，承诺式运行模式在救助的时效性和资金充足率方面受到质疑，并且 CRA 不具有独立的国际法人地位，筹资渠道和灵活性受到制约。因此，可以尝试将运行模式由"承诺式"改为"嵌入式"，赋予新开发银行金融稳定的职能，使其成为兼具经济发展与金融稳定职能的机构，或者当发展职能与稳定职能两者在资金来源、运用和管理上的矛盾达到不可调和的程度且造成运营成本不降反升的局面时，改为"实体式"，直接成立专门的实体机构。

1. 建立动态的资金实缴和增长机制。首先无论是"嵌入式"还是"实体式"，资金的缴存方式都是实缴，因此，CRA 的资金构成应逐步实现由承诺制向实缴制过渡，可以借鉴 IMF 的做法，按照各个成员国的经济发展指标（GDP、国际贸易程度、外汇储备等）和对应救助的需求程度，计算各个国家的实缴份额，保障各个国家在面对外部冲击和国际收支压力时能够快速获得足额的应急救助，保障 CRA 发挥最后贷款人的作用。其次，随着金砖国家经济增长的不断加快，为保证承诺金额与经济体量相匹配，CRA 可以考虑建立一个与各成员国 GDP 增长速度相挂钩的承诺金额动态增长机制，即根据各成员国每年的 GDP 增长速度，基于现有的出资比例，计算增缴比例及增缴额度，从而确保 CRA 的储备资本金规模与金砖国家经济发展的实际状况保持动态一致，以较低的成本扩充资金来源。

2. 拓宽资金的筹集渠道。无论是实体式还是嵌入式，依托新开发银行或者设立独立的实体机构，都需要通过多种渠道拓展资金来源，增强 CRA 的筹资能力。首先，允许与金砖区域有着密切联系的新成员国加入，这不仅有助于加强该区域金融安全网的影响力还可以扩充资金规模，或者对旧成员国增资扩股，如上述与 GDP 增长挂钩的储备基金额动态增长模式；其次，借鉴 IMF 的做法，在国际金融市场上以发行债券的方式进行融资，为该应急储备安排的目标实现与职能发挥提供资金保证；再次，CRA 可建立与 IMF 相类似的借款总安排或新借款安排，通过设立普遍认缴金额以外的"备用信贷额度"，当 CRA 的资金不足时，可以通过此信贷额度进行资金的补充；最后，通过成员国借款筹集资金。由于每个成员国拥有的外汇储备量是不同的，金砖国家应急储备安排可以在资金不足时从外汇储备量大的国家（金砖五国中，中国的外汇储备量最大）借入资金，并根据一定的利率进行还本付息，这种方式促进了"双赢"局面的形成，一方面，通过资金调配，实现了资金优化配置；另一方面，CRA 资金来源增加，危机发生时，成员国可获得的资金数量也相应增加，最终提高了抵御危机的能力，维护了金融市场稳定。

3. 适当修改借款条件与借款额度。CRA 规定最大借款额度的 70% 与 IMF 贷款安排挂钩，这一规定不利于危机期间为危机国快速足额地提供救助，为了增强 CRA 的时效性与独立性，应该独立设置评估监督机构，增强对金融状况的评估、风险识别与危机预警能力，在逐步发展完善评估监督机构的基础上，循序渐进地放宽贷款条件，提高与国际货币基金组织贷款安排的脱钩比例。目前可行的过渡方案为，将借款条件中与 IMF 贷款安排直接挂钩的规定替换为与 IMF 的 FCL/PLL 标准挂钩，保证资金顺利偿还的同时，为危机国提供足够的流动性支持；此外，在应急储备安排建立、发展与完善的过程中，通过对发展路径的探索与自身实践经验的积累，CRA 可减少对 IMF 的依赖，摸索形成具有"金砖特色""史无前例"且严中有宽的贷款条件。例如，根据危机国的经济发展指标和主权信用评级，对不同国家不同贷款规模设置不同的贷款条件，并对危机国进行事后的评估与监督，又如，评估审查经济发展指标和财政状况、监督和反馈危机国履约意愿，在避免 CRA 危机救助时滞性的同时尽可能降低道德风险事件的发生概率；在借款额度方面，CRA 综合考虑各成员国的出资额、经济发展状况、抵御风险的能力以及资金需求，分别设置各成员国的借款倍数，由借款倍数和承诺出资额决定最大借款额度。这种"区别对待"的借款倍数设置方式使得救援力量向那些出资相对较少、经济发展相对落后的成员国倾斜，危机国能获得远高于出资额的贷款额度，使得 CRA 带来的危机抵御能力在各成员国之间相当，体现 CRA 在危机救援中的公平互助功能。但是，从长期来看，随着新成员国不断加入组织，一成不变的借款乘数是不合时宜的，金砖各国和之后加入的新成员国在整体经济实力、国际收支压力以及对救助资金的实际需求等方面是存在差异的，必须根据此差异实时调整借款倍数，平衡各成员国可获得的收益水平，使 CRA 的制度设定适当且合理，为其长期可持续发展奠定坚实的制度基础。

4. 采取隐含价格或适当浮动的贷款利率。CRA 中购买与回购的利率具有一定的惩罚性，从理论上讲，该制度设计存在一定的合理性，但在实践过程中贷款都是以当时的市场利率或加上一定的管理费率发放，而不是以相应的基准利率加一定的利差进行贷款发放。CRA 充当区域性的最后贷款人，基于这一定位，用高利率进行贷款可能忽略了危机国的承受能力和最初的救助目的，"雪上加霜"，危机恶化的负面信息向整个金砖区域内的市场传达，恐慌情绪会迅速传染、蔓延，并且迫使危机国政府和私人部门经营者"铤而走险"以获取高收益来摆脱困境，导致逆向选择和道德风险问题加剧。因此，本章认为贷款利率可采取"隐含价格"的方式，即限制和约束危机国的行为，如对危机国缩减财政赤字的方式方法进行指导，危机国救助资金的使用情况须接受金砖国家应急储备安排监督机构的追踪和审查，对事后如何偿还贷款作出明确的承诺，一旦违反义务，严重者将受到取消其在 CRA 的投票权甚至退出该安排等制裁。此种方式的好处在于既可以避开高利率的弊端，又能有效地抑制道德风险。此外，在综合考虑救助目的以及承受能力的基础上，在贷款上设置适当浮动的利率区间，以对成员国建立一个合适的激励机制，通过给予适当的利率优惠刺激他们采取损失最小化的政策，提高应对危机的能力，促使危机国在能力范围内自觉主动地承担及时偿还贷款的义务。

8.5.2　优化应急储备安排的治理结构

1. 最高决策机构及决策制度的改进。首先，应对理事会相关人员的选举及任期进行详细的规定。理事会成员由各个金砖国家指定一名理事和副理事构成，通常，理事由成员国的财长、中央银行行长或者其他地位相当的人担任，任期不定，原因在于各个金砖国家对本国财长、中央银行行长的任期规定不同，但是，副理事的换届选举没有明确的规定，此时，可以参照 IMF 的做法，将理事、副理事的任命及任期都由任命国自定。其次，理事会采用"共识"的方式进行重大事项的决策，虽然可以保障各个成员国之间的利益，保证公平，但不利于决策效率的提高。由于理事会需要对某一决策事项达成一致的意见，协商过程中"拉锯战"的"戏码"可能会上演，若是无法达成"共识"，事项则会久拖不决，降低决策效率。IMF 规定，理事会对每次重大事项的决议必须要半数以上的投票通过。EFSD 规定，一项决议的通过必须要有 2/3 以上的理事会成员参会，且需要 80% 的参会人员达成共识。EFSD 的决策机制更加适合应急储备安排的宗旨，所以应急储备安排可以借鉴 EFSD 的经验，应当综合采取"多数和共识"的决策机制——对于应急救援运行机制相关事宜的审议与修改应规定具体的通过票数。对于其他事宜，如设立秘书处和监督小组、审议和修改治理等相关事项以及机构的权利与义务可以采取共识的决策方式。

2. 执行机构及决策制度的改进。首先，明确规定董事、副董事的任命与任期及相关事宜。国际货币金融合作机制对董事与副董事换届选举工作作出了相应的规定，第一种，直接规定任期为 5 年，期间成员国可以进行人员的重新任命；第二种，任期由成员国自行决定；第三种，规定任期为五年，但是可以连任。CRA 并未对董事、副董事的任期作出具体规定，建立初期并未确定常务委员会的成员，借鉴 IMF 的做法并结合金砖国家的实际情况，CRA 常务委员会成员的任期安排可与理事会成员的任期一致，均由任命国自定，任职到有新的任命为止。其次，应设立理事长、董事长以及秘书处。《条约》中规定，金砖国家领导人会晤的主办国担任理事会和常务委员会协调国，其主要工作为：①召集与主持理事会会议与常务委员会会议，②视情况协调成员投票表决，③承担秘书处的职责，④通知成员国流动性工具和预防性工具的启动与延期。IMF 规定了理事长、董事长的选任、权限与职责。但 CRA 中并未设置理事长、董事长（常务委员会委员长）的选举，也并未设置秘书处，规定由协调国承担理事长、董事长以及秘书处的部分职责。伴随着应急储备安排不断地发展与完善，协调国的身份恐怕难以胜任"理事长""董事长"的职责。在后续的发展中，《条约》可以对"理事长""董事长"重新作出规定，设立一个承担协调国职责的秘书处，该机构作为常设机构，负责应急储备安排的会议召集主持以及通知、协调工作。

3. 增设监督机构及其运行机制。CRA 只设立了理事会和常务委员会，未建立专门的监督小组。应急储备安排在初期阶段只是一种预防性安排，评估与监督机构的职能发挥比理事会与常务委员会的职能发挥更具有重要性意义。设立评估监督机构，建立完善的评估监督制度，事前对成员国金融发展状况进行监测与评估，定期发布季度或年度报告进行信息披露，不仅提高危机识别与预警能力，防范金融危机的发生，还可以对跨境资本流动进行实时监测，避免无序的资本流动加大国际收支压力，防范资本流动冲击。事中和事后，监督机构还应该对危机国的申请进行成因分析，有针对性地设置救助方案，监督资金去向。一方面，有效地防范与识别申请国与救援国之间的道德风险；另一方面，确保救援国的资金安全，保障金砖国家应急储备制度的平稳运行。此外，金砖国家储备安排还应该发挥信息交流与合作平台的职能，为各国协调货币和汇率政策搭建信息平台，共同应对面临的系统性金融风险，实现协同发展、互利共赢。

虽然理事会的职责之一包括建立专门的监督机构，但是，目前监督机构的职责与权限、人员任命规则、部门运作程序规则缺少具体、明确的规定。正是由于缺少独立的监督与评估能力，CRA 建立初期借助 IMF 的力量，将最大借款额的 70% 与 IMF 挂钩，即申请国在获得贷款时，要有证据表明申请国与 IMF 之间有正常的贷款安排。一个完善的监督与评估机构对于 CRA 的可持续发展必不可少，其不仅可以有助于提高风险监测能力，还可以在管理机构人员换届选举、工作内容、救助过程的各个步骤中实施监督，通过对外披露各部门工作内容的相关信息，提高应急救援机制的透明度、成员参与度，因此，CRA 应该设立、发展与完善评估监测机构，制定一套具体详尽的评估监测机制，提高金融经济的评估能力和应急救援监督功能，或者，在理事会和常务委员会之外设立独立的评估监测机构，尽力减少各种政治、经济因素的影响，公平公正地发挥评估监督作用，甚至可以建立外部投诉机制。

8.5.3　巩固金砖国家合作的"压舱石"和"稳定器"

1. 增强各成员国的战略互信，加大金砖国家在实体经济领域的合作。自金砖国家合作机制成立以来，金砖五国在经贸、财经、政治、科技、文化、卫生等方面已经展开了多层次的合作，目前在金融领域合作的方面主要有金砖国家新开发银行和金砖国家应急储备安排，可以看到在金融领域有了实质性的合作成果。但是，金融业终究是服务行业，最终还是要服务于实体经济发展的，金砖国家之间的实体经济领域的合作程度决定了金融方面的合作能走到哪里，因此，金砖国家接下来可以就经贸、投资等方面探讨如何来进行相关的合作。

2. 挖掘金砖国家在金融领域其他方面的合作潜力。金砖国家应急储备安排主要还是跨区域的多边化货币互换（SWAP），而我国中央银行与其他国家也有本币互换的协议，主要用于投资业务和贸易方面的人民币结算。我国和巴西、俄罗斯、印度、南非均签署过双边本币互换的协议，未来应鼓励双边协议多边化，密切关注彼此间的金融合作。此外，就是可以适度地开放金砖国家之间的投资市场，例如，银行间债券市场，完善相关的制度和监管方面的规则，达到更深层次的合作。

第9章 总结与展望

金砖经济体合作是 21 世纪新兴市场经济体合作的典范，驱动金砖五国走到一起的因素既包括现行不合理的国际金融治理体系、对外部金融安全网的现实需求，同时也表达了抵制逆全球化、在动荡环境中谋求包容性发展的潜在诉求。

自 2009 年金砖国家正式成立以来，金砖国家在这 10 年间的合作取得了丰硕的成果，其中最重要的成就在于建立应急储备安排、设立金砖国家新开发银行、推进国际金融体系份额和投票权改革以及加快 WTO 多边谈判进程。这些举措不仅极大程度地推进了金砖国家合作从务虚到务实层面的转型，更重要的是推动了新型国际关系体制的变革。尽管 10 年间金砖经济体发展的速度、路径出现分化，甚至基于地缘因素产生摩擦，但金砖经济体的金融合作、经贸往来成为稳定金砖组织、深化金砖合作的"压舱石"和"助推器"。

金砖国家之间的金融合作成果以新开发银行和应急储备安排为代表，但两者的功能定位、作用机制存在显著差异。金砖经济体日益与全球经济接轨，资本账户开放加速，同时国内金融体系相对落后、管制手段有限，由此金砖经济体面临的国际资本流动"突然停止"冲击凸显，并可能由此诱发汇率和国际收支危机、国内企业融资困境加剧、银行不良资产骤增。通过构建金砖经济体应急储备安排，进而构建外部金融安全网，既能有效地防范、缓冲外部冲击，起到平滑产出的作用，又能减少各国储备囤积动力，节约现有的储备资产，将其转化为投资从而推动经济增长，因此储备库建设对各参与主体都是有益的。

但现有应急储备安排在治理机制、决策效率、运行机制都存在一定的问题。比如，治理方面，采用双层治理架构，缺乏人员任职期限、资格方面的约束，缺少常设机构和监督机构。决策效率方面，应急储备安排采取共识的方式来对某事项作出决策，能够极大地保障各金砖成员国的利益，具有公平性，但是这种做决策的方式的不足之处是会降低做决策的效率。运行机制方面，采用自我管理式承诺制模式，存在不确定性及时滞性。鉴于这些问题，可以从上述三个角度进行改革。

优化应急储备安排的治理结构：①最高决策机构及决策制度的改进，对理事会相关人员的选举及任期进行详细的规定。②执行机构及决策制度的改进。首先，明确规定董事、副董事的任命与任期及相关事宜。借鉴 IMF 的做法并结合金砖国家的实际情况，CRA 常务委员会成员的任期安排可与理事会成员的任期一致，均由任命国自定，任职到有新的任命为止。其次，应设立理事长、董事长以及秘书处。③增设监督机构及其运行机制。设立评估监督机构，建立完善的评估监督制度，事前对成员国金融发展状况进行监测与评估，定期发布季度或年度报告进行信息披露，提高危机识别与预警能力，防范金融危机的发生，还可以对跨境资本流动进行实时监测，避免无序的资本流动加大国际收支压力，防范资本流动冲击。

提高应急储备安排的决策效率：应急储备安排可以借鉴 EFSD 的经验，应当综合采取"多数和共识"的决策机制——对于应急救援运行机制相关事宜的审议与修改应规定具体的通过票数。对于其他事宜，如设立秘书处和监督小组、审议和修改治理等相关事项以及机构的权利与义务可以采取共识的决策方式。

完善应急储备安排的运行机制：①尝试将运行模式由"承诺式"改为"嵌入式"。赋予新开发银行金融稳定的职能，使其成为兼具经济发展与金融稳定职能的机构，或者当发展职能与稳定职能两者在资金来源、运用和管理上的矛盾达到不可调和的程度且造成运营成本不降反升的局面时，改为"实体式"，直接成立专门的实体机构。②建立动态的资金实缴和可得融资增长机制。按照各个成员国的经济发展指标（GDP、国际贸易程度、外汇储备等）和对应急救助的需求程度，计算各个国家的实缴份额，保障各个国家在面对外部冲击和国际收支压力时能够快速获得足额的应急救助，保障 CRA 发挥最后贷款人的作用。③拓宽资金的筹集渠道。允许与金砖区域有着密切联系的新成员国加入，这不仅有助于加强该区域金融安全网的影响力，还可以扩充资金规模。借鉴 IMF 的做法，在国际金融市场上以发行债券的方式进行融资，设立普遍认缴金额以外的"备用信贷额度"进行资金的补充。④适当修改借款条件与借款额度。为了增强 CRA 的时效性与独立性，应该独立设置评估监督机构，增强对金融状况的评估、风险识别与危机预警能力，在逐步发展、完善评估监督机构的基础上，循序渐进地放宽贷款条件，提高与国际货币基金组织贷款安排的脱钩比例。目前可行的过渡方案为，将借款条件中与 IMF 贷款安排直接挂钩的规定替换为与 IMF 的 FCL/PLL 标准挂钩，保证资金顺利偿还的同时，为危机国提供足够的流动性支持。⑤采取隐含价格或适当浮动的贷款利率。贷款利率可采取"隐含价格"的方式，即限制和约束危机国的行为，如对危机国缩减财政赤字的方式方法进行指导，危机国救助资金的使用情况须接受金砖国家应急储备安排监督机构的追踪和审查，对事后如何偿还贷款作出明确的承诺，一旦违反义务，严重者将受到取消其在 CRA 的投票权甚至退出该安排等制裁。

参 考 文 献

[1] 陈奉先. 国际资本流动"突然停止"、消费平滑与最优外汇储备持有量 [J]. 经济理论与经济管理, 2016 (9): 54 - 69.

[2] 郑妍妍, 刘鹏程, 李磊. 资本账户开放条件下我国预防性最优外汇储备估计 [J]. 上海金融, 2014 (5): 3 - 10.

[3] 李增刚, 赵擎. 中国外汇储备最优规模的实证研究——基于改进的动态优化模型 [J]. 数量经济研究, 2012, 3 (2): 32 - 49.

[4] 饶晓辉. 平滑消费视角下中国外汇储备的最适持有量 [J]. 经济科学, 2012 (4): 14 - 23.

[5] 白晓燕, 罗明. 基于资本急停预防的中国外汇储备需求研究 [J]. 世界经济研究, 2012 (6): 16 - 23, 87.

[6] 王晟, 蔡明超. 中国居民风险厌恶系数测定及影响因素分析——基于中国居民投资行为数据的实证研究 [J]. 金融研究, 2011 (8): 192 - 206.

[7] 杨艺, 陶永诚. 中国国际储备适度规模测度 1994—2009——基于效用最大化分析框架的数值模拟 [J]. 国际金融研究, 2011 (6): 4 - 13.

[8] 梁权熙, 田存志. 国际资本流动"突然停止"、银行危机及其产出效应 [J]. 国际金融研究, 2011 (2): 52 - 62.

[9] 李巍, 张志超. 一个基于金融稳定的外汇储备分析框架——兼论中国外汇储备的适度规模 [J]. 经济研究, 2009, 44 (8): 27 - 36.

[10] 张志超. 最优国际储备理论与测度: 文献述评 (下) [J]. 华东师范大学学报 (哲学社会科学版), 2009, 41 (3): 72 - 82.

[11] 张志超. 最优国际储备理论与测度: 文献述评 (上) [J]. 华东师范大学学报 (哲学社会科学版), 2009, 41 (2): 94 - 104.

[12] 卢锋. 中国国际收支双顺差现象研究: 对中国外汇储备突破万亿

美元的理论思考 [J]. 世界经济，2006（11）：3 - 10，95.

[13] 郭树勇，史明涛. 建设新型国际关系体系的可能——从金砖国家开发银行和应急储备安排设立看世界秩序变革 [J]. 国际观察，2015（2）：15 - 29.

[14] 何泽荣，严青，陈奉先. 东亚外汇储备库：参与动力与成本收益的实证考察 [J]. 世界经济研究，2014（2）：3 - 9.

[15] 刘刚，邓嘉鑫，陈慧. 金砖国家应急储备安排危机防范能力的测度及应对 [J]. 广东财经大学学报，2017（2）：73 - 78.

[16] 汤凌霄，欧阳峣，黄泽先. 国际最后贷款人视角下金砖国家储备安排的运行模式分析 [J]. 财政研究，2016（9）：106 - 113.

[17] 叶玉. 金砖国家应急储备安排前瞻 [J]. 世界经济研究，2014（3）：15 - 20.

[18] 封福育，赵梦楠. 我国城镇居民消费的风险分担与跨期平滑——基于 1985—2011 年的实证研究 [J]. 财经理论与实践，2014（5）：92 - 96.

[19] 何青，杜巨澜，薛畅. 中国消费风险分担偏低之谜 [J]. 经济研究，2014（s1）：4 - 16.

[20] 黄涛. 东亚货币一体化的国际风险分担机制分析——基于第二代最优货币区理论的拓展 [J]. 国际金融研究，2009（9）：87 - 96.

[21] 洪勇. 中国省级消费风险分担：测度、影响因素与福利效应 [J]. 财贸研究，2016（5）：10 - 18.

[22] 姜贵渝. 金融一体化下的国际风险分担研究 [D]. 成都：西南财经大学，2012.

[23] 薛伟，陈奉先. 外汇储备库对风险分担与福利收益的影响——基于金砖外汇储备库的实证考察 [J]. 金融经济学研究，2018（5）：49 - 60.

[24] 俞颖. 东亚金融一体化与消费风险分担的实证研究 [J]. 亚太经济，2011（1）：47 - 51.

[25] 郑海清. 东亚金融一体化程度与福利收益的实证研究 [J]. 财经科学，2008（6）：40 - 47.

[26] 朱孟楠，侯哲. 金砖国家应急储备管理与潜在福利改进——基于

部分风险分散和完全风险分散下的研究 [J]. 厦门大学学报, 2014 (1): 119-126.

[27] 陈奉先. 金砖经济体最优外汇储备数量与影响因素——基于三部门一般均衡模型的实证考察 [J]. 亚太经济, 2017 (3).

[28] Agarwal, J. P. Optimal Monetary Reserves for Developing Countries [J]. *Review of World Economics*, 1971, 107 (1): 76-91.

[29] Aizenman, J. and Lee, J. International Reserves: Precautionary versus Mercantilist Views, Theory and Evidence [J]. *Open Economies Review*, 2007, 18 (2): 191-214.

[30] Aizenman, J. Marion, N. P. International Reserves Holdings with Sovereign Risk and Costly Tax Collection [J]. *Economic Journal*, 2004, 14 (497): 569-591.

[31] Aizenman, J., Cheung, Y. W. and Ito, H. International Reserves before and after the Global Crisis: Is There No End to Hoarding? [J]. *Journal of International Money and Finance*, 2015, 52 (C): 102-126.

[32] Artis, M. J. and Hoffmann, M. Declining Home Bias and the Increase in International Risk Sharing: Lessons from European Integration [R]. *Cepr Discussion Papers*, 2007.

[33] Asdrubali P., Sørensen B. E., and Yosha O. Channels of Interstate Risk - Sharing: United States 1963 - 1990 [J]. *The Quarterly Journal of Economics*, 1996, 111 (4): 1081-1110.

[34] Asdrubali, P. and Kim, S. Consumption smoothing channels in open economies [J]. *Journal of Banking & Finance*, 2009, 33 (12): 0-2300.

[35] Asdrubali, P. and Kim, S. Dynamic Risksharing in the United States and Europe [J]. *Journal of Monetary Economics*, 2004, 51 (4): 809-836.

[36] Asdrubali, P. and Kim, S. On the Empirics of International Smoothing [J]. *Journal of Banking & Finance*, 2008, 32 (3): 374-381.

[37] Asdrubali, P, Sørensen, B. E. and Yosha, O. Channels of Interstate Risk - Sharing: United States 1963 - 1990 [J]. *The Quarterly Journal of Economics*, 1996, 111 (4): 1081-1110.

[38] Atkeson, A. and Bayoumi, T. Do Private Capital Markets Insure Regional Risks? Evidence from the United States and Euope [J]. *Open Economics Review*, 1993, 4 (3): 303 – 324.

[39] Bahmani – Oskooee, M. and Brown, F. Demand for International Reserves: A Review Article [J]. *Applied Economics*, 2002, 34 (10): 1209 – 1226.

[40] Bai Y. and Zhang J. Financial Integration and International Risk Sharing [J]. *Journal of International Economics*, 2012, 86 (1): 17 – 32.

[41] Barnichon, R. The Optimal Level of Reserves for Low – Income Countries: Self – Insurance against External Shocks [R]. *IMF Staff Papers*, 2009, 56 (4): 852 – 875.

[42] Basu, S. S, Ran, B, Kannan, P. Regional Reserve Pooling Arrangements [R/OL]. http://sumansbasu. com/Regional% 20Reserve% 20Pooling% 20Arrangements. pdf.

[43] Ben – Bassat, A. and Gottlieb, D. Optimal International Reserves and Sovereign Risk [J]. *Journal of International Economics*, 1992, 33 (3 – 4): 345 – 362.

[44] Bernard, K. M. International Reserve Adequacy in Central America [R]. *IMF Working Paper*, 2011, WP/11/114.

[45] Bird, G. and Mandilaras, A. Revisiting Mrs. Machlup's Wardrobe: the Accumulation of International Reserves, 1992 – 2001 [J]. *Applied Economics Letters*, 2010, 17 (5): 467 – 471.

[46] Bordo, M. Cavallo, A. and Meissner, C. Sudden Stops: Determinants and Output Effects in the First Era of Globalization, 1880 – 1913 [J]. *Journal of Development Economics*, 2010, 91 (2): 227 – 241.

[47] Bordo, M. ; Meissner, C. and Stuckler, D. Foreign Currency Debt, Financial Crises and Economic Growth: A Long Run View [J]. *Journal of International Money and Finance*, 2010, 29 (4): 642 – 665.

[48] Buchanan, J. , 1965, An Economic Theory of Clubs [J]. *Economica*, 32 (125): 1 – 14.

[49] Bussière, M. ; Cheng, G. ; Chinn, M. and Lisack, N. For a Few

Dollars More: Reserves and Growth in Times of Crises [J]. *Journal of International Money and Finance*, 2015, 52 (C): 127 – 145.

[50] Caballero, R. and Panageas, S. Contingent Reserves Management: an Applied Framework [J]. *Economia Chilena*, 2005, 8 (2): 45 – 56.

[51] Caballero, R. and Panageas, S. A Global Equilibrium Model of Sudden Stops and External Liquidity Management [M]. Social Science Electronic Publishing, 2011.

[52] Callen, M. , Imbs, J. and Mauro, P. Pooling Risk among Countries [J]. *Journal of International Economics*, 2015, 96 (1): 88 – 99.

[53] Calvo, G. A. Capital Flows and Macroeconomic Management: Tequila Lessons [J]. *International Journal of Finance and Economics*, 1996, 1 (3): 207 – 223.

[54] Calvo, G. A. and Reihart, C. M. When Capital Inflows Come to A Sudden Stop: Consequences and Policy Options [R]. *MPRA Paper*, 2000, No. 6982.

[55] Calvo, G. A. Capital Flows and Capital – Market Crises: The Simple Economics of Sudden Stops [J]. *Journal of Applied Economics*, 1998, 1 (1): 35 – 54.

[56] Calvo, G. A. ; Izquierdo, A. and Loo – Kung, R. Optimal Holdings of International Reserves: Self – insurance against Sudden Stops [J]. *Monetaria*, 2013, 35 (1): 1 – 35.

[57] Calvo, G. A. ; Izquierdo, A. and Mejia, L. F. On the Empirics of Sudden Stops: the Relevance of Balance – sheet Effects [R]. *NBER Working Papers*, 2004, No. 10520.

[58] Calvo, G. A. ; Izquierdo, A. and Talvi, E. Sudden Stops and Phoenix Miracles in Emerging Markets [J]. *American Economic Review*, 2006, 96 (2): 405 – 410.

[59] Canova, F. and Ravn, M. O. International Consumption Risk Sharing [J]. *International Economic Review*, 1996, 37 (3): 573 – 601.

[60] Čeh, M. A. and Krznar, I. Optimal Foreign Reserves: The Case of Croatia [J]. *Financial Theory & Practice*, 2008, 32 (4): 421 – 460.

[61] Čeh, M. , Krznar, I. Optimal International Reserves of the CNB with Endogenous Probability of Crisis [R]. *Working Papers*, 2009, 21.

[62] Chami, S. ; McGettigan, D. and Watt, S. Jordan's International Reserve Position: Justifiably Strong [R]. *IMF Working Paper*, 2007, WP/07/103.

[63] Cheng, G. Balance Sheet Effects, Foreign Reserves and Public Policiest [J]. *Journal of International Money and Finance*, 2015, 59 (C): 146 – 165.

[64] Cheung, Y. W. and Qian, X. W. Hoarding of International Reserves: Mrs. Machlup's Wardrobe and the Joneses [J]. *Review of International Economics*, 2009, 17 (4): 824 – 843.

[65] Cheung, Y. W. and Sengupta, R. Accumulation of Reserves and Keeping Up with the Joneses: the Case of LATAM Economies [J]. *International Review of Economics & Finance*, 2011, 20 (1): 19 – 31.

[66] Choi, W. G. , Sunil, S. and Strömqvist, M. Capital Flows, Financial Integration, and International Reserve Holdings: the Recent Experience of Emerging Markets and Advanced Economies [R]. *IMF Working Paper*, 2007, WP/07/151.

[67] Chue, T. and Cook, D. Sudden Stops and Liability Dollarization: Evidence from East Asian Financial Intermediaries [J]. *Pacific – Basin Finance Journal*, 2008, 16 (4): 436 – 452.

[68] Cochrane J. H. A Simple Test of Consumption Insurance [J]. *Journal of Political Economy*, 1992, 99 (5): 957 – 976.

[69] Cowan, K. ; De Gregorio, J. ; Micco, A. and Neilson, C. Financial Diversification, Sudden Stops, and Sudden Starts. In: Cowan, K. , Edwards, S. , Valde's, R. , Loayza, N. (Eds.), Current Account and External Finance [J]. Central Bank of Chile, 2008: 159 – 194.

[70] Crucini, M. J. and Hess, G. D. International and Intranational Risk Sharing [R]. *Cesifo Working Paper*, 1999 (1) .

[71] Crucini, M. J. On International and National Dimensions of Risk Sharing [J]. *The Review of Economics and Statistics*, 1999, 81 (1): 73 – 84.

[72] Cruz, M. International Reserves and the Mercantilist Approach: Some Further Evidence [J]. *Economics Bulletin*, 2014, 31 (4): 446 – 451.

[73] Dodsworth, J. R. Reserve Pooling: An Application of the Theory of Clubs [J]. *Economia Internazionale*, 1975, 44: 103 – 118.

[74] Dodsworth, J. R. International Reserve Economies in Less Developed Countries [J]. *Oxford Economic Papers*, 1978, 30 (2): 277 – 291.

[75] Dooley, M., Folkerts – Landau, D. and Garber, P. The Revived Bretton Woods System [J]. *International Journal of Finance and Economics*, 2004, 9 (4): 307 – 313.

[76] Dornbusch, R., Goldfajn, I. and Valdés, R. O. Currency Crises and Collapses [R]. *Brookings Papers on Economic Activity*, 1995, 26 (2): 219 – 294.

[77] Durdu, C. B., Mendoza, E. G. and Marco, E. T. Precautionary Demand for Foreign Assets in Sudden Stop Economies: An Assessment of the New Mercantilism [J]. *Journal of Development Economics*, 2009, 89 (2): 194 – 209.

[78] Edwards, S. The Demand for International Reserves and Exchange Rate Adjustments: the Case of LDCs, 1964 – 1972 [J]. *Economica*, 1983, 50 (199): 269 – 280.

[79] Eichengreen, B. Global Imbalances and the Lesson of Bretton Woods [R]. *NBER Working Papers*. 2004, No. 10497.

[80] Eichengreen, B. Insurance Underwriter or Financial Development Fund: What Role for Reserve Pooling in Latin America? [J]. *Open Economies Review*, 2007, 18 (1): 27 – 52.

[81] Feder, G. and Just, R. A Study of Debt Servicing Capacity Applying Logit Analysis [J]. *Journal of Development Economics*, 1977, 4 (1): 25 – 38.

[82] Feldstein, M. Self – Protection for Emerging Market Economies [R]. *NBER Working Papers*, 1999, No. 6907.

[83] Fernando, M. G. The Optimal Level of Foreign Reserves in Financially Dollarized Economies: The Case of Uruguay [R]. *IMF Working Paper*, 2007,

WP/07/265.

[84] Fischer, S. On the Need for an International Lender of Last Resort [J]. *Journal of Economic Perspectives*, 1999, 13 (4): 85 – 104.

[85] Flanders, M. J. The Demand for International Reserves [J]. *Princeton Studies in International Finance*, 1971, No. 27, Princeton.

[86] Floerkemeier, H. and Sumlinski, M. International Reserve Trends in the South Caucasus and Central Asia Region [R]. *IMF Working Paper*, 2008, WP/08/41.

[87] Flood, R. P. and Marion, N. P. Holding International Reserves in an Era of High Capital Mobility [R]. *IMF Working Papers*, 2002, WP/02/62.

[88] Frenkel, J. A. and Jovanovic, B. Optimal International Reserves: A Stochastic Framework [J]. *The Economic Journal*, 1981, 91 (362): 507 – 514.

[89] Frenkel, J. A. The Demand for International Reserves by Developed and Less – developend Countries [J]. *Economica*, 1974, 41 (161): 14 – 24.

[90] García, P. and Soto, C. Large Hoardings of International Reserves: Are They worth It? [R]. *Central Bank of Chile Working Papers*, 2004, No. 299.

[91] Ghosh, A. , Ostry, J. D. and Tsangarides, C. G. Accounting for Emerging Market Countries' International Reserves: Are Pacific Rim Countries Different? [J]. *Journal of International Money and Finance*, 2014, 49: 52 – 82.

[92] Giannone, D. and Reichlin, L. Trends and Cycles in the Euro Area: How Much Heterogeneity and Should We Worry About It? [M]. Social Science Electronic Publishing, 2006.

[93] Grimes, W. W. The Asian Monetary Fund Reborn? Implications of Chiang Mai Initiative Multi – lateralization [J]. *Asia policy*, 2011, 11: 79 – 104.

[94] Hamada, K. and Ueda, K. Random Walks and the Theory of the Optimal International Reserves [J]. *The Economic Journal*, 1977, 87 (348): 722 – 742.

[95] Heller, H. R. Optimal International Reserves [J]. *The Economic Journal*, 1966, 76 (302): 296 – 311.

[96] Hevia, C. and Servén, L. Assessing the Degree of International

Consumption Risk Sharing [J]. *Journal of Development Economics*, 2018, 134 (3): 176 – 190.

[97] Ho, C. Y. and Alex Ho W. Y. Dynamics and Heterogeneity of Inter – and – Intranational Risk Sharing [J]. *Journal of Money, Credit and Banking*, 2015, 47 (1): 123 – 142.

[98] Hoffmann, M. and Stewen, I. Consumption Risk Sharing over the Business Cycle: The Role of Small Firms \ Access to Credit Markets [J]. *Review of Economics and Statistics*, 2011, 93 (4): 1403 – 1416.

[99] Hutchison, M. M. and Noy, I. Sudden Stops and the Mexican Wave: Currency Crises, Capital Flow Reversals and Output Loss in Emerging Markets [J]. *Journal of Development Economics*, 2006, 79 (1): 225 – 248.

[100] Imbs, J., Mauro, P. Pooling Risk Among Countries. [R]. *IMF Working Paper*, 2007, WP/07.

[101] Ioyah, M. A. Demand for International Reserves in Less Developed Countries: A Distributed Lag Specification [J]. *Review of Economics and Statistics*, 1976, 58 (3): 351 – 355.

[102] Jeanne, O. International Reserves in Emerging Market Countries: Too Much of a Good Thing? [R]. *Brookings Papers on Economic Activity*, 2007, 38 (1): 1 – 80.

[103] Jeanne, O. and Rancière, R. The Optimal Level of International Reserves for Emerging Market Countries: Formulas and Applications [R]. *IMF Working Papers*, 2006, WP/06/229.

[104] Jeanne, O. and Rancière, R. The Optimal Level of International Reserves for Emerging Market Countries: A New Formula and Some Applications [J]. *The Economic Journal*, 2011, 121 (555): 905 – 930.

[105] Joyce, J. P. and Nabar, M. Sudden Stops, Banking Crises and Investment Collapses in Emerging Markets [J]. *Journal of Development Economics*, 2009, 90 (2): 314 – 322.

[106] Kaminsky, G.; Lizondo, S. and Reinhart, C. Leading Indicators of Currency Crises [R]. *IMF Staff Papers*, 1998, 45 (1): 1 – 14.

[107] Kaminsky, G. L., Reinhart, C. M. The Twin Crises: the Causes of Banking and Balance of Payments Problems [J]. *American Economic Review*, 1999, 89 (3): 473 – 500.

[108] Katarína K. BRICS: Can a Marriage of Convenience Last? [J]. *European* View, 2014, 13 (2): 1 – 8.

[109] Kim D., and Sheen J. Consumption Risk – Sharing within Australia and with New Zealand [J]. *Economic Record*, 2007, 83 (260): 46 – 59.

[110] Kim S., Kim S. H., and Wang Y. Financial Integration and Consumption Risk Sharing in East Asia [J]. *Japan & the World Economy*, 2006, 18 (2): 143 – 157.

[111] Kohlscheen, E., Taylor, M. P. International Liquidity Swaps: Is the Chiang Mai Initiative Pooling Reserves Efficiently? [J]. *International Journal of Finance & Economics*, 2008, 13 (4): 323 – 332.

[112] Kose M. A, Prasad E. S. and Terrones M. E. How Does Financial Globalization Affect Risk Sharing? Patterns and Channels [M]. Social Science Electronic Publishing, 2006, 7 (200): 1 – 41.

[113] Kose M. A., Prasad E. S. and Terroes M. E. Does Financial Globalization Promote Risk Sharing? [J]. *Journal of Development Economics*, 2009, 89 (2): 258 – 270.

[114] Lucas R. E. Macroeconomic priorities [J]. *American Economic Review*, 2003, 93 (1): 1 – 14.

[115] Mace, B. J. Full Insurance in the Presence of Aggregate Uncertainty [J]. *Journal of Political Economy*, 1991, 99 (3): 928 – 956.

[116] Machlup, F. The Need for Monetary International Reserves, Reprints in International Finance [M]. Princeton University Press, 1966.

[117] Masahiro Kawai, 2009, Reform of the International Financial Architecture: An Asian Perspective [R]. *Asian Development Bank Institute Working Paper Series*, No. 167.

[118] Medhora, R. The Gain From Reserve Pooling in the West African Monetary Union [J]. *Economia Internazionale*, 1992, 45: 209 – 222.

[119] Mendoza, R. U. International Reserve – holding in the Developing World: Self Insurance in a Crisis – prone Era? [J]. *Emerging Markets Review*, 2004, 5 (1): 61 – 82.

[120] Mulder, C. B. , Bussière, M. External Vulnerability in Emerging Market Economies – How High Liquidity Can Offset Weak Fundamentals and the Effects of Contagion [R]. *IMF Working Paper*, 1999, WP/99/88.

[121] Nasution, A. Monetary Cooperation in East Asia [J]. *Journal of Asian Economics*, 2005, 16 (3): 422 – 442.

[122] O'Neill, J. Building Better Global Economic BRICs [R]. *Goldman Sachs Global Economics Paper*, 2001, No. 66.

[123] Obstfeld, M. Are Industrial Country Consumption Risks Globally Diversified? In: Leideman, L. , Razin, A. , eds. , Capital Mobility: The Impact on Consumption, Investment and Growth [M]. Cambridge University Press, 1994: 13 – 44.

[124] Obstfeld, M. International Capital Mobility in the 1990s [R]. *CEPR Discussion Papers*, 1995.

[125] Obstfeld, M. , Shambaugh, J. C. and Taylor, A. M. Financial Stability, Trilemma, and International Reserves [J]. *American Economic Journal*: Macroeconomics, 2010, 2 (2): 57 – 94.

[126] Özdemir, Kazim Azim. Optimal International Reserves Behavior for Turkey [R]. *Research and Monetary Policy Department. Central Bank of the Republic of Turkey*, 2004.

[127] Ozyildirim, S. and Yaman, B. Optimal Versus Adequate Level of International Reserves: Evidence for Turkey [J]. *Applied Economies*, 2005, 37 (13): 1557 – 1569.

[128] Ozyildirim, S. , & Yaman, M. Optimal Versus Adequate International Reserves: Evidence for Turkey [J]. *Applied Economics*. 2005, 37: 1557 – 1569.

[129] Poncela, P. , Nardo, M. , Pericoli, F. M. , A Review of International Risk Sharing for Policy Analysis [J]. *East Asian Economic Review*, 2019, 23

(3): 227 - 260.

[130] Prabheesh K P. Optimum International Reserves and Sovereign Risk: Evidence from India [J]. *Journal of Asian Economics*, 2013, 28 (28): 76 - 86.

[131] Prasad E. , Rogoff K. , Shang - Jin Wei, and Kose M. A. Effects of Financial Globalization on Developing Countries: Some Empirical Evidence [J]. *Economic & Politic*al, 2003, 38 (41): 4319 - 4330.

[132] Radelet, S. and Sachs, J. D. The East Asian Financial Crisis: Diagnosis, Remedies, Prospects [R]. *Brookings Papers on Economic Activity*, 1998, 29 (1): 1 - 90.

[133] Rajan, R. S. , R. Siregar, Bird, G. Examining the Case for Reserve Pooling in East Asia: Empirical Analysis [R]. *Center for International Economic Studies Discussion Paper*, 2003, No. 0323.

[134] Rangvid J. , Santa - Clara P. , and Schmeling M. Capital Market Integration and Consumption Risk Sharing over the Long Run [J]. *Journal of International Economics*, 2016, 64 (10): 1355 - 1361.

[135] Rangvid, J. , Santa - Clara, P. and Schmeling, M. Capital Market Integration and Consumption Risk Sharing over the Long Run [J]. *Journal of International Economics*, 2016, 64 (10): 1355 - 1361.

[136] Reinhart, C. M. , Calvo, G. A. Fear of Floating [J]. *The Quarterly Journal of Economics*. 2002, 117 (2): 379 - 408.

[137] Rodríguez, C. S. and Funk, K. Estimation of Optimal International Reserves for Costa Rica: A Micro - Founded Approach [R]. *Banco Central de Costa Rica Research Paper*, 2012, No. 01.

[138] Rodrik, D. and Velasco, A. Short - Term Capital Flows [R]. *NBER Working Papers*, 1999, No. 7364.

[139] Rosero, D. , 2011, Essays on International Reserve Accumulation and Cooperation in Latin America [D]. Open Access Dissertations, Paper 473.

[140] Rothenberg, A. and Warnock, F. Sudden Flight and True Sudden Stops [J]. *Review of International Economics*, 2011, 19 (3): 509 - 524.

[141] Rowland, P. Buyback of Colombian Sovereign Debt [R].

Borradores De Economia, 2005.

[142] Ruiz – Arranz, M. and Zavadjil, M. Are Emerging Asia's Reserves Really Too High? [R]. *IMF Working Paper*, 2008, WP/08/192.

[143] Sachs, J. ; Tornell, A. and Velasco, A. Financial Crises in Emerging Markets: The Lessons from 1995 [R]. *Brookings Papers on Economic Activity*, 1996, 27 (1): 147 – 199.

[144] Siregar, R. , Rajan, R. , Cavoli, T. A Survey of Financial Integration in East Asia: How Far? How Much Further to Go? [R]. *Centre for International Economic Studies Working Papers*, 2004, No. 2004 – 01.

[145] Sørensen B. E. , and Yosha O. International Risk Sharing and European Monetary Unification [J]. *Journal of International Economics*, 1998, 45 (2): 211 – 238.

[146] Sørensen, B. E. , Wu Y. T. , Yosha O. and Zhu Y. Home Bias and International Risk Sharing: Twin Puzzles Separated at Birth [J]. *Journal of International Money & Finance*, 2007, 26 (4): 587 – 605.

[147] Sula, O. Demand for International Reserves in Developing Nations: A Quantile Regression Approach [J]. *Journal of International Money and Finance*, 2011, 30 (5): 764 – 777.

[148] Tadahiro Asami, 2005, Chiang Mai Initiative as the Foundation of Financial Stability in East Asia [R/OL]. http://www. aseansec. org/17902. pdf.

[149] Townsend R. Risk and Insurance in Village India [J]. *Econometric*, 1994, 62 (3): 539 – 591.

[150] Triffin, R. Gold and the Dollar Crisis: the Future of Convertibility [M]. *Oxford University Press*, 1960.

[151] Wang, Y. Financial Cooperation and Integration in East Asia. [J]. *Journal of Asian Economics*, 2004, 15 (5): 939 – 955.

[152] Wijnholds, J. O. and Kapteyn, A. Reserve Adequacy in Emerging Market Economics [R]. *IMF Working Paper*, 2001, WP/01/143.

[153] Williams, O. , Polius, T. , Hazel, S. Reserve Pooling in the East Caribbean Currency Union and the CFA Franc Zone [R]. *IMF Working Paper*,

2001, WP/01/104.

[154] Wincoop E. V. Welfare Gains from International Risk Sharing, *Journal of Monetary Economics*, 1994, 34 (2): 175 –200.

[155] Yang C. L. and Yan, H. D. Assessing Reserve Holding Adequacy of Taiwan [J]. *International Journal of Economic Research*, 2012, 9 (2): 369 –399.

[156] Yasin, M. On International Consumption Risk Sharing, Financial Integration and Financial Development. *Emerging Markets Finance & Trade*, 2016, 52 (5): 1241 –1258.

[157] Yehoue, E. B. International Risk Sharing and Currency Unions: The CFA Zones [J]. *Journal of International Development*, 2011, 23 (7): 936 –958.

[158] Yung Chul, P. , Wang, Y. The Chiang Mai Initiative and Beyond [J]. *The World Economy*, 2005, 28 (1): 91 –101.